Interaction between China's
Entrepreneur Resources Development and
Comparative Advantage Enhancement

中国企业家资源拓展与比较优势增进的互动研究

■ 张小蒂 曾可昕 等 / 著

ZHEJIANG UNIVERSITY PRESS
浙江大学出版社

前　言

比较优势理论自亚当·斯密提出至今已两百多年,一直熠熠生辉,为学术界所推崇。美国首位诺贝尔经济学奖(1970 年)得主萨缪尔森认为,比较优势理论是经济学中最为深刻的理论之一。随着经济全球化的深入,国际市场竞争日趋激烈,在严峻的挑战面前,中国需要在相关比较优势理论的指导下,使自身的比较优势动态、内生、可持续地得以更好地发挥。然而,理论上的比较优势要转化为现实中的比较利益,尚需厘清"转化"的主体。无疑,企业家是实现上述转化的关键主体。过往的研究大都认同企业家是经济增长的动力源,但对企业家推动比较优势增进的机理缺乏较深刻的揭示。本研究试图通过揭示企业家资源在转型经济背景下对中国动态比较优势增进的重要性来拓展传统比较优势理论内涵,增强其现实解释力,为全球化中中国扭转参与国际分工的不利地位、提升国际竞争力提供有益思路。主要内容包括:

(1)基于企业家这一全方位、智慧型要素资源的显化与拓展,比较优势可沿着"动态—内生—可持续"的路径获得增进。第一层次为比较优势的动态性。企业家对市场信息的高效发现与利用,可优化市场信息环境,导致更多商机形成与市场规模扩大,使比较优势从时点上的"静态"向时期中的"动态"顺利切换。第二层次为比较优势的内生性。通过剖析比较优势内生增进的机理,揭示企业家资源拓展导致的市场规模扩大与分工深化是提高理论上的比较优势转化为现实比较利益的效率关键。第三层次为比较优势增进的可持续性。通过剖析经济效率在微观、宏观、综合三个层次的内涵并作计量分析表明,以动力、能力增进为特征的企业家资源拓展可显著提升经济效率,由此揭示"可持续性"的形成机理。

(2)企业家人力资本这类半隐性资源的显化与社会经济体制环境高度关联。本研究首次从数量与绩效等维度选取指标,测度处于不同拓展阶段的企业家丰度,并将其纳入生产函数的分析框架。实证表明,以企业家资源拓展推动的要素结构升级,显著提升了生产率,促进了比较优势内生增进,且企业家在"增进"中可起到关键作用。其中,作为市场化改革先发省区的东部省市尤为突出,表明"干中学"环境的优化可使企业家获得推动比较优势内生增进的动力增强与能力提升。市场规模的有效扩大可作为企业家资源拓展影响比较优势增进的关键纽带,故发展产业集聚、资本市场与对外直接投资有利于从企业间分工向企业内分工、从商品市场向要素市场、从国内市场向国际市场延伸与拓展,这是中国企业家才能提升与比较优势增进的重要实现途径。

(3)从企业家影响经济效率提升的视角探讨比较优势增进的可持续性。企业家对诸要素的组合创新可提高技术创新与市场需求的吻合度,并有效把握技术先进程度与成本的平衡点,故企业家创新可通过对技术创新的驾驭与促进而导致两类创新的协同,使生产效率提升。然而,单纯的技术创新可以促进经济增长,但也可能导致生产过剩、非自愿失业率上升等问题,产生微观生产效率与宏观动态效率不一致的矛盾。注重创新与创业协同的企业家资源拓展,是促使宏、微观层次效率趋于一致的必要条件。此外,将动态效率引入分析框架,可将配置效率的内涵从传统研究的空间维度拓展至时间维度,从而使以分工深化为表征的动态比较优势研究能置于非瓦尔拉斯均衡的真实世界中,现实解释力获得增强。

基于上述理论与经验研究表明,对于转型时期的中国而言,企业家资源的显化可释放出经济发展的更大潜力,因而依靠深化"顺市场"导向的体制改革激活企业家潜能是中国动态比较优势增进的捷径。通过探析近年来市场化取向的体制改革中的深层次矛盾,并从提供有效激励与完善约束机制两方面提出有针对性的政策建议,可使企业家的"干中学"环境优化,促进整个社会的交易效率提升。基于此,中国动态比较优势内生性可持续增进是可以期待的。

传统比较优势理论的前提假设大多具有静态、外生的特征,这与当今分工不断深化、要素流动日益频繁的现实严重不符。本研究突破了传统比较优势理论的"窠臼",以企业家资源拓展为视角,探索动态比较优势可持续增进的路径及具体实现途径,这在目前比较优势理论前沿与计量验证层次上尚属少见。通过对具有半隐性特征的企业家资源予以定量估计并揭示其与制度环境的高度关联性,在一定程度上弥补了目前相关研究在此方面的不足,揭示企业家资源对中国经济发展的特殊重要性,指出企业家创新与技术创新、企业家创新与创业、生产效率与动态效率等三类协同,是动态比较优势可持续增进的重要驱动源。这些创新正是本研究的理论价值与现实意义所在。

本书是国家自然科学基金"中国企业家资源拓展与动态比较优势增进互

动机理及途径研究"(批准号 71173181)的研究成果,部分研究成果也获得了
浙江省哲学社会科学重点研究基地(REOD)的资助,并被权威期刊《新华文
摘》、《中国社会科学文摘》转载。参加各章初稿撰写的有:张小蒂、曾可昕(第
一、三、四、九、十、十二章),张小蒂、贾钰哲、姚瑶(第二章),王永齐、张小蒂(第
五章),张小蒂、贾钰哲、肖剑南、胡文鼎(第六、七、八章),张小蒂、邓娟(第十一
章)。各章节初稿完成后,由张小蒂、曾可昕进行了修改和统稿。限于时间与
水平的约束,本书的不妥之处敬请读者不吝赐教、指正。

张小蒂　曾可昕

2014 年 10 月

目　　录

上篇　企业家资源拓展与比较优势增进的互动机理

中篇 企业家资源拓展与比较优势增进的重要实现途径

下篇 中国动态比较优势增进实现途径的典型案例

上篇

企业家资源拓展与比较优势增进的互动机理

第一章 绪 论

第一节 问题的提出

改革开放以来,中国经济的高速增长很大程度得益于充分利用了廉价的土地、自然资源、劳动力等传统要素的比较优势,并以这些低成本要素参与国际分工与竞争,这使中国经济规模不断扩大,资源配置效率获得较快提升。但随着经济全球化的深入,市场竞争日益激烈,一方面,发达国家凭借其在资本、技术、市场渠道等方面的优势纷纷占据了全球价值链的高利润环节,而另一方面,中国继续利用廉价资源、劳动力等传统比较优势的空间已日趋缩小,且有被"低端锁定"的可能。据美国波士顿咨询公司近来一份研究报告称,中国的生产成本仅比美国低不到5%,且正面临较大的工资上涨等成本压力[1]。在此情形下,中国企业发展所一直倚重的外生的自然资源与廉价劳动力等低成本优势已难以为继。应该指出,传统的比较优势在理论上存在较大的局限性,无论是以劳动生产率差异为依据的比较成本理论,还是以生产要素供给为基础的资源禀赋理论,其比较利益的产生均是以技术水平不变、规模报酬不变、完全竞争、要素质量和数量不变等静态的假设为前提的。因而若过度依赖传统的比较优势理论而发展经济,就有可能增大中国转型升级的压力,使其落入"比较利益陷阱"。这就使中国经济在谋取进一步发展中面临着以下亟待研究的紧迫问题,即如何使自身的比较优势动态、内生、可持续地得以发挥?推动中国比较优势增进的关键主体是谁?"推动"的机理何在?实现途径又有哪

---

[1] 参见:法报:美成本与中国仅差5%,为什么要在华生产.参考消息网,2014-04-27。http://finance.cankaoxiaoxi.com/2014/0427/380943.shtml,2014-05-10。

些? 鉴于中国经济转型升级的紧迫性以及市场化与国际化的长期性,对上述问题的回答是当前亟须学术界予以研究的重要课题。

熊彼特(1997)将企业家誉为经济增长的国王,他指出,正是企业家通过对诸要素进行不断地创新性组合带来了经济增长的源源动力。这一观点在中国近30余年的较快发展中得到了很好的验证。改革开放以来,中国的市场化制度环境日益优化,在此背景下的企业家资源获得不断显化、激活与拓展。2013年,中国国有企业共计230万家,而民营企业已有逾5400万家,越来越多从业者通过创业的方式纳入到社会分工体系中。可以看到,2000年时,中国国有和非国有工业企业的收入相当,均为约4万亿元。而到2013年,前者增长6倍的同时,后者已增加逾18倍;同期利润增幅的差异则更显著,前者增长近7倍,后者则增长近23倍。这表明民营企业已成为中国经济增长的最大源泉,民营企业家作为中国市场经济中最具活力的经营主体,其企业家精神正在突飞猛进。然而,与发达国家相比,中国社会经济主体的创业无论在广度还是深度上尚有较大差距。目前中国千人拥有中小企业约28个,低于发达国家平均的45个,略高于发展中国家平均的25个,其中80%为平均规模仅有2~3人的个体工商户,其绝大多数停留在家庭经营阶段,呈现经营粗放、技术和管理水平较低的特征。据统计,中国中小企业的产品增值率只有发达国家的一半左右。此外,中国中小企业成活率低、寿命短、抗风险能力差,平均寿命仅为3.7年,相比欧洲和日本的12.5年、美国的8.2年存在较大差距[1]。因此,对于企业家人力资本这一具有半隐性特征的资源而言,如何促进其更好地显化与拓展也是亟待研究的问题。

过往的研究大都认同企业家是经济增长的动力源,但对企业家资源拓展推动比较优势增进的动因与机理缺乏深刻的揭示与论证,尤其是对转型经济条件下的发展中大国缺乏具有针对性与可操作性的理论指导。本研究试图揭示企业家资源对中国比较优势增进的特殊重要性及其内生拓展机制,探析企业家资源影响比较优势增进的内在机理。在理论分析的基础上,通过对转型经济背景下的企业家资源丰度、比较优势增进等作定量估计与测度,构建综合计量分析框架,验证企业家资源拓展与中国比较优势动态、内生、可持续增进之间的良性互动,进而基于市场规模有效扩大这一关键纽带来探析企业家资源拓展促进比较优势增进的重要实现途径;以市场化制度变迁作为观测窗口,

---

〔1〕 参见:侯云春,马骏,林家彬,等.中小企业发展新环境新问题新对策.中国经济报告,2011(6):1—27。

揭示中国企业家资源与比较优势在经济体制改革推进中的演进状况,从而为促进中国动态比较优势的内生性可持续增进提供可行的政策建议。因此,本研究旨在拓展传统比较优势理论的内涵,增强其对现实的解释力,为中国提升国际竞争力、在国际分工中持续地获得更多比较利益提供有益思路。

第二节　国内外文献综述

一、对企业家资源内涵的探索

萨伊(1963)认为,企业家是继土地、劳动、资本之后的第四生产要素。熊彼特(1997)将企业家誉为经济增长之王,他认为,正是企业家把各种要素组织起来进行生产,并通过不断创新改变其组合方式带来了经济增长。新奥地利学派学者哈耶克(Hayek)、柯兹纳(Kirzner)等把市场看作是分散的知识和信息的发现过程,并基于对市场过程的分析,提出企业家的主要贡献在于从市场过程中利用存在着但未被发现的信息去攫取赢利机会。奈特(Knight,1965)认为,由于市场环境具有不确定性,企业家的任务就是减少这种不确定性,尤其是难以预测的不确定。企业家凭借自己的能力在那些高度不确定性的市场中进行决策并承担商业风险,从而把可靠性(有保证的契约收入)提供给企业职工。钱德勒(1987)也强调了美国大企业成长过程中企业家个人能力在捕捉市场机会和进行组织创新等方面的重要性。卡森(Casson,1982)构造了企业家市场均衡模型来研究企业家角色功能,认为企业家是专门就稀缺资源的配置做出判断性的人,企业家阶层可以凭借其优于一般人的信息优势和能力优势,来对稀缺资源进行有效配置,从而利用企业组织来明显降低交易费用。Kor & Mahoney(2005)认为企业家配置资源的能力对企业家绩效有很大的影响。这些研究大多认为企业家是经济增长和生产力发展的主要源泉,但缺乏对企业家资源推动经济增长动因和内在机理作揭示。虽然熊彼特探索了企业家创新与宏观经济周期波动的规律,但并未对企业家资源拓展与动态比较优势增进的关联机理与实现途径予以揭示。

近年来,中国学者对企业家资源也给予了高度关注。张维迎(1995)由契约理论和企业家理论发展了一个"企业家—契约"的一般均衡理论。周其仁(1996)认为,经济发展过程中真正稀缺的是企业家,而企业家稀缺的结果是创新不足,经济增长缓慢。陈建军(2002;2003)指出,相对丰盈的企业家资源是经济迅速发展的主要源泉,缺乏企业家人力资本的区域,经济增长将缺乏动力。这些研究对企业家性质、内涵、职能等研究较多,而对中国转型经济体制下企业家(特别是民营企业家)资源的特殊性及其拓展、显化机制研究较少,尤其是将其与动态比较优势的增进的联系纽带与机制进行研究尚属鲜见。张小蒂和李晓钟(2008)认为,企业家与专业技术人员的人力资本存在本质差异,企业家是一揽子要素的支配者,在不完全的市场中利用市场知识与信息谋取"剩余"最大化的主体,主要从事熊彼特意义上的创新活动,知识以"Know how"为主,因而是推动经济发展的主动性资源。总体上看,现有对企业家资源的研究以定性的居多,而定量分析相对较少,对企业家资源丰度进行估计测度的研究近乎空白,且在进行相关人力资本实证研究的时候,往往采用地区人均受教育年限作为人力资本的替代变量。教育水平虽能体现人力资本的学识和技能,却无法涵盖企业家人力资本对一揽子生产要素的配置能力。这些研究中,尤其是缺乏将企业家资源与生产效率因子紧密联系起来的分析框架,以致比较优势动态演进的内生化动因、主体与实现途径均亟待明晰。

二、以专业化分工深化体现的动态比较优势之研究

亚当·斯密(2003)最早揭示了比较优势的内生性可体现为专业化分工的深化。杨格(Young,1928)提出,递增报酬的实现依赖劳动分工的演进与市场规模的互动(即"杨格定理")。他指出市场规模(或称之为市场容量)的概念"不是单纯面积或人口,而是购买力"。Dixit & Stiglitz(1977)发现,即使两国的初始条件完全相同,没有李嘉图所说的外生比较优势,但如果存在规模经济,则两国可以选择不同的专业,从而内生出(后天的)比较优势,故斯密的分工深化理论比李嘉图的比较成本理论更具有一般性。D-S模型认为,产品多样化与规模经济存在"两难冲突"(即从消费方面考虑,产品的种类越多越好;但从生产的角度考虑,产品的种类越少越好,因为产品的生产规模越大就意味着成本越低),而市场规模的有效扩大则可折衷此类"两难冲突"。可见,市场规模的有效扩大是比较优势内生性动态演进的重要体现。

Yang & Ng(1993)、杨小凯(2003)等新兴古典贸易理论将个人专业化视为动态比较优势的来源。Aghion & Howitt(1998)认为,基本熊彼特模型与内生增长模型都有一个最主要的局限,即对制度和交易成本缺乏研究。Yang的新兴古典贸易理论将交易费用纳入贸易理论的研究之中。杨小凯(2003)还构建了具有内生比较优势的斯密模型,说明了分工经济的存在。

虽然杨小凯等人的上述研究将制度、交易效率等变量首次纳入到比较优

势动态演进的分析框架中,但依然难以回答下列问题:如,这一"演进"中的主体是谁? 其贡献如何测度? 真实世界中有哪些主要实现途径? 尤其是杨小凯等的研究未将上述内生循环中的关键变量——市场规模作为联结企业家才能发挥与动态比较优势增进的关键纽带。

三、资本积累、技术进步与动态比较优势关系的研究

比较优势动态演进的主要标志之一是以资本积累为特征的要素禀赋结构升级。Krugman(1987)首先将动态比较优势与技术进步同时内生化,认为部门特定的累积生产经验决定着比较优势,而生产经验的积累是通过"干中学(Learning-by-doing)"实现的,产业中过去积累的产量决定着当前的生产率。Lucas(1988)认为,各国从事各自擅长的生产从而通过"干中学"效应积累技术、不断强化初始的比较优势。Young(1991)指出"干中学"的外溢效应也随着产品复杂程度的上升而增加。由于发达国家专业化生产复杂产品,"干中学"外溢效应就比专业化生产简单产品的不发达国家要强,因此,不发达国家很难实现赶超。Grossman & Helpman (1991) 构建了三部门增长模型,他们认为知识溢出存在于国际范围,技术内生,那么长期贸易模式将依赖于相对要素比例。相反,有些模型的动态规模经济来自于"干中学",规模经济专属于某个国家,在动态规模经济条件下,长期贸易模式完全为初始比较优势所决定,存在锁定效应,即所谓"一朝落后,总是落后"(once behind, always behind)。格罗斯曼和赫尔普曼(2003)分析了水平差异产品创新时的动态比较优势的决定因素,将产业内贸易放在动态框架下分析,最主要的是引入了具有报酬递增特征的研发部门,并指出当技术上具有初始劣势的国家在市场规模上远大于其贸易伙伴,该国就有了扭转初始劣势的可能。Redding(1999)将"干中学"效应与动态比较优势结合起来理解。格罗斯曼和赫尔普曼(2003)从动态角度强调比较优势的演进最终归因于一国 R&D 的投资数量。

现有的动态比较优势研究把"干中学"与以 R&D 为代表的创新作为技术进步的核心内涵而构成比较优势动态演进的动力源,但仅从生产活动中"干中学"只能增加劳动者的经验和熟练程度(以学习曲线体现),而仅从研发活动中"干中学"虽然对技术创新起重要作用,但却容易忽视研发成果与市场需求变化的吻合程度及技术水平与生产成本之间的平衡。更重要的是,市场需求作为技术创新的出发点与"试金石",是企业家通过要素新组合而实现资源配置优化的核心。因此,更具针对性的研究应高度关注作为一揽子要素支配者的企业家的"干中学"与创新。显然,在这一领域亟须将资本积累、企业家作用、

技术进步、比较优势动态演进等纳入一个生产率综合的分析框架中去。

综上所述,国内外现有的对企业家资源拓展与动态比较优势之间关系及互动机理的研究尚存在下列缺陷:一方面,难以对中国特有的体制转型和资源禀赋结构条件下的企业家资源拓展与动态比较优势增进互动之规律作清晰的揭示;另一方面,对于企业家资源丰度的测度、如何增进动态比较优势等缺乏机理上的深入探讨,综合分析上的整体框架与针对性的定量分析尚属鲜见。而本项目的研究恰好能弥补这些不足,故可为促进中国企业家资源的拓展,增进比较利益,获取国际分工中更有利的地位和主导权,提供有益的思路。因而,本研究具有重要的启示性和现实意义。

第三节　研究内容与方法

一、研究内容

在全球化中,中国为了迎接日趋激烈的国际市场竞争,必须更好地发挥自己的比较优势。但仅凭劳动力等初级要素参与国际分工有被"低端锁定"的危险,若要跳出可能的"比较利益陷阱"亟须高度关注企业家潜能这一隐性的稀缺资源。企业家资源具有要素边际报酬递增的生产力属性,是社会经济发展中最积极、最活跃、最关键的主动性资源。一国动态比较优势增进的重要动力源是企业家资源拓展与潜能的发挥,对转型中的中国尤其如此。本研究拟对企业家资源丰度、资本积累效率等作定量估计、测度,并将其与生产效率因子联结构建生产函数的综合计量分析框架,揭示与认证市场规模的有效扩大可作为企业家资源拓展与动态比较优势增进互动的关键纽带,通过对该纽带的实证分析进一步对"互动"的关联机理与实现途径作明晰的揭示,以此拓展比较优势的理论内涵,增强其现实解释力,从而为全球化中中国扭转参与国际分工不利地位、提升国际竞争力,提出具有针对性、可操作性的对策与建议。主要研究内容包括:

(一)企业家资源的特殊性与显化、拓展机理探索

本研究从不完全信息视角切入,在理解市场过程时强调企业家的学习与发现,认为竞争性市场的动态过程是分散知识与信息的发现、利用、创造、传播的过程,其主体是企业家,从而深入研究中国企业家的创造性才能在动态比较优势形成中的重要独特作用。研究发现,企业家既是市场知识信息发现、利用

的主角,又是创造、传播的源泉。市场规模扩大与企业家资源拓展之间可呈现内生性的良性互动。企业家经营努力后所获取的绩效与回报及其保障是其才能培育与发挥的主要动力源泉,也是企业家持续不懈经营努力的重要驱动力。在转型中的中国,市场化主导制度变迁的重要特征之一是产权界定日益清晰、合理。因此,体制改革是中国企业家资源内生拓展的根本动力源。改革开放以来,中国的企业家从无到有、由少到多的过程实际上就是社会群体成员中企业家才能显化与强化的过程。因此,企业家资源的拓展与市场化改革所导致的人均收入上升、对外开放加快、市场规模扩大应高度正相关。而在中国经济转型的背景下,企业家在改革开放之前大多处于“隐性”状态,企业家这类特殊资源只有通过市场检验才能被人们发现,在作为转型经济大国的中国,需要适宜的市场化制度环境方可显化。因此,由制度创新所致的企业家才能的激活与显化可以构成一国经济发展和比较利益增进的“内生变量”。企业家资源的拓展就是企业家数量由少到多,其经营能力由弱到强的发展过程。在市场经济背景下,随着分工深化,企业家资源拓展具有内生的特征。该“内生性”主要体现在以下几个方面:基于“干中学”绩效提升的内生性“拓展”;基于市场信息处理效率提升的内生性“拓展”;基于网络效应增强的内生性“拓展”。此外,在实证分析中,对企业家资源的测度可突破“自然人”概念的局限,将其按某种特殊的“经济人”概念予以抽象,从而运用国家、次国家及企业层面的相关数据,故可突破传统生产函数中“劳动要素 L”的同质化假定。

　　(二)企业家资源拓展与中国动态比较优势增进的互动机理研究

　　企业家资源拓展与比较优势增进之间的良性互动主要具有动态性、内生性与可持续性三个层面的特征。第一层次为比较优势的动态性。竞争性市场的动态过程是分散知识与信息的发现、利用、创造、传播的过程,其主体是企业家。企业家高效地发现和利用市场知识与信息(即对商机的捕获),由此形成的新市场信息又会改变其他企业家的信息环境,导致更多商机形成与市场规模的有效扩大,从而使比较优势动态增进。第二层次为比较优势增进的内生性,其“内生增进”是以企业家资源拓展的内生性为重要前提。企业家资源主要通过以下三个方面拓展:基于“干中学”绩效提升;市场信息处理效率提升;网络效应增强。以分工深化为标志的比较优势内生增进与企业家资源拓展之间的重要环节是要素结构升级。在分工演进的过程中,企业家资源拓展对比较优势内生增进的推动作用可体现在劳动、资本、技术等要素的升级加快及其引致的生产率上升。在此基础上的第三层次的特征则为比较优势增进的可持续性。本研究从企业家资源影响经济效率提升的视角切入,探讨比较优势增进的可持续性。通过剖析经济效率在微观、宏观、综合三个层次的内涵并作计量分析表明,以动力、能力增进为特征的企业家资源拓展可显著提升生产、动态、配置三个维度的效率,由此揭示出上述"可持续性"的形成机理。故企业家资源拓展与比较优势增进之间可呈现螺旋上升式的良性互动,尤其在当今网络时代,随着企业家"试错"时空范围的扩大及频率加快,这一"良性互动"将愈加显著。

(三)企业家资源拓展与中国动态比较优势增进的互动的实证研究

通过将体现企业家资源在数量和绩效等维度的变量纳入生产函数的分析框架,并以中国各省市近十余年来的面板数据为样本,构建计量模型对企业家资源与比较优势增进间互动的动态、内生、可持续等特征予以实证。计量分析发现:①从市场规模有效扩大这一反映分工深化程度的视角来看,中国企业家资源拓展所致的生产率上升显著促进了比较优势内生增进。这表明与外生比较优势理论相比,内生比较优势理论对于中国经济转型升级、更好地参与国际分工具有更重要的指导意义。②以企业家资源拓展推动的要素结构升级,无论是劳动、资本还是技术,都显著提升了生产率,影响了以市场规模扩大为表征的比较优势增进。尤其值得强调的是,由于企业家拥有较高的市场敏感度,故能以更高的效率组织诸创新要素,加快技术进步,并通过加强渠道控制来提升研发效率,从而使企业家熊彼特意义上的创新不仅包含而且可以超越单纯的技术创新。③企业家资源拓展可显著提升生产效率、动态效率与配置效率,由此导致的企业家创新与技术创新、企业家创新与创业、生产效率与动态效率的三类协同,是比较优势可持续增进的重要驱动源。

(四)企业家资源拓展与中国动态比较优势增进间良性互动的实现途径研究

随着企业家"干中学"的深入,其配置要素的商务领域也在不断拓展,逐渐从企业间分工向企业内分工、从产品市场向要素市场、从国内市场向国外市场延伸,这使企业家"试错"的时空范围更大,频率更快,内涵更丰富,从而促进了其要素配置才能与"干中学"绩效的迅速提升。从中国经济发展的现实来看,其在产业集聚、资本市场与对外直接投资(Outward Foreign Direct Investment,简称 OFDI)等三个方面的发展十分迅速,这事实上已构成了促进企业家资源拓展,进而推动以分工深化与市场规模扩大为导向的比较优势动态增进的三个重要实现途径。本研究将在探讨发展产业集聚、资本市场与对外直接投资构成企业家资源拓展促进比较利益增进的重要实现途径在经济上的原因后,对中国企业家在上述实现途径的发展状况进行统计分析,并得出相应的结论与政策建议。

（五）中国动态比较优势增进实现途径的典型案例剖析

目前中国企业规模普遍较小，企业内分工程度相对较低，众多民营中小企业通过企业间分工而构成的集群经济来增强竞争力，从而获得马歇尔外部经济增进与企业家资源的内生显化与拓展，因而产业集聚的发展构成了企业家资源显化与拓展促进比较利益增进的重要实现途径之一。本研究选取中国产业集群发展中具有较突出的成功实践经验的绍兴纺织产业集群与义乌产业集群作为典型案例进行剖析，为中国传统产业转型升级、更好地发挥比较优势提供有益思路。与此同时，本研究还对中国各港口的效率进行测度，以分析政府、国有企业作为要素配置主体时企业的运行状况及所存在的问题。研究发现，中国港口非 DEA 有效更大程度上是由于其现有资源未能被充分利用的 X 非效率，其与经济体制转型背景中国港口企业产权结构以及市场状况密切相关。因而，要使中国港口体系的整体效率得到提升，亟须进一步深化体制改革，重塑以民营企业为主的"多元化"要素配置主体，消除进入壁垒，构建"可竞争"的市场结构。此外，近年来中国电子商务的发展十分迅速，可谓最具活力的市场领域，其快速发展可使市场规模基于产品市场向要素市场、国内市场向国外市场、线下市场向线上市场的延伸而更好地扩大，从而促进了企业家要素配置才能与"干中学"绩效的迅速提升。因而通过对中国电子商务发展进行研究，不仅可验证企业家才能提升与动态比较优势增进的良性互动关系，还可在对中国电子商务快速发展进行解析的基础上，对该行业的可持续发展提出前瞻性的建议，因而具有理论价值与现实意义。

（六）从经济体制改革的视角探讨中国比较优增进的可持续性

从企业家资源内涵的视角来看，企业家的商务潜能需在合适的制度环境下才能被激活与拓展。中国作为转型经济背景下的发展中大国，其市场机制的尚不完善构成企业家才能显化的一大障碍，故经济体制环境的优化是促进企业家资源拓展的动力源。而在目前改革已初具成效的情形下，如何深化体制改革以进一步释放"制度红利"，以更好地激发与增强企业家的内生动力与市场活力，成为当前中国社会所关注的热点问题。实际上，经济体制改革的深化对企业家资源拓展的作用可体现在两个方面：一是通过市场体系的构建与完善，激发企业家创业与创新的内生动力与活力，使激励效果增强；二是通过道德、法规与产权体系的健全，规范交易主体的行为，使市场参与各方预期更明晰，从而有效降低整个社会的交易费用，为中国动态比较优势的持续增进提供有效的制度保障。通过选取适当的指标估计中国近十几年来的市场化改革对企业家资源拓展的激励与约束效果,发现改革中存在的主要问题,进而为深化体制改革提出可行的政策建议。

二、研究方法

本研究力求从多角度、多层次,并运用多种方法来论证动态比较优势增进的可持续性问题,采用的研究方法主要有:

(一)跨学科领域的研究方法

交叉性地将国际经济学理论、经济增长理论与经济发展理论相结合进行研究,剖析企业家资源拓展与动态比较优势增进的内在性互动机理,揭示与论证上述互动机理的关键纽带为市场规模的有效扩大。

(二)规范分析与实证分析相结合

本研究首先通过规范分析,论证企业家资源拓展的动态性与内生性,并从经济效率的视角,探索企业家资源拓展促进动态比较优势可持续增进的内在机理。在此基础上对企业家资源拓展影响动态比较优势增进进行实证研究,验证上述机理在真实世界的合理性。此外,本研究还对促进企业家资源拓展的实现途径及其制度保障进行了规范与实证研究,从而使动态比较优势的可持续增进更具可操作性和现实意义。

(三)计量与案例分析相结合

构建计量模型,以研究企业家资源拓展对动态比较优势内生、可持续增进的影响。在对生产效率的考察中,还运用了基于 DEA 法的 Malmquist 生产率指数对 TFP 进行测度。其后,通过描述统计与计量分析对中国企业家资源拓展的实现途径进行实证后,选取若干实现途径中的典型案例进行剖析,以更详细、深刻地刻画企业家进行一揽子要素优化配置,进而实现自身资源内生性拓展及市场规模不断扩大的过程。此外,通过计算斯皮尔曼等级相关系数考察各阶段的企业家资源拓展与市场化程度的各级测度指标之间相关性的变化。因而综合采用了计量、案例等多种分析方法,以增强经验研究的有效性和说服力。

(四)比较分析的研究方法

主流经济学理论往往将人力资本简单划分为熟练劳动和非熟练劳动,而并未将熟练劳动进一步划分。实际上,转型经济下的中国所存在的企业家才能是一类特殊人力资本,与普通员工、专业技术人员所体现的一般人力资本有所不同。企业家才能不能简单以社会平均劳动时间所体现的平均劳动熟练强度或平均受教育水平来体现。企业家人力资本与专业技术人员的不同之处在于,企业家主要通过"干中学"使其以默会知识为主的商务才能不断提升。因此本书采用比较分析的研究方法,将企业家人力资本与一般人力资本相分离,将其均纳入生产函数的框架中加以分析,从而进一步探寻两种不同层次的人力资本对产出影响程度的差异。与此同时,由于企业家资源会经历激活、甄别、筛选、拓展等发展阶段,使其获得数量增加与经营能力不断提升,因而本研究将从数量与绩效等维度选取多个估计指标以测度不同拓展阶段的企业家资源丰度,从而更好地论证其对动态比较优势增进的影响。

与此同时,还在描述统计与生产函数中运用了宏观区际层面的比较分析。将中国 31 省市(港澳台地区除外)划分为东部与中西部地区进行对比分析,以探析在市场化改革进程、企业家资源丰度、经济发展水平各异等情况下,企业家资源拓展与比较优势动态增进的互动状态,进而为比较优势增进的可持续性提供可行的政策建议。

参考文献

Aghion, P. and Howitt, P. Endogenous Growth Theory[M]. Cambridge: The MIT Press, 1998. 中译本:阿吉翁,霍依特. 内生增长理论. 北京:北京大学出版社,2004.

Amsden, A. Asia's: Next Giant: South Korea and Late Industrialization [M]. New York: Oxford University Press, 1989.

Casson, M. The Entrepreneurial: An Economic Theory[M]. Oxford: Martin Robertson, 1982.

Dixit, A. K. and Stiglitz, J. E. Monopolistic competition and optimum product diversity[J]. The American Economic Review, 1977, 67(3):297-308.

Grossman, G. and Helpman, E. Quality ladders in the theory of growth[J]. Review of Economic Studies, 1991(58):43-61.

Knight, F. H. Risk, Uncertainty and Profit [M]. New York: Harper and Row, 1965.

Kor, Y. Y. and Mahoney, J. T. How dynamic management and government of resource developments influences firm-level performance[J]. Strategic Management Journal, 2005(26):489-496.

Krugman, P. The narrow moving band, the Dutch disease, and the competitive consequences of Mrs. Thatcher: Notes on trade in the presence of dynamic scale economies[J]. Journal of Development Economics, 1987(27):41-45.

Lucas，R. On the mechanism of economic development[J]. Journal of Monetary Economics，1988(22):3-22.

Redding，S. Dynamic comparative advantage and the welfare effects of trade[J]. Oxford Economic Papers，1999(77):15-39.

Yang，X. and Ng Y. K. Specialization and Economic[M]. North-Holland，1993.

Young，A. Increasing returns and economic progress[J]. The Economic Journal，1928,38(152):527-542.

Young，A. Learning by doing and dynamic effects of international trade[J]. Journal of Political Economy，1991(106):369-405.

[英]卡森. 企业家:一种经济理论[M]. 马丁·罗伯特森出版社,1982.

陈建军. 浙江经济:比较优势和"走出去"战略[J]. 浙江大学学报(人文社科版),2002(1):144-151.

陈建军. 企业家、企业家资源分布及其评价指标体系——结合浙江的实证分析[J]. 浙江大学学报(人文社科版),2003(4):54-64.

[法]萨伊. 政治经济学概论[M]. 陈福生,陈振骅,译. 北京:商务印书馆,1963.

格罗斯曼 G. M.,赫尔普曼 E. 全球经济中的创新与增长[M]. 北京:中国人民大学出版社,2003.

[美]钱德勒. 看得见的手——美国企业的管理革命[M]. 重武,译. 北京:商务印书馆,1987.

[英]亚当·斯密. 国民财富性质与原因的研究[M].唐日松,等,译. 北京:商务印书馆,2003.

杨小凯. 发展经济学:超边际与边际分析[M]. 北京:社会科学文献出版社,2003.

[美]约瑟夫·熊彼特. 经济发展理论——对于利润、资本、信贷和经济周期的考察[M]. 何畏,等,译.北京:商务印书馆,1997.

张维迎. 企业的企业家——契约理论[M]. 上海:上海三联书店,人海人民出版社,1995.

张小蒂,李晓钟. 转型时期中国民营企业家要素特殊性及成长特征分析[J]. 中国工业经济,2008(5):129-138.

周其仁.市场里的企业:一个人力资本与非人力资本的特别合约[J]. 经济研究,1996(6):71-80.

第二章 企业家资源拓展与比较优势的动态增进

随着经济全球化的深入,国际市场竞争给中国带来的挑战日趋严峻。中国若要在参与国际分工中获取更多的比较利益,必须更好地发挥自身的动态比较优势,但传统比较优势理论大多具有静态特征。李嘉图在比较成本理论中虽然承认各国的劳动生产率存在差异,但在理论的分析框架中引入了一系列静态假定。赫克歇尔—俄林的资源禀赋理论假设了各国的生产函数没有差异,这表明其比较利益形成的前提依然具有静态特征。若中国依照这些静态比较优势理论指导参与国际市场竞争,则可能落入"比较利益陷阱"。新古典范式的主流比较优势理论则认为,"产业和技术结构升级是经济发展过程中的内生变量",这一"升级"从本质上看,是由经济要素禀赋结构,即相对要素丰裕度的变化而决定的。林毅夫(2003)提出,若要增进动态比较优势,首先应该遵从比较优势的发展战略,这样资本反而会得到更快的积累,要素禀赋结构的提升也会较快。这样,企业自然会依据市场竞争需要在相对价格变化的基础上来调整自身的产业结构和技术结构。但这一比较优势若要在现实中转化为比较利益、实现产业的自动升级,其前提条件是具备完善的市场机制。显然,只有在成熟的市场中,比较优势"静态"向"动态"的自动切换才可能实现。目前,中国正处于经济转型发展时期,这类转换无论在宏观层次还是微观层次都会面临较严重的信息障碍。

20世纪五六十年代,学术界提出了"动态比较优势"这一概念(Krugman,1987;Grossman & Helpman,1991),但他们并没有给出清晰的定义。斯蒂芬·里丁(Redding,1999)则在前人对动态比较优势研究的基础上,给出了一个较为准确的释义,即:"当A国在某一时刻关于某一产品在生产活动上的机会成本增长率小于其他国家时,那么A国在那一时刻关于那一产品的生产活动与其他国家相较,就获得了动态比较优势"。但是,这一释义却没有说明上述"切换"时会遇到的信息障碍。里丁(Redding,1999)也承认,要将其理论转变为实际政策是非常困难的。不难发现,在市场不完善的背景下,现有的相关理论仍难以回答以下问题:在要素比价扭曲的条件下,产业结构如何转型升级?要素禀赋结构提升的主体是谁?其动力源何在?如何针对转型大国推动动态比较优势增进?要回答上述问题,不能回避经济与产业结构转型升级中的信息障碍,而化解这一障碍的主要出路在于企业家资源的拓展。因为企业家才能的一个重要特征是处理市场信息的效率较高。企业家作为一揽子要素配置优化的主体,是经济发展中的特殊稀缺要素。因此,中国比较优势动态演进的重要动力源是企业家才能的激活与显化,这在转型经济条件下显得尤其突出。事实上,理论上的动态比较优势要转化为现实中的比较利益必须经历真实世界的传导机制。这一转化的核心主体是企业家。这实际上可回答在转型经济条件下中国动态比较优势增进由谁推动、怎样推动的重要问题。至于转化的效率和可持续性如何则根本上取决于市场化导向的制度改革对中国企业家资源的激活、甄别、显化与拓展。可见,企业家资源这一特殊稀缺要素的拓展是中国在国际分工中通过动态比较优势增进获取更多比较利益的捷径。自从20世纪熊彼特(1997)提出并阐明有关企业家的学说以来,学术界对企业家在经济增长与发展中的核心地位与重要作用已初步形成共识。但这一引领后继相关研究的学说对企业家资源与比较优势增进的关联机理未提供分析的框架,尤其是对转型经济条件下的发展中大国缺乏具有针对性与可操作性的理论指导。因此,探索与揭示企业家资源拓展与动态比较优势增进的互动机理及实现途径,对中国提升在国际分工中的地位,取得更多的比较利益来说,不仅有重要的理论价值,也具有显著的现实意义。

第一节　企业家资源拓展影响比较优势的动态增进的机理分析

一、企业家资源拓展影响比较优势动态增进的机理探索

(一)企业家资源的显化

在各类人力资源中,企业家资源具有异质性特点。企业家的要素配置优化在预期收益上可大于由从事单一要素经营活动所获收益的加总之和。毋庸置疑,与任何其他资源相比,企业家是微观层次生产经营活动中一揽子要素配置的主体和核心资源。

应该指出,对企业家的理解应突破"自然人"的概念,企业家的才能主要体现在对市场信息发现与利用的较高效率及驾驭市场风险、资源配置优化等方面。实际上,每个人都不同程度的拥有企业家才能。改革开放以来,中国的企业家尤其是民营企业家的成长经历正是企业家资源激活与显化的过程。因此,企业家资源的拓展与市场规模的有效扩大(即由后者表征的分工深化与比较优势动态演进)在互动方向上完全一致。在中国经济转型的背景下,企业家在改革开放之前大多处于"隐性"状态,而对于企业家资源也由于其上述特性难以定量分析而为大多数相关学术研究(通常研究的资源类型为"显性")所忽视。企业家这类特殊资源必须经过市场检验在"事后"才能得到社会的承认。在中国的转型经济中,以市场化取向的制度变迁是企业家要素显化的必由之路。因此,制度创新既是企业家资源显化的前提,又可构成一国动态比较优势增进的重要变量。

中国企业家资源的显化与拓展可以体现在以下几个方面:①在改革开放之初市场化体制改革导致的企业家资源激活与初步甄别;②市场化进程深化所导致的企业家资源的筛选与渐进成长;③由制度安排所引致企业家优化资源配置的动力、能力持续提升,外部环境持续改善,潜能充分发挥。从企业家资源激活视角来看,企业家经营努力后所获取的绩效回报及其保障是其才能培育的主要动力源,也是企业家持续不懈经营努力的重要驱动力。正如萨伊指出的,"安稳地享用自己的土地,资本和劳动的果实乃是诱使人们把这些生产要素投入生产用途的最有力动机。"在转型中的中国,市场化主导制度变迁的重要特征之一是产权界定日益清晰、合理。因此,体制改革是中国企业家资源内生拓展的根本动力源。

(二)企业家资源的拓展

从企业家资源的成长视角来看,在转型经济中,政府通过体制改革至少可在以下几方面对企业家资源的拓展发挥积极作用:①根据信息的半公共产品性质,在搜集处理关于符合本国、本地区比较优势及其变化的产业和技术、新产品的市场潜力等信息方面对企业提供支持;②通过财政支持补偿企业进行产业和技术创新面临的外部性,增加外部经济,提升企业经营活动的社会收益率;③尽可能降低与消除有关行业的进入壁垒,提升企业家"干中学"的效率。

转型经济中的中国企业家资源在显化方面的障碍,除了其自身因素以外,主要受外部体制环境条件的约束,尤其表现在大量"有形"与"无形"的行业进入壁垒上。这导致了中国企业家资源主要集中在低技术水平、低附加值的行业,形成了基于"干中学"企业家资源拓展的瓶颈约束。目前中国的许多高端服务业与制造业中(如电信、金融、交通、能源、城市基础设施等),均存在着各种有形和无形的进入壁垒,导致大量民营企业家局限在低技术的加工制造业和服务业中。其实中国并不缺企业家,缺的是让企业家充分发挥聪明才智的制度和环境。因此,政府通过体制改革化解企业家尤其是民营企业家的各种进入壁垒,是企业家资源拓展、市场垄断程度降低、市场规模有效扩大、动态比较优势增进的重要举措。在中国国有企业的 X—非效率现象大量存在背景下,民营企业家资源的拓展十分有利于促进国有企业乃至整个国民经济效率的提升。如鲍莫尔(Baumol,1982)在可竞争市场理论中所指出的那样,正是进入者的潜在竞争,可把市场均衡推向社会福利最优化。即在潜在进入压力存在情况下,会迫使现存企业无论处在何种市场结构形态,都仍能遵循有利于社会福利的定价原则和保持高效率的生产组织。

(三)企业家资源拓展与比较优势增进的互动

新古典范式有关知识和信息内涵的研究未将实践的知识(如 Know how)与科学的知识(如 Know what)加以区分。企业家才能的基础是实践的知识。在理解市场过程时应强调企业家的学习和发现。竞争性市场的动态过程是分散知识与信息的发现、利用、创造、传播的过程,其主体是企业家,因而亟须深入研究中国企业家的创造性才能在动态比较优势形成中的重要独特作用。从市场信息的处理效率视角来看,企业家才能的提升与市场的规模扩大有着以下关联:①对市场知识和信息的有效发掘与运用,即通常意义上能对商机及时捕捉,是企业家才能得以体现的主要方式;②企业家在对商机捕捉的过程中,创造了新的市场信息,从而使得其他企业家面临了新的信息环境,在这一基础上,新的商机会更多地涌现;③由于以上两点原因,使得市场的知识和信息又进一步传播到更广泛的领域。由此可见,对于市场知识和信息而言,企业家不仅是发掘和运用的主体,更是创造和传播的源泉。这三个层次的综合结果是市场交易机会的增加与市场规模的有效扩大。显而易见,市场规模的扩大与企业家资源拓展之间可形成良性互动。

亚当·斯密(2003)认为经济增长的源泉是由于经济主体按比较优势来进行分工,因此,动态比较优势增进也会体现在分工深化上,但这又受市场规模的约束。依据他的理论,对分工深化的程度存在着测度困难,但杨格(Young,1928)却为动态比较优势的测度提供了可借鉴的思路,即报酬递增的实现程度取决于社会分工的演进状况和市场规模的互动水平。由于社会分工的程度可以由市场规模来估计,由此可得到以下推论:即以分工深化为标志的比较优势动态演进与企业家资源拓展之间的重要关联纽带是市场规模的有效扩大。这既可表征社会分工的深化，又可为企业家潜能的发挥拓宽信息渠道，使其能更有效的利用市场信息、捕捉获利商机，其结果是企业家资源的内生性拓展。这表明，企业家资源的拓展在一国比较优势动态演进中扮演的角色极为关键。应该指出，比较优势的动态演进主要体现在国家的要素禀赋结构升级，而不仅仅局限于以贸易投资等指标体现的外向型经济发展状况。林毅夫（2003）强调，将"经济开放（openness）"作为经济增长的外生解释变量在逻辑上是错误的。因此，国家的要素禀赋结构升级是开放程度和贸易规模的内生决定因素，而不是外生决定因素。

从知识和信息的视角可把握市场经济与企业家资源的内涵本质。企业家作为市场知识与信息的高效率处理者，其市场角色与功能实际上是发现、利用分散的市场知识和信息，从而捕捉商机并予以试错，同时创造与传播新的知识和信息，其才能充分发挥的关键取决于市场规模的有效扩大，此即为企业家资源拓展与动态比较优势增进互动的机理所在，二者之间的关键纽带应为市场规模的有效扩大。

二、企业家资源拓展与中国动态比较优势增进的互动途径

通过从产品市场向资本市场、从网下市场向网上市场、从境内市场向境外市场的延伸与拓展是市场规模扩大的有效途径，因而也是中国动态比较优势增进与企业家潜能拓展互动的实现途径。在诸多可能的途径（approaches）中，本书选择以下三个方面对企业家资源拓展与中国动态比较优势增进的互动实现途径作探析。

（一）互动途径Ⅰ：资本市场的发展与完善

自20世纪初以来，世界各国通过资本市场的发展使得企业的所有权与经营权首次实现了分离，有效推动了家族资本主义向管理资本主义的转换，有力促进了作为一揽子要素支配者的企业家之才能的发挥，并由此催生了一大批有很强竞争力的大企业和跨国公司。当时作为新崛起大国的美国，也因此成为了"托拉斯帝国"。今天，作为转型经济中的中国，企业家成长的途径通常为"个体工商户→私营企业家→现代企业家"，而作为具有较高交易效率且有制度保障的资本市场之发展在这一过程中显然能扮演不可或缺的重要角色。具体而言，资本市场对企业家资源的拓展有以下促进作用：①获取比单纯依靠银行信贷更高的资金融通效率；②企业通过上市规范运作、信息披露、接受相关部门监管等，有利于建立归属清晰、权责明确的现代产权制度和科学、合理、规范的现代企业制度，提高企业家的经营和管理水平；③资本市场是企业一揽子

生产要素优化配置不可或缺的平台,企业的资产重组、并购都需依靠它。与单纯依靠银行融资方式相比,资本市场对企业家的激励和约束效果更加显著。④在市场经济中,企业要成长壮大,就必须高度重视产品、服务与市场需求的紧密结合。但企业生产经营的努力难以仅通过财务核算来确定,通过市场交易则能更准确及时反映出来。资本市场中千千万万投资者按市场经济原则来比较、筛选并对相关企业的产品、项目及企业的整体价值形成综合判断后所致的投资决策及其在公司市值上的反映,可产生源源不断的信息流,这是其他任何评估系统难以提供的,也是难以替代的,并因此可使企业家资源获得内生性的拓展。⑤在市场经济中,企业家经营努力后所获取的绩效与回报及其保障(如剩余索取权),是企业家精神培育和企业家才能发挥的主要动力源泉,也是企业家持续不懈经营努力的重要驱动力,而这离不开资本市场。因此,相对完善的资本市场对企业家所产生的激励是内在的、持久的。同时,这一市场也是实现企业家优胜劣汰的重要途径。

应该指出,资本市场的经济功能绝不仅仅是为企业提供融资,更重要的是其通过一揽子要素较高效率的交易而产生的信息流在动态评估企业家才能发挥中具有独特的重要作用。以美国著名的"硅谷双雄"微软、苹果为例,如图2.1所示,乔布斯的第二次入职与盖茨的退休在苹果和微软的市值比较中可见清晰的体现。企业家才能作为一种特殊的要素,资本市场的一个重要功能是不仅可使企业家与企业家之间的分工深化,而且可使企业家这类特殊要素与其他诸要素,如金融、技术、管理等要素之间的分工深化,交易效率可得到明显的提升。经济史上以资本所有者与经营管理者的制度性分工为背景的"经理革命"就是依靠资本市场的建立与完善而实现的。

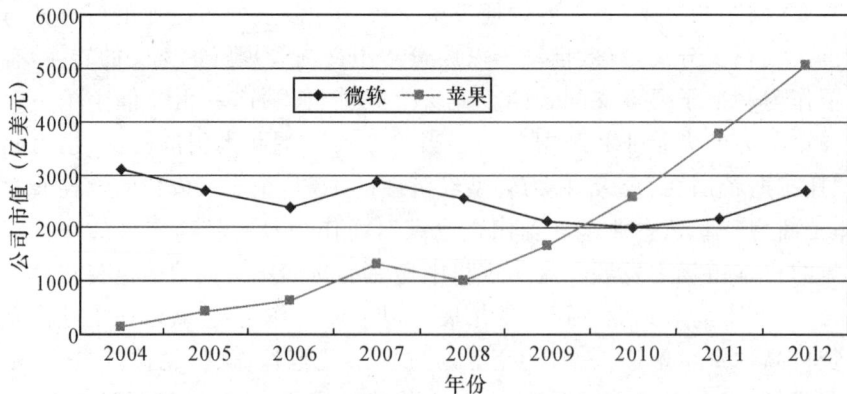

图 2.1 2004—2012 年微软、苹果公司在资本市场的市值比较

资料来源:BvD 系列库_OSIRIS—全球上市公司分析数据库。

（二）互动途径Ⅱ：通过产业链治理提升集群竞争力

在市场经济的初期，中国的绝大多数企业规模普遍较小，在企业内分工（通常适用于大企业）相对不足的前提下，许多企业采用企业间分工来替代企业内分工，从而促使产业集群的涌现。大批中小企业借助"集聚经济"可有效增强自身的竞争力。此类以马歇尔外部经济为特征的块状经济在形成过程中通常依托地缘、业缘、人缘，这在一定程度上可抵消企业内分工水平较低的负面影响。因而，研究转型经济中的中国企业家资源的拓展与动态比较优势的增进，有必要关注产业集群[1]的竞争力提升。

从产业链治理的视角来看，依据"链"的上中下游状况采用"两端攀升、首尾衔接"的治理模式可有效提升集群的竞争力。具体可体现在以下两个维度：

1. 通过产业链的下游治理使集群市场销售份额扩大，促进集群分工的深化，从而增进动态比较优势。具体可采用以下两个策略：

（1）采用适度利润率的价格竞争策略。在市场竞争日趋激烈的情况下，企业为了满足消费者的偏好纷纷采取差异化竞争的策略，而这又会受到追求规模经济目标的制约，若要缓解这一"两难冲突"，必须借助于企业市场销售份额的有效扩大，其作用体现在：①使产业链中游制造的规模经济与下游销售的规模经济形成良性互动，销售市场规模的扩大可使得生产商获取规模经济；②销售份额的大幅提升可以实现范围经济；进而在集群范围内形成某种"链"内"上下游"环节间的外部经济，这可使要素获得边际报酬递增。由此可增进集群的整体外部经济，并通过适度的利润率下降换取利润基的扩大而获取总利润的上升（类似于"拉弗曲线"的原理）。这表明通过集群市场销售份额的扩大可促使集群分工的深化，从而增进动态比较优势。

（2）采用传统商务与电子商务结合的策略。这可使有形市场与无形市场比翼齐飞，并促进网下、网上市场彼此协同。现代网络交易与搜索引擎可以有效缓解规模经济与产品差异的"两难冲突"，从技术维度大幅度提升交易效率，扩大市场规模，使企业家的活动平台得到快速扩大，并使集群从传统地域空间上的集聚向全球范围内价值形态上的集聚升级，通过消除企业家的进入壁垒来促使商品物流、资金流、信息流的"三流融合"，可使集群的销售份额得到大幅提升。

---

〔1〕 中国的产业集群大致可分为：以外商直接投资为主导的嵌入式集聚（如许多在江苏省的集群）和以民营企业为主导的内源性集群（如许多在浙江省的集群）两大类。从比较优势动态演进视角本书着重研究后者。

2. 通过产业链的上游治理来构建以激励相容为特征的集群研发与共享技术平台,使集群的定价能力增强、竞争力提升,从而增进动态比较优势。

在转型经济条件下的中国,企业家创业初期受所能支配要素有限的制约,企业规模大多偏小,其独立研发的成本往往不符合效率原则,故大多采用模仿创新利用技术外溢。这在集群形成的初期有其合理性,也正是形成集群马歇尔式外部经济的重要原因之一。但这一外部经济也会诱发外部不经济。现有的研究通常对集群因外溢而导致的"外部不经济"缺乏关注,又由于集群内企业的研发通常涉及较高的沉没成本,故在集群形成的早期,此类外溢虽然有助于集群的外部经济得到提升,但当集群发展到一定阶段后由于此类外溢所导致的经济利益日趋明显,集群内的大多数企业就会在利益驱使下以"搭便车"的形式来利用此类外溢。在这一背景下,集群的创新就会因陷入"囚徒困境"而停顿不前,其结果是集群竞争力的不升反降。在这一阶段,集群的外部经济通常会由前期阶段的上升转为下降。若以产业链上游治理破解集群创新的"囚徒困境",则通过"集群共享技术的研发平台"的构建可实现群内各相关主体的合作博弈与"激励相容",由于集群共享的研发成果在使用上的边际成本接近于零,故可使使集群的外部经济由降转升,从而提升集群的竞争力。

应该指出,上述产业链"上游"与"下游"治理是可以相互协同、良性互动的。例如,产业链上游研发环节的治理可提高下游销售环节的利润,而下游销售的规模扩大又能提升上游研发创新的效率。产业链上下游环节之间的协同可导致更多的外部经济在集群中形成,从而扭转前述外部经济由升转降的不利趋势,使其由降转升,由此使得前述"囚徒困境"得到化解。从总体上看,基于上述产业链治理可扩大集群的有效市场规模,使其分工深化、交易效率提升、国际竞争力获得内生性强化。

(三)互动途径Ⅲ:促进中国企业的对外直接投资

国际市场是企业家提升素质的另一个有效平台。目前,中国企业"走出去"进行对外直接投资初见成效,已从简单的产品"走出去"发展成为一揽子生产要素"走出去"。这样不仅使得中国企业通过国际、国内两市场在经营上的协同互补提升竞争力,更可以让企业家开拓市场战略眼光,从而提升一揽子要素优化配置的水平。

国际市场交易就其复杂程度而言,往往高于国内市场,如何驾驭国际市场的交易风险在很大程度上要依靠企业家才能。中国企业通过海外直接投资所获得的市场规模扩大可使自身获取更多的规模经济,而这类规模经济从本质上来讲是企业家才能的函数,故通过制度创新来激活、提升企业家的才能可有效促进市场规模的扩大与动态比较优势的增进。

传统国际直接投资理论主要以英美等先发国家的跨国公司的对外投资为研究对象,其阐述的种种"优势"主要可分为两个层次:①作为跨国公司进行 FDI 的动因解释;②作为跨国公司 FDI 后的在东道国所形成的某种优势。另一自成体系的"小岛清理论"则重视了跨国公司母国国家层次产业结构的优化。对中国 OFDI 的研究,必须针对尚不具备美欧跨企垄断优势的中国企业(尤其是中小企业)能否通过"走出去"有效利用世界市场来增进动态比较优势这一尖锐问题予以回答。事实上,通过企业家对各种要素的创新性"组合",即使企业的规模在早期还不够大,但只要采取明智的投资策略,就能更有效的利用海外资源、开拓海外市场。这种基于 OFDI 而获得的新的比较优势可具有以下两类属性:

(1)双重互补性。对于投资东道国来说,中国企业在境外投资时,其在国内市场的经营不仅通常拥有劳动力成本较低的优势,而且相对于那些没有海外投资却与其竞争的国内对手而言,又拥有境外市场在原料采购、技术获取、融资便利以及海外渠道控制等方面的优势。而这两种优势又是可以互补协同的。现有的主流国际投资理论通常较多关注投资企业在东道国所具有的优势,如邓宁的"三优势"理论,而这些优势也通常是由跨国公司投资行为而形成的。由此,过往的研究往往忽视这样的"投资"在进行过程中同时也往往会伴生的一个领域,即国内同行业之间的竞争,这对于转型中的发展中大国尤其如此。因此,企业在进行 OFDI 的同时若能前瞻性地注意到这种可能性,并在要素新组合中重视二者的互补协同,则可获取"一石两鸟"的效果,使中国动态比较优势的增进更显著。例如,浙江吉利集团控股有限公司在 2010 年 8 月运用并购这一 OFDI 的重要形式获取了沃尔沃公司 100% 的股权及相关知识产权,这使得其不仅跨国控制了沃尔沃轿车公司多年来研发的积累,并使之与中国巨大的市场购买潜力与丰裕的人力资源有效结合,显著提高了经营绩效。"在并购后的 2011 年前三季度,沃尔沃汽车在全球市场保持强劲增长,同比增长 27.7%。其中,中国市场增速继续领跑,在过去 6 个月中保持 60% 增长速度,9 月份甚至达到 113% 的增长。该公司在欧洲国家的销量也呈直线上升之势,在德国销量增速达到 49% 以上"[1]。对于吉利在中国的本土企业而言,收购沃尔沃后即可利用沃尔沃的全球销售网络及其知名品牌,而对吉利经营控制下的沃尔沃而言,也可充分利用吉利的本土企业在中国境内的销售网及其品

---

[1] 详见:郭丽君.吉利汽车:"弯道超车"的启示.光明日报,2011-12-31。

牌。另外,通过供应链的重组与优化可大幅降低营运成本,获得规模经济与范围经济。截至2011年,吉利共申请了3464项专利,特别是在整车造型设计、安全碰撞技术、核心零部件技术等开发能力上取得了历史性的突破,并拥有了中国完全自主知识产权的自动变速箱。

(2)激励相容性。中国企业家通过OFDI对市场信息无论是在发现还是处理方面,都会更有效率,要素通过国际、国内两个市场的重组而得到优化配置的概率会更高,可利用的商机也会更多。显然,中国企业家通过OFDI参与国际分工可使斯密定理中所揭示的社会分工进一步深化,从而与动态比较优势的内生增进形成良性互动。应该强调,这一良性互动的重要体现是OFDI的投资国与东道国之间的激励相容[1]。在国家层次上,一方面中国作为投资的母国不仅在新市场的开拓、原材料的采购,还可在关税壁垒突破、先进技术获取等诸多方面获益;另一方面被投资国(东道国)在国民收入提高、就业岗位增加等方面也可得到实际利益。这种投资与被投资双方之间建立在国际分工基础上的共赢与优势互补所导致的利益共生具有可持续性。

四、结论与启示

(1)理论上的比较优势(无论是静态的还是动态的)要转化为现实中的比较利益,都必须通过真实世界的传导。在转型经济市场不完善的条件下,资源禀赋结构升级会面临难以化解的信息障碍。而作为市场知识、信息高效利用者的企业家,则是化解这一障碍的核心主体,并由此构成推动一国比较优势动态演进的关键动力源。

(2)企业家作为一揽子要素配置的支配者在社会经济活动中处于"资源配置优化"的核心地位,是中国社会经济开放与发展中关键的主动性资源。中国若要在经济全球化的分工中避免"低端锁定",必须依靠企业家资源的拓展与才能的发挥。这就要求相关研究尝试突破主流经济学在经济主体行为研究方面囿于"经济人"假定的窠臼,而将企业家才能的提升与资源的拓展作为新的关键要素纳入动态比较优势增进的研究框架。显然,在经济全球化中,企业家

---

〔1〕 所谓激励相容(incentive compatibility)是"指一方预期利益的实现建立在另一方或其他诸方预期利益实现的基础之上,即相关各方的预期利益具有共生性(symbiosis)。当相关各方形成共生利益时,它们之间可具备激励相容的动力基础。因此,利益共生化实际上是激励相容的根本动因。不仅如此,激励相容的相关各方可互相锁定(interlocked in)于共生利益之中,由于具备目标函数的激励相容,相关各方的共生利益可动态增强,产生某种正反馈效应(positive feedback effect)"(张小蒂和李晓钟,2008;张小蒂和贾钰哲,2011)。

资源的拓展是中国获取更多比较利益的捷径。

（3）资源禀赋结构升级的重要前提之一是"干中学"主体结构的升级，政府通过体制改革化解行业进入壁垒，既可通过企业家尤其是民营企业家的"配置优化中学"有力促进其才能的发挥，又可减少国有企业中的 X—非效率、降低市场垄断程度、推动市场规模有效扩大，由此可构成中国动态比较优势增进的重要源泉之一。

（4）中国企业家才能的充分发挥关键途径是市场规模的有效扩大，具体有：①发展与完善资本市场；②通过产业链治理提升集群竞争力；③促进企业的对外直接投资。应该强调，比较利益的获取不仅体现在商品与服务的成本差异或价格差，更为重要的是通过对外直接投资等途径可使企业家配置要素的时空得以拓展，且能有效提升企业家的才能。因此对企业家资源的拓展提供激励，从而使中国的动态比较优势得以持续增进。

第二节 机理的验证 I：基于人力资本尼尔森—菲尔普斯作用机制

尼尔森—菲尔普斯认为人力资本往往通过国际贸易或投资中的技术扩散作用来影响全要素生产率，因此其对经济增长的影响作用是间接的（Nelson & Phelps, 1966；Benhabib & Spiegel, 1994）。企业家在指导企业生产经营的过程中，往往通过对国外先进技术先引进及后续的消化、吸收和利用的过程来逐步实现创新。在消化吸收先进技术的过程中，企业家能够根据相对价格的变化调整产品结构，实现产品创新与商务流程的再造。因此，企业家人力资本的拓展在推动企业自身经营绩效改善的同时促进地区经济的发展与技术进步，从而促进整个技术前沿面的推进。由此，笔者在模型构建中将企业家人力资本作为社会分工深化与比较优势动态演进的重要影响因素来加以考虑。在模型构建中，采用随机前沿生产函数的分析方法，以技术效率进步为方向的市场规模扩大作为途径，不仅考虑一般人力资本与物质资本等传统生产要素，尤其考虑将企业家人力资本及其他影响因素纳入分析框架中，从而验证企业家人力资本拓展对以技术效率进步为方向的市场规模扩大及比较优势增进的影响程度。

一、随机前沿模型的方法介绍及基本模型设定

Solow(1957)的传统生产函数法假定"技术充分有效"大部分生产者的"技术是无效率的",由此提出"技术效率"(Technique efficiency)的概念,即技术效率是以"生产能力是否达到生产可能性边界"作为参考的(Farrell,1957)。技术效率的核算方式主要分为两种:一是非参数的 DEA 方法;二是随机前沿方法(Stochastic Frontier Analysis,简称 SFA)。DEA 方法主要是基于投入和产出指标的分析,由于无法衡量随机误差对地区个体效率的影响而存在一定的局限性;而 SFA 方法的特点在于把无效率项和随机误差项相分离,使得对无效率程度的估计较为准确,同时还能突破 DEA 方法在对个体效率估算上存在的局限(白俊红等,2009)。Aigner & Lovell (1995)和 Schmidt et al. (1977)把生产无效率(未达到生产可能性边界)进一步归结为受随机扰动和技术无效率两个因素影响,将模型设定为:

$$y_i = x_i\beta + (v_i - u_i) \tag{2.1}$$

即将误差项 ε_i 视为复合结构,将其分解为第一部分 v_i 表示观测误差和其他随机因素影响(随机扰动影响),第二部分 u_i 表示个体受到的影响(技术非效率影响)。

根据上述随机生产函数的构建原理,基于对数 C-D 函数进一步估计影响市场规模的主要因素,样本数据为全国 23 个省市 1999—2010 年的面板数据[1]。考虑到一定时期内,影响市场规模的因素随时间变动的幅度不大,故采用时不变模型来估算。基本模型如下:

$$\ln y_{it} = \beta_0 + \beta_1 \times \ln K_{it} + \beta_2 \times \ln H_{it} + (v_{it} - u_{it}) \tag{2.2}$$

其中 v_{it} 服从 $N(0, \sigma_v^2)$,表示随机扰动的影响,u_{it} 为技术效率项,服从正态截断分布 (u, σ_u^2),表示对个体冲击的影响。v_{it} 和 u_{it} 相互独立。

$$TE_{it} = \exp(-u_{it}) \tag{2.3}$$

TE_{it} 为技术效率水平,表示由于生产无效率造成的实际产出与最大产出之间的距离。TE_{it} 介于 0 与 1 之间。当 $TE_{it}=1$ 时表示落在生产可能性边界上,即技术有效,否则表示技术无效。

$$\gamma = \frac{\sigma^2}{\sigma_v^2 + \sigma_u^2} \tag{2.4}$$

---

〔1〕 考虑到各地经济发展的差异与 FDI 引进的不平衡性对模型显示度的影响,将数据中的奇异点删除后的样本为 23 个省市,即删除广西、贵州、甘肃、青海、宁夏和新疆,且不包括港澳台地区。

γ 为方差参数,用来检验复合扰动项中技术无效率所占比例。γ 介于 0 和 1 之间。若 $\gamma=0$ 则表示实际产出与最大产出之间的距离来自不可控制的纯随机因素,此时模型直接采用 OLS 方法来估计即可,反之则采用 SFA 估计。

这里对模型设定中的因变量作进一步解释。因变量 Y 为地区市场规模指标,以购买力来衡量。一般文献往往采用 GDP 来衡量一个地区市场规模的大小,但由于采用 GDP 来核算地区内最终生产和服务的价值容易产生估计上的"漏出"或"盈余",且无法反映要素在本区域以外处取得的报酬,因此采用收入、财富等购买力指标来实现对 GDP 指标的替代或补充。事实上,传统的凯恩斯的消费函数将消费作为收入的线性函数,而莫迪利安尼在凯恩斯消费理论的基础上构建了生命周期假说,把财产作为影响消费的重要因素引入消费函数,是对凯恩斯简单消费函数的一大改进。而这一改进增强了消费函数对现实的解释力,并部分消除了凯恩斯简单消费函数中的误差[1]。而弗里德曼进一步考察理性预期的作用,提出持久收入假说,认为财产收入应该是持久性收入而非暂时性收入[2]。一般意义上,居民可支配收入、居民消费支出等可作为具有流量性质的收入估计指标,而居民储蓄总额等可作为具有存量性质的财富估计指标,其中以实际居民可支配收入作为具有流量性质的收入指标,以实际储蓄总额作为具有存量性质的财富指标[3]来反映地区市场规模的大小或潜在购买力水平。实际居民可支配收入采用城镇居民可支配收入和农村居民可支配收入的加权平均,权重为城镇居民与农村居民的人口比例,本书采用各地区非农业人口与农业人口的比例来替代。从生产函数的视角来看,影响社会分工深化、市场规模扩大及比较优势获取的主要因素包括资本投入和

〔1〕 莫迪利安尼消费函数的基本模型为:$C=\alpha \times WR + c \times YL$,其中 WR 为财产收入,α 为财产收入的边际消费倾向,YL 为劳动收入,c 为劳动收入的边际消费倾向。弗朗科·莫迪利安尼是 1985 年诺贝尔经济学奖得主。具体请参见 Friedman M. A Theory of the Consumption Function. Princetion, N. J.: Princetion University Press,1957.

〔2〕 米尔顿·弗里德曼是 1976 年诺贝尔经济学奖得主,具体请参见 Modigliani F. and Brumberg, R. Utility Analysis and the Consumption Function: An Interpretation of Cross-Section Data. In: Post-Keynesian Economics, Edited by K. K. Kurihara. New Brunswick, N. J.: Rutgers University Press,1954.

〔3〕 "实际"与"名义"相对,即在具体核算过程中将各项产出指标以 1978 年为基期,采用 CPI 指数进行平减。

劳动投入。这里以永续盘存法[1]来估计资本存量(张军和章元,2003),以年末总就业人口来估计劳动投入。

而除了资本投入和劳动投入以外,还应包含其他外生变量的影响。由于尼尔森—菲尔普斯模型强调技术扩散的作用,因此,这里以外商直接投资 FDI 作为开放经济中影响技术扩散的主要渠道。而企业家作为一揽子要素的支配者,是技术扩散的媒介,同时影响全要素生产率的提升与技术效率进步的实现。此外,Fleisher et al.(2010)认为资本形成率也会影响全要素生产率与效率进步,因此将资本形成率 CAP 纳入分析框架,从而构建以下技术非效率函数[2]:

$$u_{it}=\delta_0+\delta_1\times E+\delta_2\times CAP+\delta_3\times FDI+w_{it} \qquad (2.5)$$

表 2.1 为随机前沿模型中涉及的主要变量定义。表 2.2 为考虑市场规模的其他影响因素的随机前沿生产模型的极大似然统计结果。

表 2.1　变量定义

变量	符号	定义
市场规模	Y	以收入指标和财富指标来估计,其中收入指标以实际居民可支配收入估计,财富指标以实际储蓄总额估计
资本投入	K	资本存量,采用永续盘存法估计
劳动投入	L	以地区年末总就业人口来估计
企业家人力资本	E	以民营企业家丰度来估计,以该地区万人拥有的民营企业数量来估计
资本形成率	CAP	以资本形成总额占 GDP 比重估计
外商直接投资比率	FDI	以外商直接投资占 GDP 比重估计

表 2.2　考虑市场规模影响因素的随机前沿生产模型的极大似然估计结果

变量		收入指标(lnINCOME)模型(1)		财富指标(lnFORTUNE)模型(2)	
前沿函数估计	常数项	−4.288***	(0.363)	−3.307***	(0.634)
	lnK	0.562***	(0.018)	0.801***	(0.233)
	lnL	0.776***	(0.108)	0.544***	(0.122)

[1]　永续盘存法的具体核算公式为 $K_t=(1-\delta)K_{t-1}+I_t/P_t$,其中 K_t 代表年末实际资本存量,I_t 为当年名义资本投资,P_t 为固定资产投资价格指数,δ 为固定资产折旧率,定为 5%,基期为 1978 年。

[2]　(2.3)式等价于:$u_{it}=-\ln TE_{it}$。

（续表）

变量		收入指标(ln$INCOME$)模型(1)		财富指标(ln$FORTUNE$)模型(2)	
市场规模影响因素的估计	E	−0.00126***	(0.0002)	−0.00155***	(0.0003)
	CAP	−0.391***	(0.123)	−0.516***	(0.158)
	FDI	−4.919***	(0.481)	−3.617***	(0.621)
	常数项	1.061***	(0.062)	1.018***	(0.081)
	σ^2	0.085	(0.046)	0.144	(0.074)
	γ	0.936	(0.037)	0.910	(0.049)
	LR test error	269.780***		156.633***	
	时期数	12		12	
	横截面数	23		23	
	观测数	276		276	

注：(i)***、**、*分别表示在1％、5％和10％水平上显著，括号内为标准误差，下表同。
(ii)LR为似然比检验统计量。

二、随机前沿模型结果分析

从表2.2模型的整体估计结果来看，资本投入和劳动投入对市场规模的扩大存在明显正效应，产出弹性在收入指标模型中分别为0.562和0.776，在财富指标模型中分别为0.801和0.544。方差参数γ值在收入指标模型和财富指标模型中分别为0.936和0.910，表明在SFA估计的误差中分别有93.6％和91.0％来自于技术非效率，即采用SFA模型是较为合理的，意味着影响市场规模扩大的因素应该除了资本投入和劳动投入以外还包括其他影响因素。

笔者在模型后续的效率影响因素估计中继续纳入其他变量，诸如企业家人力资本、资本形成率、外商直接投资比率FDI等因素，从而进一步验证对市场规模扩大的影响程度。从纳入其他变量的效率影响因素模型的估计结果中可以看到，企业家人力资本、资本形成率、FDI的系数值均为负，并且显著性很高。由于市场规模影响估计中的因变量技术效率为负值，因此上述变量的系数值显著为负表明其对技术效率构成正向影响。从表2.2模型(1)和模型(2)的结果比较来看，财富指标模型中各项变量的系数值的绝对值均高于收入指标模型。此外，企业家人力资本对以财富指标来估计的市场规模影响的边际作用明显高于以收入指标来估计的相应数值，并且统计意义显著。这表明企业家人力资本作为技术扩散的媒介,其才能的发挥影响以效率进步为方向的市场规模扩大,表现为收入和财富的同时提升。由于企业家才能是转型经济条件下的中国所存在的特殊人力资本,因此,将企业家人力资本纳入分析框架一定程度上拓展了尼尔森—菲尔普斯的人力资本作用机制的适用范围。

从表2.2市场规模的影响因素估计模型还可以看到,同时影响经济增长及市场规模扩大的因素除了企业家人力资本以外,还有资本形成率的提高、FDI的引进等因素。资本形成率的提高有利于收入和财富的增进,这个结果是明显的。当前各地资本投入数量可观,大多投向基础设施,具有较强的外部经济性,但资本的投资效率依然有待提高。资本流动的合理引导与资本配置的优化直接影响市场规模的扩大及比较优势的增进。开放经济条件下FDI的引入有利于收入和财富的增进。这表明尼尔森—菲尔普斯理论同样适用于转型经济,即FDI作为国外先进技术传导和扩散的渠道在中国是现实存在的。但是应该看到,上述尼尔森—菲尔普斯人力资本作用机制中将外资引入作为技术扩散渠道,仍然强调以正面技术"溢出效应"为主。而实际上,外资对于经济发展的作用存在"两面性"的特征,既有正面"溢出效应",又有负面"挤出效应",对中国的本土企业家尤其是民营企业家在资源配置的价值高端(如研发阶段与市场渠道阶段)造成排斥与替代,使其"干中学"的领域更为狭窄,人力资本的拓展受到约束,从而影响经济的总体表现绩效。因此,尼尔森—菲尔普斯人力资本作用机制在充分估计企业家人力资本上还存在较大的现实局限性。

第三节　机理的验证Ⅱ:基于人力资本卢卡斯作用机制

与尼尔森—菲尔普斯人力资本的"间接"作用机制不同的是,卢卡斯基于新古典增长理论的人力资本作用机制表现得更为"直接"。卢卡斯将人力资本的积累分为"内部效应"和"外部效应"两种方式(Lucas,1988),其中,"内部效应"指通过正规或非正规教育形成和积累的人力资本,"外部效应"则指通过"干中学"等方式进行的经验积累使生产要素实现规模报酬递增的效应。由于人力资本的"内部效应"是在给定的技术条件下实现的,因此其所形成的人力资本积累只会影响生产个体生产率的提高,并不会对社会总体的生产率构成影响。而卢卡斯实际上要强调的是人力资本的"外部效应",即只有通过"干中学"机制的发挥,人力资本的积累才会影响人与人之间生产与交换的过程,从而影响社会总体的经济发展绩效。

在开放经济条件下,人力资本"干中学"机制的发挥意味着各国能够专业化生产其具有比较优势的产品,在专业化的生产实践中,生产技术得以提高,生产经验得以增进,从而人力资本获得了累积。而随着持续的专业化生产中"干中学"中学习动力的不断下降与各地需求结构的不断转换,各地的生产模式和生产率亦发生转变,因此一国必须通过"创新"创造出"后天的"比较优势,才能实现本国经济的持续增长。

卢卡斯强调通过人力资本的"外部效应"来实现的人力资本积累是宏观经济的"微观基础"。随着经济发展的动态变化,"外部效应"又意味着不断创新,进而影响贸易模式的形成与比较利益的持续实现。整个过程中,人力资本始终作为生产实践中的"直接"投入要素而被纳入生产函数的分析框架。而在转型条件下的中国,企业家人力资本是一类特殊生产要素。企业家创新不同于一般专业技术人员的创新,企业家不仅能够主导企业内部实现产品创新与管理创新,还能够通过要素的优化配置实现新的营销方式的创新和新市场的拓展。因此,笔者将企业家人力资本与一般专业技术人员所体现的人力资本相分离,并将其作为特殊生产要素"直接"纳入生产函数的分析框架中,从而估计并揭示其对比较优势增进绩效的影响程度,进而避免尼尔森—菲尔普斯人力资本作用机制中其他因素对企业家人力资本的扰动影响。基本模型构建如下:

$$\ln Y_{it} = \ln A + \alpha \ln K_{it} + \beta \ln H_{it} + \gamma \ln E_{it} + u \qquad (2.6)$$

模型设定中的因变量是市场规模,即作为潜在购买力的衡量指标。这里以 GDP 和可支配收入作为具有流量性质的收入估计指标,以储蓄总额作为具有存量性质的财富估计指标。而采用可支配收入和储蓄总额作为 GDP 指标的补充,可以更好地反映市场规模的大小与分工深化的程度。K 作为物质资本存量,估计方法与前文一致。而一般专业技术人员所体现的人力资本仍然可以用受教育程度来衡量,以该地区人力资本存量 H 来表示,采用平均受教育年限与地区就业总人口的乘积来估计。其中,平均受教育年限的计算方式采用 Wang — Yao(2003)及陈钊等(2004)的方法,将受教育水平简单分为小学 H_{1t}、初中 H_{2t}、高中(包括中专)H_{3t} 和大学(包括大专及研究生以上)H_{4t}(张军等,2004;张小蒂和贾钰哲,2012)。则第 t 年的平均受教育年限 H_t 可表示为:$H_t = (6H_{1t} + 9H_{2t} + 12H_{3t} + 16H_{4t})/pop_t$,$pop_t$ 为年末总人口数,H_{it}/pop_t 表示受教育程度的人口占总人口的比例。E 代表企业家人力资本。数据样本为全国 29 个省市(港澳台除外)1999—2010 年的面板数据,其中西藏地区由于统计数据的部分不足而从样本中剔除,重庆地区纳入四川范围内考虑。模型估计结果见表 2.3。

表 2.3　全国 29 个省市的面板 OLS 统计结果

| 变量 | 财富指标 | | 收入指标 | | | |
| | lnGDP | | lnINCOME | | lnFORTUNE | |
	模型(3)	模型(4)	模型(5)	模型(6)	模型(7)	模型(8)
lnK	0.829***	0.700***	0.524***	0.413***	0.770***	0.395***
	(0.013)	(0.029)	(0.011)	(0.026)	(0.017)	(0.033)
lnH	0.438***	0.508***	0.633***	0.701***	0.535***	0.741***
	(0.036)	(0.038)	(0.030)	(0.033)	(0.051)	(0.047)
lnE		0.108***		0.0920***		0.313***
		(0.022)		(0.019)		(0.026)
常数项	−3.846***	−3.855***	−4.233***	−4.301***	−4.678***	−4.716***
	(0.280)	(0.269)	(0.234)	(0.229)	(0.396)	(0.353)
R-squared	0.9674	0.9675	0.969	0.970	0.925	0.944
观测值	348	348	348	348	348	348

注:模型(3)、(5)、(7)未考虑企业家人力资本,模型(4)、(6)、(8)考虑企业家人力资本。

表 2.3 结果显示,物质资本和一般专业技术人员所体现的人力资本促进了地区经济的增长,表现为以收入和财富指标来估计的市场规模的扩大。而将企业家人力资本指标纳入后,变量本身统计意义非常显著,并且模型的总体拟合度得到增强。这表明,通过企业家"干中学"机制的发挥,企业家人力资本得到累积,企业家人力资本的拓展促进了本地的经济增长及市场规模的扩大。由于市场规模可以用购买力水平来估计,而财富指标既包括即期购买力水平,又包括中长期的潜在购买力水平。研究结果也显示,企业家人力资本对于财富水平的影响程度要显著高于对收入水平的影响程度。这表明,具有存量性质的财富指标作为对具有流量性质的收入指标的替代,可以在一定程度上矫正对地区财富积累与市场规模的估计误差,增强这一研究的现实解释力。

第四节　机理的验证Ⅲ：基于地区发展
路径差异比较

由于中国的东部沿海地区在以市场化为标志的制度变迁中处于全国前列，企业家资源较为集中，企业家人力资本的发挥也更为显著，笔者对 2010 年的企业家丰度与区域经济发展指标进行斯皮尔曼等级相关系数估计，统计结果如表 2.4 所示。

表 2.4　企业家丰度与区域经济发展指标的斯皮尔曼等级相关系数(2010)

地区	人均 GDP	人均 人民币储蓄	人均城镇 可支配收入	城乡 收入比	人均 A 股 市值	市场化 指数
东部 11 个省市	0.791**	0.718*	0.882**	−0.445	0.655*	0.691*
全国 31 个省市	0.667**	0.598**	0.838**	−0.679**	0.504**	0.659**

注：(1)资料来源：2010 年《中国统计年鉴》与地区统计年鉴。其中东部 11 个省市包括北京、天津、河北、辽宁、上海、江苏、浙江、福建、山东、广东与海南，全国 31 个省市不包括港澳台地区。

(2)**、*分别表示在置信度(双侧)为 0.01、0.05 时相关性是显著的。

从表 2.4 可以看到，企业家丰度与地区经济发展程度的各项指标的斯皮尔曼相关系数统计结果均表现显著。其中，人均 GDP、人均储蓄(由于实证中所有数据均采用人民币核算，为简洁表述，建议采用人均储蓄的提法，而上文因为是直接采用统计年鉴数据，故沿用年鉴提法"人民币储蓄"，以防止混淆)、人均城镇可支配收入、人均 A 股市值均与企业家丰度呈正相关。而城乡人均收入比与企业家丰度呈负相关，表明企业家人力资本的发挥有利于城乡收入差距的进一步缩小。市场化指数与企业家丰度也呈正相关，表明市场制度的完善有利于企业家人力资本的进一步发挥。结果显示，东部地区的各项相关系数基本上要高于全国平均水平，说明东部地区的企业家资源丰富，对地区经济的提升作用亦较为显著。而在东部沿海地区中，尤其以苏、浙、粤三省的企业家资源最为丰富。表 2.5 是苏、浙、粤三省 2006—2010 年的企业家丰度与进出口及外商直接投资总额的描述性统计指标及各项指标在省区层面上的综合平均排名。

表 2.5　2006—2010 年苏浙粤地区企业家丰度与外向型程度的描述性统计指标

年份	企业家丰度(/万人)			进出口贸易(亿美元)			外商直接投资(亿美元)		
	苏	浙	粤	苏	浙	粤	苏	浙	粤
2006	79.3	81.6	59.3	2839.8	1391.4	5272.0	174.3	88.9	145.1
2007	88.6	88.9	65.9	3494.7	1768.5	6341.9	218.9	103.7	171.3
2008	106.3	101.1	76.7	3922.7	2111.3	6849.7	251.2	100.7	191.7
2009	118.0	109.4	84.4	3387.4	1877.3	6110.9	253.2	99.4	195.4
2010	133.1	117.3	90.8	4657.9	2534.7	7846.6	285.0	110.0	202.6
排名	1.4	1.6	3.2	2	3	1	1	4.2	2.2

注:(1)资料来源:各年度《中国统计年鉴》与地区统计年鉴。

(2)排名为 2006—2010 年间扣除直辖市后的省区综合平均排名,数值越小则表明排名越靠前。

表 2.6 为 1999—2010 年东部 11 个省市及苏、浙、粤三省企业家人力资本指标与市场规模扩大的回归结果。市场规模大小以人均 GDP、人均储蓄、人均可支配收入与人均居民消费支出四项指标来衡量。四个模型回归都是以东部 11 个省市及苏、浙、粤三省的梯度扩散来呈现的。从结果可以看出,苏、浙、粤地区的企业家丰度对各项市场规模的弹性值都要显著高于东部 11 个省市的平均水平。事实上,苏、浙、粤三省作为经济发展及市场规模较大的三个省份,在分工方向和路径选择上亦各具特色。江苏省在引进外商直接投资方面处于全国领先地位;浙江省以民营经济为主导,民营企业家丰度处于领先地位[1],而广东省尤其以"两头在外"的加工贸易绩效最为显著。表 2.7 为 1999—2010 年苏、浙、粤三省企业家人力资本指标与以市场规模扩大为表征的分工深化之间的回归结果。

表 2.6　1999—2010 年东部 11 省市及苏浙粤地区企业家人力资本与市场规模扩大的回归结果

变量	$\ln Y_1$		$\ln Y_2$		$\ln Y_3$		$\ln Y_4$	
	东部	苏浙粤	东部	苏浙粤	东部	苏浙粤	东部	苏浙粤
$\ln E$	0.697***	0.881***	0.773***	0.812***	0.468***	0.663***	0.477***	0.578***
	(0.029)	(0.0489)	(0.0308)	(0.0942)	(0.0252)	(0.0535)	(0.0205)	(0.0369)

---

　〔1〕　近年来浙江省的企业家丰度有所降低是由于大量民营企业家实现跨省投资与跨境投资,因此浙江省的这一统计指标存在一定程度上的低估。

（续表）

变量	lnY_1		lnY_2		lnY_3		lnY_4	
	东部	苏浙粤	东部	苏浙粤	东部	苏浙粤	东部	苏浙粤
常数项	7.282***	6.516***	6.619***	6.402***	7.560***	6.857***	6.607***	6.276***
	(0.117)	(0.199)	(0.124)	(0.383)	(0.102)	(0.217)	(0.0827)	(0.15)
F 值	578.34	325.09	628.82	74.3	344.29	153.22	540.54	246.15
R-squared	0.816	0.905	0.829	0.686	0.726	0.818	0.806	0.879
观测数	132	36	132	36	132	36	132	36

注：$\ln Y_1$、$\ln Y_2$、$\ln Y_3$、$\ln Y_4$ 分别表示人均 GDP、人均储蓄、人均可支配收入（城镇可支配收入和农村可支配收入的加权平均，权重同前）与人均居民消费支出的对数值，下表同。

表 2.7　1999—2010 年苏、浙、粤地区企业家人力资本与市场规模扩大的回归结果

变量	lnY_1			lnY_2		
	江苏	浙江	广东	江苏	浙江	广东
lnE	0.844***	1.183***	0.943***	0.858***	1.334***	0.799***
	(0.0502)	(0.0635)	(0.0471)	(0.0389)	(0.0647)	(0.0243)
常数项	6.625***	5.145***	6.422***	5.981***	4.080***	6.813***
	(0.205)	(0.269)	(0.182)	(0.159)	(0.274)	(0.0939)
F 值	282.16	347.34	401.32	485.69	425	1076.58
R-squared	0.966	0.972	0.976	0.98	0.977	0.991

变量	lnY_1			lnY_2		
	江苏	浙江	广东	江苏	浙江	广东
lnE	0.676***	0.933***	0.622***	0.495***	0.826***	0.498***
	(0.0436)	(0.0431)	(0.0337)	(0.0432)	(0.0606)	(0.0537)
常数项	6.638***	5.706***	7.187***	6.564***	5.287***	6.577***
	(0.178)	(0.182)	(0.13)	(0.176)	(0.257)	(0.207)
F 值	240.47	469.7	341.07	131.18	185.93	86.08
R-squared	0.96	0.979	0.972	0.929	0.949	0.896

从表 2.7 回归结果可以看到，作为对市场规模的反映，人均 GDP、人均可支配收入与人均消费水平是具有流量性质的收入估计指标，而人均储蓄是具有存量性质的财富估计指标。结果发现，财富指标模型中的企业家人力资本

对市场规模的弹性值要高于收入指标模型中相应数值。进一步比较表2.5中企业家丰度和表2.7中的四项结果可以发现,尽管浙江省近年来的企业家丰度有所下降,但浙江省的企业家丰度对于地区市场规模扩大的影响效应要明显高于江苏和广东两省的相应水平。这一现象的形成原因在于浙江省的企业家丰度存在一定程度上的低估。浙江省属于自然资源较为匮乏的省份,资源禀赋呈现"七山一水二分田"的特征,人均土地的稀缺程度等指标在全国名列前茅,由此造成商务成本高企,导致大批本土企业家在省外、境外开辟市场,组织要素。因此,自然资源禀赋并未对浙江经济发展形成根本阻挡,反而构成某种"倒逼机制",促进了该省企业家人力资本更快地拓展。

应该指出,尽管江苏和广东在利用外资和进出口贸易方面都优于浙江,然而这从产业链的视角来看往往会有"两头在外"的现象,一定程度上可能对民营经济在国际分工中向价值高端的攀升形成某种"挤出"与"替代"效应,从而制约本土民营经济的发展空间,并对企业家的"干中学"产生一定程度的阻隔效应。从资源禀赋的视角来看,浙江在发展开放经济中与江苏和广东相比尚有差距,然而浙江的民营企业家却能够在突破本地自然资源禀赋制约的同时通过发展产业集群与市场的开拓来促进分工的深化。实际上,当前浙商的市场开拓不仅表现为民间资本的省内流动,而且还表现为本地资本对省外和境外的投资。"据来自全国29个省级浙江商会的不完全统计,省外浙商共创办各类企业26万多家、各类专业市场2000多个,投资总规模超3万亿元,其中从浙江输出的资本约1.3万亿元。向当地缴纳税收1200多亿元,解决1136万人的就业,浙江人几乎在省外再造一个浙江。而按照2010年浙江省固定资产投资占GDP的比重为44.6%测算,省外浙商的这个投资数额相当于创造了6.7万亿元的GDP,是浙江省的2.4倍"(何玲玲和李亚彪,2011)。这表明浙江人在省外创造的价值与贡献已超过了本土浙江。可见,浙江省市场规模的大小仅仅依靠本地收入大小来估计容易造成低估,若将省外利润的汇回因素考虑在内,则采用财富指标有利于部分矫正企业家人力资本与本地市场规模的估计误差。因此,浙江省的"倒逼机制"促使企业家配置的时空拓展突破了以往地域经济的局限,实现了"浙江人经济",从而促进了市场规模的有效扩大与比较优势的增进。

上述分析表明,企业家人力资本的拓展在促进社会分工深化、市场规模扩大、比较优势增进的过程中起到不可或缺的重要作用。前已述及,以"know how"为主的知识结构是企业家人力资本的重要特征,故"干中学"是企业家人力资本拓展的主要途径。其中,"干"的状况影响到"学"的效果,进而影响到

"拓展"的程度。可见,企业家的"干中学"绩效可对其人力资本的拓展产生重要影响。一般而言,企业家的"干中学"绩效会受到时间、空间、个人禀赋三个维度的约束。对于中国这一转型与发展中的大国而言,时间维度的约束主要体现在以市场化进程为标志的制度变迁。例如,在改革开放前,整个社会经济体制处于计划经济状态,企业家在市场条件下的"干中学"难以进行,企业家人力资本只能处于"潜在才能"的状态,而难以显现。故在当时,社会上几乎找不到企业家。改革开放后,商品的市场化使企业家的"干中学"得以初步实现,民营经济开始蓬勃发展,企业家尤其是中小企业家大量涌现,但是由于市场化尚处于初级阶段,要素市场还不完善,新兴的民营企业家遇到大量的进入壁垒,妨碍了其"干中学"的绩效。从这一维度来看,中国企业家人力资本的拓展还有待于市场化取向的体制改革进一步深化。从空间维度的约束视角来看,中国各省区因区位因素而导致的企业家"干中学"绩效受到明显影响。上述研究结果表明,广东省因其毗邻港澳的区位条件促使贸易尤其是加工贸易较为发达,但以这种方式参与国际分工的不利之处在于企业家"干中学"被局限在价值链制造环节的低端,故其人力资本的拓展自然会受到影响。类似地,江苏凭借其在长三角地区比较成本较低的优势采取以引进、利用外资为主的方式参与国际分工,虽然在开放经济方面取得不俗的发展,但其本土企业家的"干中学"绩效却因境外企业家在价值链高端的"挤出"与"替代"而受到某种制约。与其对应的是浙江的企业家因其自然资源禀赋条件的不足而被"倒逼",将其商务活动大量延伸至省外与境外,故反而促进其"干中学"的绩效,这在上述的实证研究中已获得了初步验证。从个人禀赋约束维度的视角来看,企业家的"干中学"还会受到诸如个人风险偏好、经验积累多寡、领悟能力高低等个人禀赋因素的影响,而这方面还有待于深入企业层次做进一步的研究。从总体上看,上述三个维度的约束所造成的企业家"干中学"绩效差异是企业家人力资本异质性得以体现的重要基础,也是这类人力资本拓展的有效途径。显然,随着市场规模的扩大,企业家的"干中学"绩效与人力资本拓展程度也会随之提高,而两者之间的良性互动是推动中国比较优势增进的关键。

鉴于以上分析,可得出如下结论和启示:

(1)市场规模的有效扩大及其测度可对比较优势的动态内生性增进做较好地计量估计,从这一新视角切入可突破企业家人力资本拓展和动态比较优势增进研究中的定量分析难点。

(2)研究发现,以分工深化为标志的比较优势动态演进与企业家人力资本拓展之间的重要关联纽带是市场规模的有效扩大。这不仅可表征着分工的深化、效率的提升,而且可为企业家人力资本的拓展提供更宽广的信息渠道,使其能通过"干中学",有更多的机会发现、利用市场的知识、信息及更大的获利空间。这必然导致企业家人力资本的内生性拓展,并在比较优势增进及比较利益实际获取中起关键作用。由于企业家人力资本的拓展可推动市场规模的显著扩大,而后者又能促进前者的进一步拓展,两者的良性互动有利于中国实现比较优势的动态内生性增进。

(3)研究表明,具有存量性质的财富估计指标比具有流量性质的收入估计指标的显示度更好,且能更好地反映市场规模的有效扩大。原因在于:①市场规模的测度不仅包括即期购买力,还应包括潜在购买力,财富指标可充分地反映潜在购买力;②地区发展路径差异的比较分析表明,浙江省近年来的民营企业家丰度有所降低很大程度上是由于对区际企业家流动的计量困难。采用财富指标来估计市场规模一定程度上可以矫正区际企业家流动对地区财富积累与市场规模估计的误差。

(4)当前企业家人力资本的拓展可以从以下几方面来努力:①通过市场化体制的改革和深化来鼓励社会民众积极投身创业,从而使更多的企业家资源得以显现;②进一步健全和完善企业家激励机制,使企业家人力资本得以激活与有效拓展;③进一步降低市场进入壁垒,促使企业家创业的动力与能力得到持续提升,"干中学"效应得到充分发挥。

参考文献

Aigner,D. J. , Klovell,C. A. and Schmidt, P. Formulation and estimation of stochastic frontier production functions models[J]. Journal of Econometrics, 1977, 6 (1):21-37.

Battese,E. and Coelli, T. A model of technical inefficiency effects in stochastic frontier production for panel data[J]. Empirical Economics, 1995, 20(2):325-332.

Baumol, W. L. , Panzar,J. C. and Willig, R. D. Contestable Markets and the Theory of Industrial Structure[M]. New York: Harcourt Brace Jovanovich, 1982.

Benhabib, J. and Spiegel, M. The role of human capital in economic development, evidence from aggregate cross-country data[J]. Journal of Monetary Economics, 1994, 34(2):143-173.

Farrell, M. J. The measurement of productive efficiency[J]. Journal of the Royal Statistical Society, 1957, 120(3):253-290.

Fleisher,B. , Li, H. Z. and Zhao, M. Q. Human capital, economic growth, and regional inequality in China[J]. Journal of Development Economics, 2010, 192(2):

215-231.

Grossman G. and Helpman E. Quality ladders in the theory of growth[J]. Review of Economic Studies，1991(58)：43-61.

Krugman，P. The narrow moving band，the Dutch disease，and the competitive consequences of Mrs. Thatcher：Notes on trade in the presence of dynamic scale economies[J]. Journal of Development Economics，1987(27)：41-55.

Lucas，R. On the mechanics of economic development[J]. Quarterly Journal of Economics，1988，110(4)：3-22.

Nelson，R. and Phelps，E. Investment in humans，technological diffusion，and economic growth[J]. American Economic Review，1966，56(1/2)：69-75.

Redding，S. Dynamic comparative advantage and the welfare effects of trade[J]. Oxford Economic Papers，1999(77)：15-39.

Solow，R. M. Technical change and the aggregate production function[J]. Review of Economics and Statistics，1957，39(3)：312-320.

Wang，Y. and Yao，Y. D. Sources of China's economic growth 1952—1999：Incorporating human capital accumulation[J]. China Economic Review，2003，14(1)：32-52.

Young，A. Increasing returns and economic progress[J]. The Economic Journal，1928，38(152)：527-542.

白俊红，何可申，李婧. 应用随机前沿模型评测中国区域研发创新效率[J]. 管理世界，2009(10)：51-61.

陈钊，陆铭，金煜. 中国人力资本和教育发展的区域差异：对于面板数据的估算[J]. 世界经济，2004(12)：25-31.

何玲玲，李亚彪. "浙江人经济"崛起的坐标意义[N]. 新华每日电讯，2011-10-24.

林毅夫，孙希方. 经济发展的比较优势战略理论——兼评〈对中国外贸战略与贸易政策的评论〉[J]. 载国际经济评论，2003(6)：12-18.

[法]萨伊. 政治经济学概论[M]. 陈福生，陈振骅，译. 北京：商务印书馆，1963.

[英]亚当·斯密. 国民财富性质与原因的研究[M]. 唐日松，等，译. 北京：商务印书馆，2003.

[美]约瑟夫·熊彼特. 经济发展理论——对于利润、资本、信贷和经济周期的考察[M]. 何畏，等，译. 北京：商务印书馆，1997.

张军，章元. 对资本存量K的再估计[J]. 经济研究，2003(7)：35-43.

张小蒂，贾钰哲. 全球化中基于企业家创新的市场势力构建研究——以中国汽车产业为例[J]. 中国工业经济，2011(12)：143-152.

张小蒂，李晓钟. 转型时期中国民营企业家要素特殊性及成长特征分析[J]. 中国工业经济，2008(5)：129-138.

第三章　企业家资源拓展与比较优势的内生增进

　　改革开放以来,中国经济通过发挥比较优势获得了较快发展。但随着经济全球化的深入,市场竞争日益激烈,中国继续利用廉价资源、劳动力等传统比较优势的空间已日趋缩小,且有被"低端锁定"的可能。这就使中国经济在谋取进一步发展中面临着以下亟待研究的紧迫问题,即如何使自身的比较优势内生、动态、持续地得以发挥? 推动中国比较优势内生增进的关键主体是谁? "推动"的机理何在? 探索这组问题时有必要先回顾内生比较优势的相关理论。

　　亚当·斯密(1972)最早阐明了"看不见之手"有效运行的基本途径为:分工→交易→社会福利增进,由此揭示了分工深化是比较优势内生增进的基石。其理论内涵包括:①分工的基本依据是经济主体的扬长避短,即发挥比较优势,这里的"长"不仅包括先天(或外生给定)的禀赋优势,也包括经后天努力创造的优势;②每个微观主体都扬长避短,发挥自身的比较优势,则加总后整个社会的要素结构升级不会更慢而会更快;③以利益诱导为动力源的微观激励机制不仅风险分散、监督成本较低,而且通过市场交易并汇总后可推动宏观上社会福利的增进,由此形成宏观与微观层次主体利益上的激励兼容,故可导致比较优势的发挥可持续[1];④随着分工的深化,市场交易的规模会越来越大,这意味着全球化是市场化发展合乎逻辑的结果,该理论的解释面可从国内经济拓展到国际经济,因而具有较强的现实解释力。

　　对于内生比较优势理论作出重要贡献的另一位学者是杨小凯(2003),他与斯密一样认为分工深化是社会经济效率的源泉,但他更强调后天努力而获得的比较优势。他把事前(即分工前)形成的生产率差异称为外生比较优势,把事后(即分工后)形成的生产率差异称为内生比较优势。他认为内生比较优势的成因有两个方面:①分工深化可通过节省重复学习费用而促进学习效率

―――――――――――――

〔1〕　其暗含的前提是社会道德与法治体系相对完善。

的提升,从而加快人力资本与经验知识的积累。②分工深化可促进工具的发明与使用。这两点的综合作用可体现在人均单位产出的增加,即生产率提高。杨小凯指出,分工深化会伴生交易费用上升,通常较低水平的分工具有较低生产率,故只能负担起较低的交易费用,对应的市场规模就较小;较高水平的分工具有较高的生产率,故能负担较高的交易费用,对应的市场规模就较大(Yang & Borland,1991)。从本质上看,分工深化内生演进得以实现的条件是其引致的生产率上升能抵消相应的交易费用增加而有余,这表明市场规模可反映分工程度与比较优势内生增进的水平。

上述内生比较优势理论对于中国经济避免因单纯依赖外生禀赋型的比较优势而可能落入"比较利益陷阱"具有重要意义,但理论上的比较优势要转化为现实中的比较利益,尚需厘清"转化"的主体。应该强调,遵循内生比较优势的发展战略,有利于中国依据要素状况的相对变化动态调整与优化资源配置,更好地参与国际分工。在这一进程中,显然,处于资源配置优化核心地位的企业家是推动中国比较优势内生增进不可或缺的关键主体。

第一节　企业家资源拓展影响比较优势内生增进的机理探索

萨伊(1963)认为企业家是除土地、劳动、资本之外的第四生产要素。熊彼特(1997)揭示了企业家精神的重要性,并强调企业家通过各种"新组合"实现的创新是推动经济增长的关键。张小蒂和贾钰哲(2012)研究发现:①企业家与专业技术人员各自的人力资本具有本质差异,前者的特征之一是拥有一揽子而非单项要素的支配权。②企业家人力资本这类半隐性资源的显化与社会经济体制环境高度关联。从本质上看,对企业家资源的认识应突破"自然人"的局限。社会上的每个人实际上都不同程度地拥有一定的企业家精神,但只有遇到合适的体制环境与机遇才会"显化"。这对于转型中的中国具有特殊的重要意义。过往的研究大都认同企业家是经济增长的动力源,但对企业家资源拓展影响比较优势内生增进的机理缺乏深刻的揭示。在对此机理的探索过程中,有必要先分析一下企业家资源拓展的内生性。

一、企业家资源拓展的内生性

企业家资源的拓展就是企业家数量由少到多,其经营能力由弱到强的发展过程。根据前述内生比较优势理论,在市场经济背景下,随着分工深化,企业家资源拓展具有内生的特征。该"内生性"可体现在以下几个方面：

（1）基于"干中学"绩效提升的内生性"拓展"。企业家主要通过"干中学"而获得知识与经验的积累。分工深化会加快此类"积累"，并提高"干中学"绩效，从而产生以熟能生巧为特征的才能提升，由此导致的生产率上升又会为企业家进一步努力"干中学"提供激励。过往研究主要运用学习曲线来反映"干中学"的渐进、累积作用，但其只对一般劳动技能操作层面的熟练所致生产率上升提供解释，对处于核心决策地位的企业家"干中学"绩效的累积效应缺乏解释力。应该强调，企业家作为一揽子要素的优化配置者，其才能可在更复杂的"干"中获得某种非常规的加速上升，从而突破"学习曲线"的传统内涵。随着企业家"干中学"绩效的提升，其对不确定市场的预测与驾驭能力会不断增强。

（2）基于市场信息处理效率提升的内生性"拓展"。随着分工深化、"干中学"绩效上升与市场规模扩大，企业家的商务才能（包括对市场信息的处理能力）会显著提高。从不完全信息视角来看，企业家的主要才能是高效地发现和利用市场知识与信息（即对商机的捕获）；由此形成的新市场信息又会改变其他企业家的信息环境，导致更多商机形成。这一过程可表述为：分工深化→商机涌现，市场规模扩大→企业家面临的市场信息渠道拓宽，信息处理效率不断提高→更多新的商机涌现，市场规模进一步扩大→企业家商务才能获得螺旋式提升→企业家资源内生拓展。

（3）基于网络效应增强的内生性"拓展"。在市场经济中，分工深化与交易增多势必使交易主体间的相互依赖程度上升，并导致市场的网络效应增强。由梅特卡夫法则（Metcalfe Law）可知，网络参与者越多，网络的价值越大，网络中所有参与成员均可受益。这意味着上述"增强"具有内生性，并可以产业集群等形式促进马歇尔外部经济的形成和企业家资源的内生拓展。

二、企业家资源拓展影响比较优势内生增进的重要环节：要素结构升级

从生产函数视角来看，在分工演进的过程中，企业家资源拓展对比较优势内生增进的推动作用可体现在劳动、资本、技术等要素的升级加快及其引致的生产率上升。就劳动要素而言，要素结构不仅可由传统的单一劳动"升级"为异质的含普通员工、专业技术人员、企业家三个不同类型的劳动，而且这三类劳动各自对生产率提升的贡献份额的结构也会不断优化。尤其是处于资源配置核心地位的企业家，由于分工深化导致的"干中学"绩效提升，其人力资本的积累及作用的发挥会更加显著。就资本要素而言，要素结构的升级不仅表现在资本积累加快，而且表现在嵌入更多技术要素的资本在推动生产率提升中

的作用更大。就技术要素而言,企业家资源的拓展可从以下几个方面促进其升级:①针对技术进步的关键环节加大研发投入;②寻找技术先进程度与成本的适当平衡点;③提高研发与市场需求的吻合度。这三个层次的综合可促进企业发展与自身禀赋及市场需求相匹配的相对先进的适宜技术,从而提升研发效率。这意味着熊彼特意义上的企业家创新是以一揽子要素配置优化为特征的,它不仅包含而且可以超越单纯的技术创新。

三、企业家资源拓展与比较优势内生增进互动的关键纽带:市场规模扩大

前已述及,市场规模因与分工深化紧密相关而极为重要。它既可体现企业家资源拓展的状况,又可反映比较优势内生增进的水平,可谓连接二者的纽带。在内生比较优势理论体系中,分工深化具有启动源的重要地位。但长期以来,由于缺乏计量手段而妨碍了对该理论的深入研究。可以探索的研究方法之一是从分工深化必然伴随交易规模扩大为切入点,通过计量市场规模来估计分工深化的水平。Young(1928)认为"递增报酬的实现依赖分工深化与市场规模扩大的互动"(杨小凯,2003)。这一互动机制可概括为"分工演进→企业家资源拓展→生产率上升可抵消相应的交易费用增加而有余→购买力上升→市场规模扩大→分工进一步深化→比较优势内生增进"。可见,市场规模的不断扩大是企业家资源拓展与比较优势增进持续良性互动的关键纽带。Young(1928)指出"市场规模不是单纯的面积或人口,而是购买力[1]"。由于购买力水平与生产函数中产出变量的变动方向相一致,因而可用人均国内生产总值等指标对市场规模进行估计,以此反映分工深化与比较优势内生增进的水平。同时通过在生产函数的分析框架中引入反映企业家资源的变量,以研究其对比较优势内生增进的影响,由此可拓展内生比较优势理论的内涵,为中国经济转型升级、在国际分工中持续地获得更多比较利益提供有益思路。

第二节　比较优势内生增进机理的验证

一、变量选取与模型设定

由于市场规模是连接企业家资源拓展与比较优势增进的重要纽带,企业

---

〔1〕　Young(1928)使用"market size"或"market extent",意指市场规模或市场容量。

家资源拓展可影响比较优势内生增进,市场规模则能反映比较优势增进的状况,因而在运用生产函数分析中国省级面板数据时,选择市场规模为模型的被解释变量,并以人均 GDP、居民可支配收入、人均消费品零售额以及居民储蓄额[1]作为市场规模的衡量指标。其中,GDP 的优点在于其与市场规模的变动趋势相一致,是重要且常用的宏观经济指标,但其无法反映投入要素在区域外取得的报酬,因而对市场规模的估计存在一定的不足。而居民可支配收入指标则能更为直接地反映地区居民实际可支配的市场购买力。人均消费品零售额是对已实现的社会购买力的直接体现。居民储蓄额作为财富估计指标,能反映当地居民的潜在购买能力。更为重要的是,由于各地区的资源禀赋差异导致商务成本相差悬殊,这会促使自然资源条件较差而企业家资源丰裕的地区形成外出经商潮,而企业家在省际与国际流动虽会导致对其原属地 GDP 的低估,但其汇回的资金却可在原属省市的"储蓄"等财富指标中得到反映,因而居民储蓄额指标可在一定程度上矫正由于企业家流动所造成的相关计量结果的扭曲。本书以上述四指标中前三个作为具有流量性质的收入估计指标,以人均储蓄额作为具有存量性质的财富估计指标。其中,居民可支配收入以城镇与农村居民可支配收入的加权平均值估计,权重为城镇与农村居民占总人口比例[2]。同时使用上述四个指标作为市场规模的估计变量进行综合对比分析,所得结论更为稳健与可靠。

根据前述生产函数的分析框架,本书选取的解释变量主要包括物质资本与人力资本两大类。考虑到资本品的异质性,将物质资本分解为一般物质资本存量(记为 K_1)与内含技术进步的体现型资本存量(记为 K_2)两类,以反映企业家资源拓展所致的资本结构升级状况及市场规模变动程度。这两类物质资本分别以建筑资本和设备资本除以该地区总人口数衡量,原因在于,一般认为,建筑资本投入所包含的先进技术要素较少,而设备资本中则包含较多的先

---

[1] 1985 年诺贝尔经济学奖得主弗朗科·莫迪利安尼(Modigliani & Brumberg,2005)将财产作为影响消费的重要因素引入消费函数,增强了其对社会购买水平的解释力,是对凯恩斯简单消费函数的一大改进。1976 年诺贝尔经济学奖得主米尔顿·弗里德曼(Friedman,1957)进一步考察理性预期的作用,提出持久收入假说,认为财产收入应该是持久性收入而非暂时性收入。因而收入、财富与消费等指标可从多个侧面、全方位反映社会购买力与市场规模。

[2] 限于数据的可得性,采用各地区历年非农业人口与农业人口的比例替代。

进技术要素。对于两类资本存量的估计均采用永续盘存法[1],计算时以1995年为基期,基期各省市的物质资本存量值参照张军等(2004)的研究成果,其中两类资本在基期所占的比重参考吕冰洋(2007)的研究。人力资本可分为普通员工(记为 L_1)、专业技术人才(记为 L_2)和企业家(记为 L_3)三类。其中,普通员工以各省市从业人数占该地区总人口数的比重衡量,用来测度在未区分各类型劳动要素的情况下总劳动投入的产出弹性;专业技术人员所体现的人力资本可用受教育水平衡量,这里以各省市大专及以上学历人数占该地区总人口数的比例估计;企业家资源的丰度可从数量和绩效两个维度予以考察,称其为丰度1(记为 L_{3a})和丰度2(记为 L_{3b})。企业家丰度1以每万人中的民营企业数[2]估计,这是由于以中小企业为主的民营经济已成为中国经济发展的主要推动力,民营企业家作为中国市场经济中最有活力的经营主体,其灵活多变的创新模式与熊彼特意义上的企业家内涵更为吻合,因而以该指标估计企业家丰度可较好地反映中国企业家尤其是中小企业家的发展状况与变化趋势。同时将企业异质性假定引入,以各地每万人口中上市公司的年末 A股总市值估计企业家丰度2。其原因在于,一方面,区域内规模相对较大企业的企业家往往能以其卓有成效的"干中学"对该地区其他企业家发挥较好的"示范"与"扩散"效应,从而带动地区整体生产效率的提升,因而其企业经营状况可较好地反映地区发展动态;另一方面,作为处于"半隐性"状态的企业家资源,其经营努力需经市场检验以事后的观测值估计,而基于大量、连续、竞争交易所形成的上市企业市值可作为企业家才能、努力及经营潜力的动态评估信息流,从而较全面、系统、综合地反映企业家,尤其是具有一定企业规模的企业家的一揽子要素优化配置能力,且具有较好的显示度。但市值也存在一定的缺陷,如易受到宏观经济与心理预期等因素的影响,其波动性较大。

本书拟从不同视角来对生产函数展开分析,其主要计量模型设定如下:

$$\ln Y_{jit} = \ln A + \beta_1 \ln K_{1it} + \beta_2 \ln K_{2it} + \alpha_1 \ln L_{1it} + \alpha_2 \ln L_{2it} + \alpha_3 \ln L_{3it} + \mu_{it}$$

其中,Y 表示地区 i 在第 t 年的市场规模,j 取值为1、2、3、4,分别代表人均国

---

〔1〕 永续盘存法的核算公式为:$k_t = (1-\delta)K_t - 1 + I_t/P_t$,其中 K_t 和 K_{t-1} 分别表示第 t 年和第 $t-1$ 年年末实际资本存量值,I_t 表示第 t 年的名义固定资产投资,P_t 表示固定资产投资价格指数,表示固定资产的折旧率,将建筑资本的折旧率设定为5%,设备资本折旧率为10%。

〔2〕 一般而言,民营企业包含三个层次:一是广义层次,是指除国有及国有控股企业以外的多种所有制企业的统称;二是内资层次,指从广义民营企业中除去港澳台和外商投资企业外的集体和个体私营及其他混合所有制企业;三是狭义层次,指个体私营企业。本书所选取的民营企业指标即为第三层次。

内生产总值(记为 GDP)、居民可支配收入(记为 INC)、人均消费品零售额(记为 CONS)或人均储蓄额(记为 SAV)。K_{1it} 和 K_{2it} 表示地区 i 于第 t 年的人均建筑资本与设备资本存量,L_{1it}、L_{2it}、L_{3it} 分别表示地区 i 于第 t 年的普通员工、专业技术人员及企业家丰度,企业家丰度 1 与丰度 2 分别以 L_{3ait} 与 L_{3bit} 表示,μ_{it} 为误差项。模型中的数据样本为全国 26 省市(不包含港澳台地区,下同)1995—2011 年的面板数据,其中西藏地区由于统计数据的部分不全而未予以考虑,重庆市因时期因素所致的数据可得性问题而被纳入四川省范围内考虑,广西、黑龙江与河南省的经济证券化率[1]较低,由此可能导致以市值对企业家资源丰度的估计产生较大偏误,因而将其作为奇异点不予计量。以上各指标数据主要来源于历年《中国统计年鉴》《中国私营经济年鉴》《中国人口与就业统计年鉴》及 Wind 数据库。

二、企业家资源拓展影响比较优势内生增进的实证结果与分析

分析全国 26 省市生产函数时,为使回归结果中各要素的弹性系数具有可比性,首先将各投入要素取对数后的数值进行标准化,标准化公式为:$sx_{it} = (x_{it} - \bar{x})/\sigma$。其次对各变量进行单位根检验,结果显示各指标均为一阶单位根平稳,拟回归方程存在协整关系。采用静态面板估计方法进行回归分析,考虑到各年份间的生产函数可能存在一定的相关性,选择 Period SUR 法作为模型的加权方法对其跨期相关性予以考虑。中国 26 省市 1995—2011 年生产函数的回归结果如表 3.1 所示。

表 3.1　基于中国 26 省市面板数据分析企业家资源拓展影响市场规模扩大的回归结果

被解释变量	GDP			INC		
	不含 L_3(1)	含 L_{3a}(2)	含 L_{3b}(3)	不含 L_3(4)	含 L_{3a}(5)	含 L_{3b}(6)
$\ln K_1$	0.345*	0.182*	0.202*	0.311*	0.094*	0.059
	(10.081)	(4.846)	(5.125)	(7.243)	(2.492)	(1.269)
$\ln K_2$	0.410*	0.386*	0.465*	0.420*	0.375*	0.545*
	(12.128)	(12.016)	(12.673)	(10.638)	(11.586)	(15.139)

〔1〕　经济证券化率是指一国(地区)的股市总市值与 GDP 的比值。证券化率越高意味着证券市场在国民经济中越重要。2011 年末全国 29 省市(除西藏地区和重庆市,也不包括港澳台地区)证券化率中,广西、河南与黑龙江省的该值最低。

（续表）

被解释变量	GDP			INC		
	不含 L_3(1)	含 L_{3a}(2)	含 L_{3b}(3)	不含 L_3(4)	含 L_{3a}(5)	含 L_{3b}(6)
$\ln L_1$	0.041*	0.037*	0.029*	0.046*	0.043*	0.029*
	(22.578)	(18.321)	(11.146)	(18.078)	(19.721)	(9.025)
$\ln L_2$	0.143*	0.097*	0.088*	0.156*	0.122*	0.098*
	(15.057)	(11.045)	(10.028)	(12.438)	(11.663)	(9.423)
$\ln L_3$		0.282*	0.173*		0.366*	0.262*
		(15.080)	(18.701)		(17.275)	(21.391)
adj. R^2	0.896	0.922	0.914	0.910	0.914	0.924
系数总和	0.939	0.984	0.956	0.934	0.999	0.993

被解释变量	CONS			SAV		
	不含 L_3(7)	含 L_{3a}(8)	含 L_{3b}(9)	不含 L_3(10)	含 L_{3a}(11)	含 L_{3b}(12)
$\ln K_1$	0.295*	0.114**	0.170*	0.248**	0.164**	0.199*
	(6.454)	(2.308)	(2.973)	(2.494)	(2.155)	(3.826)
$\ln K_2$	0.385*	0.405*	0.435*	0.317*	0.205*	0.291*
	(9.217)	(9.059)	(8.733)	(3.859)	(3.165)	(6.089)
$\ln L_1$	0.047*	0.051*	0.041*	0.034*	0.029*	0.106*
	(11.955)	(17.369)	(11.997)	(2.290)	(2.124)	(5.835)
$\ln L_2$	0.198*	0.180*	0.145*	0.424*	0.306*	0.144*
	(13.935)	(14.330)	(10.691)	(12.408)	(10.810)	(14.061)
$\ln L_3$		0.251*	0.156*		0.347*	0.261*
		(10.875)	(11.802)		(13.053)	(15.161)
adj. R^2	0.906	0.944	0.914	0.878	0.917	0.944
系数总和	0.925	1.000	0.946	1.023	1.051	1.000

注：①*、**、*** 分别表示在 0.01、0.05 和 0.1 的显著性水平下拒绝原假设，括号内为 t 值；②各模型的各变量观测数均为 442 个。

由表 3.1 可知，各回归模型的拟合优度均较高，且除模型(6)的 K_1 外，其余各解释变量均通过显著性检验，这表明劳动与资本变量均能提升生产率，企业家可从收入、消费、财富等不同方面促进市场规模扩大，从而验证了企业家资源拓展可显著促进比较优势的内生增进。在各模型中，普通员工、专业技术人员与企业家的弹性系数呈现依次递增的特征。其原因在于，一方面，随着分工深化,专业技术人员的专业技能不断提高,其对生产率提高及技术进步的促进作用将愈加显著,从而使其边际产出高于普通员工,并具有逐渐递增的可能;另一方面,企业家作为一揽子要素配置者,可通过诸要素在多种新组合中的试错实现动态配置优化,并灵活调整技术创新的节奏与方向,使之与宏观经济周期及市场需求变化的吻合度不断提高,而随着企业家"干中学"绩效的提升,其人力资本积累及作用发挥将更加显著,因而企业家创新不仅包含且可以超越单纯的技术创新,从而使企业家对市场规模扩大的影响程度大于 L_1 与 L_2。就资本要素而言,各模型中 K_2 的弹性系数均大于 K_1,这是由于随着资本积累速度的加快,企业家会将更多的资本用于要素结构的优化升级,使嵌入更多技术要素的体现型资本比例不断上升,并对产出增加及生产率提升发挥更为重要的作用。与此同时,除模型(12)外,在模型中加入企业家资源后,诸要素的弹性系数总和均有所增加,使得生产的规模报酬上升。该变化主要源于企业家对一揽子要素的优化配置使得各要素能获得大于单一要素从事生产活动的收益之和。尤其在以 SAV 为因变量的模型(11)中,其要素的弹性系数总和大于1且大于不含企业家要素的模型(10),该生产函数呈现规模报酬递增的特征。此外,在衡量市场规模的各指标中,企业家资源对 INC 与 SAV 的影响系数较大,这不仅表明企业家资源的拓展可促进该地区居民财富增量与存量的显著增长,具有较强的"富民效应",也在一定程度上反映出财富指标可通过对各地企业家丰度估计偏误的矫正,更好地反映其拓展对市场规模扩大的影响程度。值得注意的是,在含不同衡量企业家资源指标的模型中,以 L_{3a} 衡量企业家资源的弹性系数均大于以 L_{3b} 所衡量企业家的弹性系数。其原因为证券化水平在省际差异显著,对于证券化率较低的省份而言,以市值测度其企业家资源可能存在一定的"漏出",L_{3a} 虽存在未考虑企业家异质性的缺陷,但它在测度民营企业家资源的广度上更为全面,且与中国正处于市场经济初级阶段,企业构成以中小企业为主的国情相吻合,因而以其估计企业家资源拓展对比较优势增进的影响程度具有较强的解释力。

第三节　进一步研究:东部 9 省市企业家资源拓展对比较优势增进

上述研究表明,企业家资源拓展可显著促进市场规模扩大与比较优势的内生增进,那么促进企业家资源拓展的关键又是什么?事实上,欲使前一个

"促进"更显著且可持续,就有必要进一步研究后一个"促进"的实现途径。从企业家资源内涵的视角来看,作为处于"半隐性"状态的企业家资源,需在适宜的制度环境下方能被激活。中国改革开放以来,以市场化为取向的体制改革通过不断优化企业家"干中学"的社会经济体制环境与降低交易费用使得企业家资源得到了激活、甄别、显化与拓展,企业家由此获得推动比较优势内生增进的动力增强与能力提升,可见,良好的经济体制环境是促进企业家资源拓展从而增进比较优势的关键。基于此,从全国省级数据中选择若干市场化改革先行的省市在次国家层面上作更深入的分析,不仅可进一步验证前述计量分析所得到的结论,而且可在探索市场规模扩大的有效实现途径方面获得具有前瞻性的启示。

一、东部 9 省市企业家资源拓展影响比较优势内生增进的回归分析

在分析中国以市场化为取向的体制改革进程时,可依据《中国市场化指数:各地区市场化相对进程 2011 年报告》(樊纲等,2011),该报告采用客观指标衡量 1997—2009 年各省区市场化改革的深度与广度,避免了主观评价以及把反映发展程度的变量与衡量市场体制的变量相混淆的问题,从而可提供一个分析和测度中国各地区市场化变革进程的较全面稳定的观测框架。1997—2009 年中国企业家丰度 L_{3a} 与市场化指数间的斯皮尔曼等级相关系数如表 3.2 所示。

表 3.2　中国 26 省市 L_{3a} 与市场化指数的斯皮尔曼等级相关系数

年份	1997	1999	2001	2002	2003	2004	2005	2006	2007	2008	2009
相关系数	0.597*	0.570*	0.662*	0.667*	0.692*	0.710*	0.697*	0.703*	0.720*	0.723*	0.724*

注:①* 表示在 0.01 的显著水平下拒绝原假设;②中国 26 省市是指除黑龙江、河南、广西与西藏地区,并将重庆纳入四川范围考虑的全国其他省市(不包括港澳台地区);③数据来源于中国市场化指数的最新报告:《中国市场化指数:各地区市场化相对进程 2011 年报告》。

从表 3.2 可知,全国 26 省市主要年份企业家丰度与市场化指数间的斯皮尔曼等级相关系数均大于 0.5,具有显著的较强相关性,且其相关系数随着市场化进程的推进而不断增大,表明以市场化为取向的体制改革对于企业家资源拓展正发挥着越来越重要的作用。在对 2009 年全国 26 省市的市场化程度排名中,排序前 9 位的省区均为东部较先进的省市(表 3.3),且在市场化指数的 29 个子指标中,东部 9 省市位列前三的指标共有 22 个,这表明东部 9 省市的市场化改革进程相对于其他省区更快,故可选取东部 9 省市分析次国家层面的企业家资源拓展对比较优势内生增进的影响。在分析时,生产函数的计量模型形式及其变量选取均与分析全国 26 省市时类似。由于观测值的减少会对模型及其解释变量的显著性产生影响,因而不对 K_1 与 K_2 进行区分,仅测度总物质资本存量(记为 K)对市场规模扩大的影响。在将各投入要素取对数后的数值进行标准化后,对各变量进行单位根检验,结果显示各指标均为一阶单位根平稳,拟回归方程存在协整关系。考虑到东部 9 省市之间具有较强的经济关联,因而选择 Cross-section SUR 作为各回归模型的加权法以对其跨地区相关性予以反映。相关的回归结果如表 3.4 所示,其中,在以 INC 为被解释变量,用 L_{3b} 估计企业家资源的模型中,由于 L_1 未通过显著性检验而未列出该模型的回归结果。

表 3.3　市场化改革先行的东部 9 省市的市场化指数及其排名

省市	浙江	江苏	上海	广东	北京	天津	福建	山东	辽宁
市场化指数	11.80	11.54	10.96	10.42	9.87	9.43	9.02	8.93	8.76
排名	1	2	3	4	5	6	7	8	9

注:排名为 2009 年东部 9 省市在全国 29 省市(除西藏地区,重庆纳入四川范围考虑,也不包括港澳台地区)市场化指数中的排序。

表 3.4　基于东部 9 省市面板数据分析企业家资源拓展影响市场规模扩大的回归结果

被解释变量	GDP		INC		CONS		SAV	
	含 L_{3a}(1)	含 L_{3b}(2)	含 L_{3a}(3)	含 L_{3a}(4)	含 L_{3b}(5)	含 L_{3a}(6)	含 L_{3b}(7)
$\ln K$	0.530*	0.637*	0.535*	0.461*	0.480*	0.266*	0.412*
	(13.771)	(38.794)	(36.681)	(7.675)	(11.733)	(13.570)	(32.140)
$\ln L_1$	0.069*	0.071*	0.018*	0.046*	0.038*	0.035*	0.039*
	(2.685)	(5.003)	(2.587)	(2.190)	(3.763)	(7.385)	(8.374)
$\ln L_2$	0.088***	0.141*	0.044*	0.229*	0.098*	0.351*	0.233*
	(1.609)	(8.2035)	(4.289)	(5.438)	(2.784)	(33.639)	(18.274)
$\ln L_3$	0.452*	0.267*	0.440*	0.287*	0.363*	0.402*	0.375*
	(13.778)	(13.664)	(41.568)	(6.853)	(13.818)	(20.062)	(36.476)
adj. R^2	0.970	0.983	0.992	0.947	0.978	0.980	0.980
系数总和	1.139	1.116	1.037	1.022	0.978	1.055	1.060

注:①*、**、*** 分别表示在 0.01、0.05 和 0.1 的显著性水平下拒绝原假设,括号内为 t 值;②各模型的各变量观测数均为 153 个。

由表 3.4 可知,各模型的拟合优度普遍大于全国 26 省市,且各解释变量均通过显著性检验,表明东部 9 省市企业家资源拓展可促进比较优势的内生增进。相较于全国 26 省市,在东部 9 省市的回归模型中,企业家资源 L_{3a} 与

L_{3b} 的弹性系数均有了较大提升,且除模型(5)以外,各模型投入要素的弹性系数总和均大于 1。其原因在于,东部 9 省市作为市场化改革的先发省区,其企业家资源获得了较早的激活与显化,而体制改革的推进使"干中学"环境不断优化,企业家的一揽子要素优化配置能力及生产率获得更快提升,由此导致的市场规模扩大可使企业家资源拓展与比较优势内生增进之间的良性互动更为紧密。为从计量上进一步验证这一点,可分别就全国 26 省市以及东部 9 省市企业家资源拓展对劳动生产率提升的影响作回归分析,其计量模型设定如下:

$$\ln(Y_{jit} \cdot P_{it}/L_{1it}) = c + \beta_1 \ln(K_{1it} \cdot P_{it}/L_{1it}) + \beta_2 \ln(K_{2it} \cdot P_{it}/L_{1it})$$
$$+ \alpha_1 \ln(L_{2it} \cdot P_{it}/L_{1it}) + \alpha_2 \ln(L_{3it} \cdot P_{it}/L_{1it}) + \mu_{it}$$

GDP 与 SAV 分别作为具有流量与存量性质市场规模 $Y_j(j=1,2)$ 的估计指标,将模型中各解释变量与被解释变量乘以地区总人口数(P_{it})并除以从业人数(L_{1it})来估计各变量对生产率提升的影响。将取对数后的变量进行标准化以使其影响系数具有可比性。相关的回归结果如表 3.5 所示。在全国 26 省市劳动生产率的回归结果中,L_3/L_1 对劳动生产率的弹性系数显著大于 L_2/L_1,而 K_2/L_1 的影响程度仍明显高于 K_1/L_1,表明诸投入要素对劳动生产率提升具有显著的促进作用,其中企业家发挥着核心关键作用。与全国 26 省市相比,东部 9 省市回归结果的显著特征为企业家资源拓展对生产率上升具有更大的影响,这也进一步反映出市场化改革的深化可促进企业家才能提升,由此导致人力资本结构升级,各类劳动要素对生产率提升贡献份额的结构得到不断优化。

表 3.5　中国 26 省市与东部 9 省市企业家资源拓展影响劳动生产率的回归结果比较

全国 26 省市	GDP · P/L_1 为被解释变量		SAV · P/L_1 为被解释变量		东部 9 省市	GDP · P/L_1 为被解释变量		SAV · P/L_1 为被解释变量	
	含 L_{3a}(1)	含 L_{3b}(2)	含 L_{3a}(3)	含 L_{3b}(4)		含 L_{3a}(5)	含 L_{3b}(6)	含 L_{3a}(7)	含 L_{3b}(8)
$\dfrac{\ln K_1 \cdot P}{L_1}$	0.150* (4.116)	0.259* (4.965)	0.161** (2.144)	0.234* (5.005)	$\dfrac{\ln K_1 \cdot P}{L_1}$	0.379* (8.953)	0.595* (13.354)	0.284* (18.184)	0.410* (33.052)
$\dfrac{\ln K_2 \cdot P}{L_1}$	0.372* (12.050)	0.38300* (8.09710)	0.197* (3.108)	0.328* (8.062)	$\dfrac{\ln K_2 \cdot P}{L_1}$				
$\dfrac{\ln L_2 \cdot P}{L_1}$	0.186* (20.058)	0.064* (6.951)	0.326* (11.780)	0.163* (16.935)	$\dfrac{\ln L_2 \cdot P}{L_1}$	0.125* (4.016)	0.246* (3.664)	0.359* (38.235)	0.254* (21.758)
$\dfrac{\ln L_3 \cdot P}{L_1}$	0.312* (18.257)	0.188* (11.983)	0.335* (12.831)	0.261* (17.586)	$\dfrac{\ln L_3 \cdot P}{L_1}$	0.425* (14.451)	0.337* (8.633)	0.403* (20.403)	0.377* (38.710)
adj. R^2	0.983	0.983	0.935	0.990	adj. R^2	0.972	0.954	0.995	0.985

注:①*、** 分别表示在 0.01、0.05 的显著性水平下拒绝原假设,括号内为 t 值;②中国 26 省市、东部 9 省市的各变量样本观测数分别为 442 个与 153 个。

二、东部 9 省市全要素生产率变动分析

全要素生产率(TFP)可作为反映综合生产力水平的重要指标。伴随着体制改革的深化,各地区企业家才能的提升能否使其 TFP 获得更快增长,TFP 结构是否得到了不断优化? 对此问题的考察可采用基于 DEA 法的 Malmquist 生产率指数对 TFP 进行测度,并将 TFP 变动分解为效率改善(EC)与技术进步(TC)两部分。其中,产出变量采用 GDP、INC、$CONS$ 及 SAV 衡量,并以 K_1、K_2、L_1、L_2 与 L_{3a} 作为投入要素。从表 3.6 的统计结果来看,非体现型技术进步对全国 26 省市 1995—2011 年以来 TFP 增长的影响较弱,而技术效率的平均增长率为正,这表明全国 26 省市的全要素生产率提升主要源于效率改善的贡献。与其对应的是,东部 9 省市的 TFP 与技术进步增长率均值明显大于全国 26 省市,其全要素生产率整体上处于不断上升的态势,且该"上升"主要源于技术进步的贡献。技术进步可推动生产函数前沿的拓展,主要体现为对重大技术变革的创新与运用,而效率变动则体现在技术水平不变的情况下通过管理改进及包括模仿创新在内的消化吸收能力提高来实现效率改善。由于 EC 是以技术水平不变为前提,因而在促进要素结构升级方面 TC 的变动要比 EC 重要得多。东部 9 省市之所以在技术进步方面明显要高于全国平均水平,其主要原因在于,一方面,市场化改革的推进使企业家对要素交易的预期更为明晰,获得再投入的激励增强;另一方面,"干中学"的深入使东部 9 省市企业家对市场风险的驾驭能力不断增强,促使该 9 省市的要素结构升级加快,进而通过提升综合生产力而促进比较优势内生增进。

表 3.6　中国 26 省市及东部 9 省市 1995—2011 年平均 TFP 变动、
效率改善、技术进步的统计结果

	以 GDP 衡量产出			以 INC 衡量产出			以 $CONS$ 衡量产出			以 SAV 衡量产出		
	TFP	EC	TC	TFP	EC	TC	TFP	EC	TC	TFP	EC	TC
26 省市均值	0.983	1.006	0.977	0.990	1.005	0.985	0.983	1.004	0.980	0.995	1.007	0.988
东部 9 省市均值	1.006	0.999	1.007	1.014	1.002	1.012	1.006	1.002	1.004	1.021	1.003	1.018

注:① TFP＝EC×TC;②中国 26 省市与东部 9 省市各指标均值是通过求解相应省市各指标的几何平均数而得出。

第四节　比较优势内生增进的传导途径

　　企业家资源拓展与比较优势内生增进良性互动的关键纽带为市场规模的有效扩大。从中国经济发展的现实来看,东部 9 省市在产业集聚、资本市场与对外直接投资(记为 OFDI)三个方面的发展明显走在全国前列,这事实上已构成了以市场规模扩大为导向的比较优势内生增进的三个重要实现途径。而发展产业集聚、资本市场与对外直接投资之所以构成了企业家资源拓展促进比较利益增进的重要实现途径,其经济上的原因包括以下层面:①众多民营中小企业通过企业间分工对企业内分工的替代来增强自身竞争力,从而有效突破生产与研发中较高的"进入门槛",获得马歇尔外部经济增进。这不仅使大批具有企业家潜能的从业者基于"业缘"、"血缘"、"地缘"的信息网络纽带成功地创了业,纳入了社会分工体系,扩大了市场规模,更重要的是,企业家通过网络内的要素共享而不断获得技术与知识的外溢,从而使企业家资源得到内生显化与拓展。除了传统意义上的产业集群,从地理区位来看,东部 9 省市作为长三角、珠三角、环渤海与海峡西岸等经济圈的主要组成省市,其经济圈内的产业布局与经济关联都十分紧密,网络经济效应会随着分工深化及市场规模的拓宽而不断增强,其发展与演进反映了次国家层面上的集聚可获得比单一产业集群更强的外部经济,这是中国作为转型中大国所具有的经济地理特色。②资本市场由于具有较高交易效率与制度保障而正成为现代重要的要素市场,其发展可使企业的所有权与经营权分离,形成专业化的职业经理层与职业经理市场,这不仅使管理要素的配置效率因分工深化而获得提升,而且可有效推动现代企业制度、公司治理结构的形成。20 世纪初以来,美国正是通过资本市场发展而拥有了一大批有很强竞争力的大企业与跨国公司。中国的资本市场尽管目前尚不完善,还处于发展初期,但从长远来看,资本市场发展所导致的企业家资源自身的分工演进必然会促进其潜能的发挥与市场规模的有效扩大。③实现由商品"走出去"向一揽子要素"走出去"发展,是中国企业家资源拓展促进比较优势内生增进的又一重要实现途径。通常在 OFDI 领域,交易的复杂程度、风险均高于国内的一般贸易,但也因此更能拓展中国企业家的经营视野、提升其商务才能。OFDI 的发展可使企业家配置要素的时空范围扩大,获得的商机增多,故可对中国具有国际水准之企业家群的形成提供有效激励。

　　应该指出,市场规模的扩大会同时伴生交易费用的不断上升,进而制约市场规模的扩大,故研究如何通过市场化取向的经济体制改革降低交易费用是使上述"重要实现途径"落到实处、并可持续的关键。目前中国各项经济体制改革的进展及其对企业家资源拓展的促进作用,可通过计算市场化指数的各子项目与企业家丰度的相关程度予以估计,如表 3.7 所示。

表 3.7　全国市场化指数与市场化指数的斯皮尔曼等级相关系数

		1997 年	2000 年	2003 年 (a)	2006 年	2009 年 (b)	变化率 (b−a)/a(%)
总指标	市场化指数	0.597*	0.637*	0.692*	0.703*	0.724*	4.624
二级指标	1.政府与市场的关系	0.384***	0.366***	0.553*	0.631*	0.620*	12.116
	2.非国有经济发展	0.541*	0.642*	0.720*	0.704*	0.501*	−30.417
	3.产品市场发育	0.589*	0.043	0.268	0.223	0.298	11.194
	4.要素市场发育	0.569*	0.625*	0.681*	0.657*	0.631*	−7.342
	5.中介组织与权益保护	0.339***	0.750*	0.785*	0.768*	0.735*	−6.369
部分三级指标	1.3 减少政府对企业干预	0.256	0.456**	0.688*	0.793*	0.524*	−23.837
	2.2 非国有企业固定资产总投资比重	0.472**	0.585*	0.619*	0.639*	0.333***	−46.204
	3.1 价格市场决定程度	0.508*	0.376***	0.451**	0.184	0.260	−42.350
	4.1 信贷资金分配市场化	0.197	−0.084	0.619*	0.389*	0.281	−54.604
	5.2 对生产者合法权益保护	—	0.445**	0.710*	0.707*	0.471**	−33.662

　　注:①*、**、***表示在 0.01、0.05、0.1 的显著性水平下拒绝原假设;②部分三级指标筛选自市场化指数的 24 个三级指标,其分别隶属于 5 个不同的二级指标,选取标准为近年来该三级指标与 L_{3a} 间相关系数的负向变动率较大。

　　从表 3.7 可看到,1997—2009 年市场化指数与 L_{3a} 的相关系数逐年上升,但近年来增幅递减,其二级指标与 L_{3a} 的相关系数大都呈先上升而后略微下降的特征,这反映出中国经济体制的"改革红利"正随着市场化改革推进与体制中深层次矛盾的暴露而逐渐递减。在二级指标中,"非国有经济发展"与 L_{3a} 的相关系数降幅最大,表明中国近年来非国有经济发展明显放缓是上述相关性递减的症结所在,而导致其放缓的主要原因可从本书选择的表 3.7 所示的部分负向变动率较大的三级指标得到体现。2009年"减少政府对企业干预"与L_{3a}的相关系数相对于2003年下降了23.84%,表明政府对企业的过多干预会对市场主体间的公平竞争产生不利影响。2009年"价格市场决定程度"与L_{3a}的相关系数仅为0.260,相较于2003年下降了42.35%,表明产品价格的非市场决定方式易造成价格体系的一定扭曲,导致资源配置效率降低。而"非国有企业固定资产总投资比重"、"信贷资金分配市场化"与L_{3a}相关系数同样降幅较大,这反映出非国有企业的发展速度与其在经济总量及金融支持总额中占比不相匹配。其原因在于,一方面,产品与要素市场的不完善影响了市场机制作为配置资源基础手段的作用发挥,而利率市场化等金融改革的滞后使银行等金融机构倾向于为大型国有企业提供金融支持,这对民营中小企业的发展会产生一定的"挤出效应";另一方面,目前中国许多高端服务业与制造业中存在着各种进入壁垒,致使大量民营企业家囿于产业价值链低端,难以通过更高层次的"干中学"而获得物质资本与知识经验的更快积累。此外,"对生产者合法权益保护"与L_{3a}的相关系数下降了33.66%,表明中国近年来对生产者合法权益的保护不足,使企业家缺乏对投资前景的明晰预期,从而减弱了其创新与开拓市场的动力。总体上看,这些因素使得市场交易费用增加、非国有经济发展减缓,由此构成了对企业家资源拓展的障碍,亟须通过深化经济体制改革予以化解,从而促进比较优势内生增进。

第五节 结论与启示

通过将体现企业家资源拓展的变量纳入生产函数的分析框架,并运用历时17年所观测到的中国省级面板数据而形成的较大样本所做的计量研究发现,从市场规模有效扩大这一反映分工深化程度的视角来看,中国企业家资源拓展所致的生产率上升显著促进了比较优势内生增进。这表明与外生比较优势理论相比,内生比较优势理论对于中国经济转型升级、更好地参与国际分工具有更重要的指导意义。从本研究的发现与结论中可获得以下重要启示:

(1)按外生比较优势分工易使经济贸易发展格局静态化,由此形成的"比较利益陷阱"会导致某种"低端锁定",而基于分工与专业化演进的内生比较优势是由分工后不断努力创造出来的。在市场经济条件下,即使外生比较优势不复存在,内生比较优势依然可出现,这意味着依靠由分工后努力获取较高生产率而导致的比较优势内生增进可构成中国经济动态优化、可持续发展的不竭源泉。

(2)经济主体在分工深化过程中,通过"干中学"可使自身的人力资本与经验知识积累加快,导致生产率上升和市场规模扩大,从而使分工进一步深化,由此形成比较优势的内生增进。这里企业层次的"主体"一般可分为普通员工、专业技术人才、企业家。在这三类主体中,企业家作为一揽子要素的支配者是推动比较优势内生增进的核心主体。由于企业家人力资本的特殊属性与比较优势内生增进中的"干中学"内涵具有较高吻合度,故企业家默会知识为主的商务才能提升,在"增进"中可起到关键的作用。计量研究表明,以企业家资源拓展推动的要素结构升级,无论是劳动、资本还是技术,都显著提升了生产率,影响了以市场规模扩大为表征的比较优势增进。尤其值得强调的是,由于企业家拥有较高的市场敏感度,故能以更高的效率组织诸创新要素,加快技术进步,并通过加强渠道控制来提升研发效率,从而使企业家熊彼特意义上的创新不仅包含而且可以超越单纯的技术创新。

(3)中国作为发展中大国正处于市场经济发展的初期,市场化取向的经济体制改革对于企业家资源拓展具有重要意义。由于包括企业家潜能在内的企业家才能具有半隐性的属性,其显化除了自身努力之外,主要取决于社会经济体制环境。后者对企业家人力资本的激活、甄别、筛选等过程运行得越流畅、障碍越少、效率越高,企业家"干中学"绩效提升就越显著。在这一过程中,若高度重视企业家这一特殊的稀缺资源,积极实施"顺市场取向"(Pro-market Oriented)的经济体制改革,可为企业家尤其是民营企业家创造良好的体制环境,这是中国有效推动比较优势内生增进的捷径。相关的定量分析表明,近年来民营经济发展,受种种因素的影响而裹足不前,集中反映了近年来市场化取向的体制改革进程所遇到的一系列深层次矛盾,如产品与要素市场不完善、金融改革滞后、市场失范增多、生产者权益保护不足等,都使得交易费用上升,构成了中国企业家资源拓展的体制障碍,迫切需要通过经济体制改革的深化来化解各种障碍,形成可竞争的市场形态,使企业家"干中学"的环境得到优化。

(4)前述企业家资源拓展的内生性表明,它与比较优势内生增进良性互动的关键纽带是市场规模的有效扩大。故发展产业集聚、资本市场与对外直接投资有利于实现从商品市场向要素市场、从国内市场向国外市场的延伸与拓展。市场交易状况的这一变化可有效加快企业家人力资本与经验知识的积累,因而是中国企业家商务才能提升及比较优势内生增进的重要实现途径。从总体上看,市场交易在时空范围与内涵上的延展有利于企业家"干中学"绩效提升,并促进生产率更快地增长。但由市场规模扩大体现的分工演进,除了可促进生产率上升外,还会伴随着交易费用的增加。而只有前者不断超过后者,上述"良性互动"才能实现。这表明在制度安排与政策导向上,亟须构建这样的体制环境,即既要对企业家提供有效激励,又要完善对其的约束机制,具体而言,可通过产权的清晰界定与保护及社会法规、道德体系的完善,使市场交易整体上更加规范、公正、诚信、竞争充分,使交易各方的预期明晰与稳定化,从而在有效激励企业家优化要素配置与提升生产率的同时,降低交易费用,提高交易效率。这样,通过"双管齐下",中国比较优势内生性可持续增进是可以期待的。

参考文献

Baumol, W. L., Panzzar, J. C. and Willig, R. D. Contestable Markets and the Theory of Industrial Structure[M]. New York: Harcourt Brace Jovanovich, 1982.

Fare, R., Grosskopf, S. and Norris, M., et al. Productivity growth, technical progress, and efficiency change in industrialized countries[J]. American Economic Review, 1994, 84(1):66-83.

Friedman, M. A Theory of the Consumption Function[M]. Princeton: Princeton University Press, 1957.

Modigliani, F. and Brumberg, M. Utility Analysis and the Consumption Function: An Interpretation of Cross-Section Data[D]. In: Modigliani F. (Ed.), The Collect Papers of Franco Modigliani, Cambridge: The MIT Press, 2005.

Yang, X. K. and Borland, J. A microeconomic mechanism for economic growth[J]. Journal of Political Economy, 1991(29):460-482.

Young, A. A. Increasing returns and economic progress[J]. The Economic Journal, 1928, 38(152):527-542.

樊纲, 王小鲁, 朱恒鹏. 中国市场化指数:各地区市场化相对进程 2011 年报告[M]. 北京:经济科学出版社,2011.

侯云春,马骏,林家彬. 中小企业发展新环境新问题新对策[J]. 中国经济报告, 2011(6):1-27.

吕冰洋. 中国资本积累:路径、效率与制度供给[M]. 北京:中国人民大学出版社,2007.

[法]萨伊. 政治经济学概论[M]. 陈福生,陈振骅,译.北京:商务印书馆,1963.

[英]亚当·斯密. 国民财富性质与原因的研究[M]. 北京:商务印书馆,1972.

杨小凯. 经济学:新兴古典与新古典框架[M].北京:社会科学文献出版社,2003.

[美]约瑟夫·熊彼特. 经济发展理论——对于利润、资本、信贷和经济周期的考察

［M］. 何畏，等，译. 北京，商务印书馆，1997.

张军，吴桂英，张吉鹏. 中国省际物质资本存量估算：1952—2000［J］. 经济研究，2004
　　（5）：35-44.

张小蒂，贾钰哲. 全球化中基于企业家创新的市场势力构建研究——以中国汽车产
　　业为例［J］. 中国工业经济，2011（12）：143-152.

张小蒂，贾钰哲. 中国动态比较优势增进的机理与途径——基于企业家资源拓展的
　　视角［J］. 学术月刊，2012（5）：75-85.

张小蒂，曾可昕. 基于产业链治理的集群外部经济增进研究——以浙江绍兴纺织集
　　群为例［J］. 中国工业经济，2012（10）：148-160.

第四章　企业家资源拓展与比较优势的可持续性增进

在经济全球化时代,各国依据动态比较优势进行的国际分工不断深化。中国若要在这一进程中获得更多的比较利益,就必须更好地发挥自己的动态比较优势。这里的"更好"目标得以实现的重要前提条件是中国动态比较优势的内生增进。张小蒂和曾可昕对比较优势内生增进的机理做了深入研究后发现(张小蒂和曾可昕,2013):①基于外生比较优势理论分工易使经济贸易格局静态化,由此导致"低端锁定",而按照基于分工深化而形成内生比较优势这一发展战略,则企业家可依据市场状况的变化动态优化资源配置。随着企业家资源的拓展,分工深化所引致的生产率上升幅度可超越交易费用的增加,从而使市场规模扩大。这表明,市场规模可反映分工深化与比较优势增进的状况。②作为一揽子要素优化配置者的企业家是推动比较优势内生增进的关键主体。企业家资源的拓展就是其数量逐渐增多、商务才能日益提升的发展过程。此类资源具有半隐性特征,在适宜的制度环境下方能被激活,这对于转型经济背景下的中国具有特殊的重要意义。③在分工演进中,企业家资源主要通过"干中学"而内生性拓展。该"内生性"体现在熟能生巧、市场信息发现与处理效率提升及市场网络效应增强等方面。④企业家主要通过要素积累加快及其结构升级而推动以市场规模扩大为表征的比较优势内生增进。然而,鉴于中国经济转型升级的紧迫性,以及市场化与国际化的长期性,此类"增进"是否可持续仍是亟待研究的重要课题。应该强调的是,理论上的动态比较优势增进要转化为现实中的比较利益,必须经历真实世界的相应传导机制,而经济效率则可以作为衡量上述"转化"状况与程度的重要依据。

经济效率是经济研究的最根本问题,其内涵主要体现在三个维度上(张小蒂,1997):①生产效率,通常指微观层次的经济主体在投入与产出上表现出的业绩,包括厂商在追求"成本最小化"、"利润最大化"等方面所做的努力,也即研究在给定经济资源的前提下如何使产出最大化的问题。②动态效率,主要研究现有经济资源在宏观层次是利用不足、产生非自愿失业,还是过度利用、产生通货膨胀的问题。③配置效率,是指将有限资源合理分配于各种产品的生产,使消费者效用最大化的问题,也就是研究将资源配置到最能有效利用资源的主体手中去。从中国企业家资源拓展的视角来看,其对动态比较优势可持续增进的贡献可以较全面地体现在上述经济效率的三个维度中,如生产效率可侧重从微观层次反映投入与产出的比较,而动态效率则是从宏观视角探讨现有经济资源利用效率的状况。在宏观层次上,无论是资源利用不足,还是过度利用,都是经济缺乏动态效率的基本表现。其中,充分就业是宏观调控最重要的目标之一,非自愿失业率的高企则是经济资源的极大浪费。过往的研究大多从生产率或资源禀赋等视角探讨一国的比较优势。Baldwin(1999)认为,各种国际贸易新理论就是列出了影响比较成本的不同因素而已。他所指的比较成本主要是微观层次的企业成本。然而,据美国波士顿咨询公司近来一份研究报告称,中国的生产成本仅比美国低不到5%,且正面临着较大的工资上涨等成本压力[1]。在此情形下,中国企业所一直倚重的低成本比较优势何以为继? 实际上,从经济效率的内涵来看,一国的比较优势不仅体现在经济的生产效率上,还体现在资源配置效率与社会资源宏观层次的动态利用效率上。因而,对企业家资源拓展影响中国动态比较优势可持续增进的探讨,可从其对经济效率提升的影响切入,并以经济效率的三个维度来验证与考察上述"增进"的可持续性,这对拓宽动态比较优势的传统内涵具有重要意义。

第一节 可持续性考察Ⅰ:"拓展"影响生产效率提升的机理与验证

企业家资源拓展对生产效率提升的促进作用,可体现为资本、劳动、技术等要素的积累加快与要素结构优化,及由此引致的生产率提高。其中,技术要素可促进经济的集约化发展而使诸要素的边际收益提升,是影响全要素生产率增进极为重要的指标,因而在一个创新驱动型经济中研究生产效率提升,可着重考察研发绩效。企业家对研发绩效提升的促进作用可体现在以下三个方面:①以更高的效率组织诸创新要素,针对重点技术环节加大研发投入;②在

---

[1] 参见:法报:美成本与中国仅差5%,为什么要在华生产.参考消费网,2014年4月27日,http://finance.cankaoxiaoxi.com—0427/380943.shtml。

追求研发先进性的同时,把握研发成本,降低研发风险;③通过加强渠道控制,捕捉市场需求动态变化并及时优化研发参数,使研发成果与市场需求更加契合,研发的成功率提高。基于以上三方面的综合,企业所研发的技术成果将与市场需求及自身禀赋的匹配度不断上升,从而使技术创新导向的研发效率与企业经营绩效提高,反映企业投入与产出比较状况的持续改善。这意味着以一揽子要素优化配置为特征的企业家创新,不仅包含技术创新,且能超越单纯的技术创新(熊彼特,1997)。为了考察上述"影响",构建以下回归模型:

$$\ln Ya_{it} = \beta_0 + \beta_1 \ln capital_{it} + \beta_2 \ln technician_{it} + \beta_3 \ln E_{it} + \mu_{it} \qquad (4.1)$$

其中,i 与 t 分别代表地区与年份。Ya 表示研发绩效的大小,拟用万人中授权专利数增加这一指标估计,$capital$、$technician$ 与 $entrepreneur$(用 E 表示)分别指在企业创新过程中的资本投入、研发人员与企业家人力资本。其中,$capital$ 用各地区万人中 R&D 总支出估计,$technician$ 则以万人中 R&D 人员工作全时当量估计。依据企业家资源内生拓展的过程,将 E 细分为三个阶段予以考察,分别记为 E_1、E_2 和 E_3。E_1 用每万人中个体工商户数估计,以测度小微企业家的发展状况。当前以中小企业为主的民营经济已成为中国经济发展的主要推动力,可选用每万人中私营企业数对 E_2 予以估计,以反映中小企业家的发展状况与变化趋势。同时引入企业家异质性假定,以各地万人中上市企业的年末 A 股及 B 股总市值来估计 E_3,其原因在于,上市公司往往具有较大的企业规模及领先的生产力水平,其经营状况可较好地反映地区内具有一定企业规模企业家的要素配置能力;而基于大量、连续、竞争交易所形成的企业市值可系统、综合、动态地反映企业家的商务才能及市场拓展潜力。模型中的数据样本为全国 28 省市 1998—2012 年的面板数据,港澳台地区、西藏、海南未予以考察,而重庆市被纳入四川省范围内考虑。为了通过地区差异的比较从而更深入地研究上述"影响",将 28 省市划分为东部与中西部地区两部分进行对比分析,东部地区包括北京、天津、辽宁、河北、山东、江苏、上海、浙江、福建和广东等 10 省市,其他 18 省区为中西部地区。上述估计指标的数据主要来源于《中国统计年鉴》、《中国私营经济年鉴》、《中国科技统计年鉴》、wind 数据库(http://www.wind.com.cn)等。

对上述主要变量进行描述性分析可更为直观地反映近年来中国企业家资源及研发效率的变化趋势。图 4.1 至图 4.3 分别给出了 1995—2012 年中国东部及中西部地区三个阶段中每万人企业家资源的丰度。从整体趋势来看,不论是东部地区,还是中西部地区,各阶段的企业家资源都在随时间而不断拓展,但其增长速度有所差别。在初始阶段(即 E_1 阶段),东部地区万人中个体工商户数一直高于中西部地区,两者差距较小且较为稳定,这反映出两地区的企业家人力资本在早期甄别、显化阶段的能力与活力是接近的。而在其后的两阶段,东部地区的企业家资源增速明显快于中西部地区,尤其是在 2004 年之后,两者的差距开始扩大。其主要原因可能在于,东部地区作为市场化改革的先发省区,其不断优化的"干中学"环境促使企业家资源得到了更快的激活、甄别、显化与拓展。尤其在中国加入世界贸易组织后,市场开放程度不断提升,更进一步倒逼和促进了国内市场化改革的深化,使企业家尤其是东部沿海地区的企业家具有了更强的创新能力与动力。图 4.4 给出了各地区 1998—2012 年研发人员研发绩效的变化趋势图,数据由万人授权专利数(Ya)除以万人中研发人员全时当量($technician$)计算而得。可以看到,各地区研发人员的研发绩效均呈增长趋势,东部地区的研发绩效一直高于中西部地区,且差距逐年增大。该变化规律与图 4.2 与图 4.3 中企业家资源的变动状况相类似,这在一定程度上反映出,东部地区研发人员研发绩效的较快递增与企业家资源拓展之间有着较强的正向关联性。

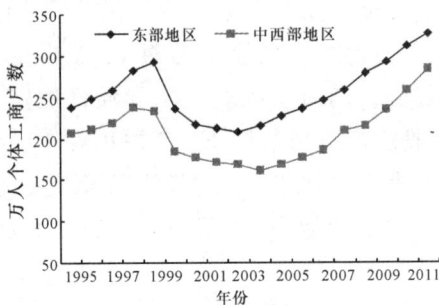

图 4.1　1995—2012 年中国东部与中西部万人个体工商户数

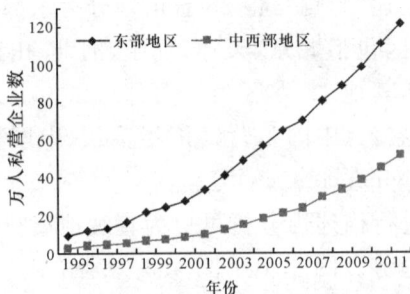

图 4.2　1995—2012 年中国东部与中西部万人私营企业数

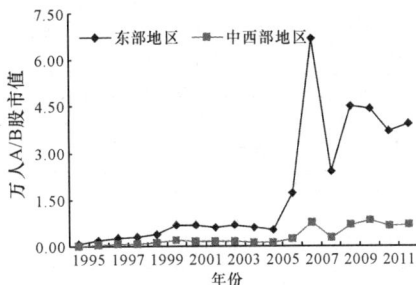

图 4.3 1995—2012 年中国东部与中西部万人 A/B 股市值

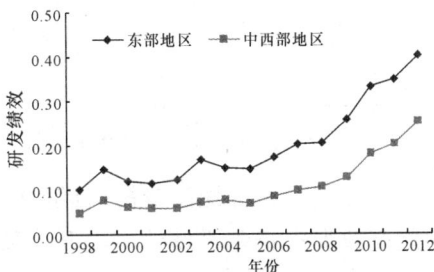

图 4.4 1998—2012 年中国东部与中西部研发绩效

在实证分析模型(1)时,首先对各变量进行单位根检验,结果显示其均为一阶单位根平稳,拟回归方程存在协整关系;其次将各变量取对数后的数值予以标准化,标准化公式为:$sx_{it}=(x_{it}-\overline{x})/\sigma$,以使各解释变量的弹性系数具有可比性。采用静态面板估计方法估计,并依据 Likelihood rate 检验结果在固定效应与随机效应之间进行选择。东部 10 省市与中西部 18 省市企业家资源拓展影响比较优势增进的回归结果见表 4.1。

表 4.1 1998—2012 年东部和中西部地区技术效率提升的回归模型

变量	东部 10 省市			中西部 18 省市		
	含 E_1(1)	含 E_2(2)	含 E_3(3)	含 E_1(4)	含 E_2(5)	含 E_3(6)
C	−4.35E−11	−2.97E−11	−2.61E−11	2.95E−11	3.08E−11	0.0541**
	(−2.62E−09)	(−1.31E−09)	(−1.10E−09)	(1.68E−09)	(1.75E−09)	(1.9666)
lncapital	0.2355*	0.1509*	0.1551*	0.1334*	0.1023*	0.1280*
	(4.6449)	(2.6695)	(2.6154)	(3.8225)	(2.4509)	(2.7300)

(续表)

变量	东部 10 省市			中西部 18 省市		
	含 E_1(1)	含 E_2(2)	含 E_3(3)	含 E_1(4)	含 E_2(5)	含 E_3(6)
ln$technician$	0.8480*	0.6324*	0.7953*	0.8057*	0.3484*	0.4458*
	(14.3705)	(7.1819)	(9.6957)	(16.6271)	(5.5151)	(9.4943)
ln$E$	0.1348*	0.4129*	0.3489*	0.0927*	0.2270*	0.3392*
	(4.4744)	(7.1035)	(5.7602)	(3.3204)	(5.5458)	(9.7915)
adj. R^2	0.8939	0.9226	0.9148	0.7188	0.6988	0.7509
Likelihood ratio	29.4818	21.2518	35.7460	12.1598	15.0144	18.2191
Note	固定效应			固定效应		

注:*、** 分别表示在 0.01 和 0.05 的显著性水平下拒绝原假设,括号内为 t 值。

由表 4.1 可知,各回归方程的拟合优度较高,且解释变量均通过显著性检验,表明各投入要素均能有效促进企业研发效率提升。随着企业家资源从 E_1 向 E_2 及 E_3 阶段演进,其对研发绩效提高的影响程度主要呈递增趋势。这是由于分工深化导致企业家获得以熟能生巧为特征的才能提升,其人力资本的拓展及其作用发挥会日益显著,从而促使生产效率提升。这也反映出随着"干中学"的深入,企业家的商务才能可突破"学习曲线"的传统内涵而获得非常规的加速递增。从空间维度来看,在各模型中,东部地区的企业家、研发人员及研发资本投入对研发绩效(Ya)的弹性系数均大于中西部地区。其原因在于,一方面,分工深化与交易增多使东部地区具有更强的网络效应,企业家不仅可通过在企业内加大研发投入等促进要素结构的升级,还可基于网络内的要素共享而获得技术与信息知识外溢,并通过企业间在技术上的协同攻关而使研发投入风险降低,促进技术创新效率提高;另一方面,企业家的市场敏感度随着"干中学"的深入而不断增强,这使研发成果成功市场化的可能性提高,从而能更好地分摊研发费用,使平均研发成本随着企业规模扩大而降低,进而使诸投入要素产出弹性增大,为企业家进一步创新提供内生激励与动力。可以看到,企业家与其他要素间的分工深化,不仅导致相对高级的要素密集度提高,研发投入的边际产出递增,还能更好地激活企业家的创新潜能,实现其一揽子要素配置能力的跃升。这就意味着,企业家创新不仅不会完全替代专业技术人员的创新,而且还可通过对技术创新的驾驭与促进来推动两类创新的协同互动,从而使社会经济生产效率提升。

第二节　可持续性考察Ⅱ:"拓展"影响动态
效率提升的机理与验证

　　新古典范式研究中的瓦尔拉斯一般均衡观点认为,在市场价格机制调节下,总能实现及时而连续的市场出清与充分就业,即微观上的效率可等同于宏观上的效率。然而在现实经济中,受信息不完全等因素影响,微观上的高效也可能引致"合成谬误",从而造成经济资源的闲置与浪费。在宏观经济中,当总需求与总供给曲线的交点所决定的产量水平低于潜在的产量水平时,意味着资源利用不足,存在着失业和生产过剩等问题;当总需求与总供给曲线的交点所决定的产量水平高于潜在的产量水平时,意味着资源利用过度,存在着通货膨胀、自然环境资源的过度利用等问题(张小蒂,1997)。而企业家作为市场知识信息发现、利用、创造与传播的主角,其资源的拓展可促进市场信息环境的优化,并通过对经济资源的优化配置及影响各市场主体的决策行为而实现帕累托改进,尤其是企业家创业动力和能力的激活与提高,可有效增加企业对剩余劳动力的吸纳能力,从而显著提高劳动力等社会资源的利用率,"熨平"宏观经济的波动幅度,增进经济的动态效率。

　　从宏观经济的视角来看,技术进步与充分就业之间有可能存在着矛盾的一面,即当创新所引致的技术进步偏向资本时,它在促进劳动生产率提高的同时,还会加快先进技术与资本对劳动的替代,使资本—劳动比率不断上升,由此可能导致结构性的失业问题及劳动收入占比的持续下降(Acemoglu,2007)。而在小微企业的发展中,技术创新与充分就业之间更多体现为协同互补、相互促进的关系。由于小微企业具有创业与就业门槛低且创业形态灵活等特点,众多从业者通过创立小微企业而使其企业家潜能得以激活,同时能吸纳并组织众多劳动力资源,为其提供"干中学"机会,使整个社会的劳动力资源利用效率及就业弹性显著提升[1]。尤其对科技型小微企业而言,创业者基于

---

　　〔1〕　国家工商总局全国小型微型企业发展报告课题组于 2014 年初发布的《全国小型微型企业发展情况报告》显示,截至 2013 年底,在全国 7.67 亿的就业人口中,有 1.5 亿人在小微型企业中创业或就业。新增就业和再就业人口的 70% 以上集中于小微企业,小微企业已成为社会就业的主要承担者。据测算,同样的资金投入,小微企业可吸纳就业人员数平均比大中型企业多 4~5 倍。参见《工商总局:全国小型微型企业发展情况报告(摘要)》,2014 年 3 月 31 日,http://www.gov.cn/xinwen/2014-03/31/content_2650031.htm.

其拥有的创意知识与技术诀窍而成功嵌入社会分工体系,其投入要素的边际报酬可随着技术效率的提升而不断递增,进而提升劳动收入占比。此外,企业家资源的拓展还可通过纳税使社会税基扩大,政府从而拥有更多的财政资源用于鼓励与扶持企业的创新和创业,为其提供更为优化的体制环境与基础设施。

为验证上述企业家资源拓展对动态效率提升的影响,构建以下回归模型:

$$\ln Yb_{it} = \gamma_0 + \gamma_1 \ln E_{it} + \gamma_2 \ln Yb_{it-1} \times \ln E_{it} + \mu_{it} \qquad (4.2)$$

其中 Yb 表示劳动力资源参与率,由三大产业中的就业人数除以该地区 15~64 岁人口总数计算得到。Yb_{it-1} 表示地区 i 在第 $t-1$ 年的比较优势大小。$\ln Yb_{it-1} \times \ln E_{it}$ 用以反映企业家通过对上一期的就业率等宏观经济信息的研判,对当期的资源利用率的影响。模型的数据样本为全国 28 省市 1995—2012 年的面板数据,亦将其分为东部 10 省市与中西部 18 省市两地区加以分析(表 4.2)。Yb 的数据主要来源于《中国统计年鉴》与《中国人口与就业统计年鉴》。

表 4.2   1995—2012 年中国东部和中西部劳动力资源参与率的回归模型

变量	东部 10 省市			中西部 18 省市		
	含 E_1(1)	含 E_2(2)	含 E_3(3)	含 E_1(4)	含 E_2(5)	含 E_3(6)
C	-0.0499	-0.0053^*	-0.0199	-0.0767^*	-0.0744^*	-0.0760^*
	(-1.5301)	(-0.1989)	(-0.6745)	(-7.1475)	(-6.1051)	(6.1708)
$\ln E$	0.1467^*	0.2492^*	0.2608^{**}	0.1168^*	0.0235^{***}	0.0287^{***}
	(2.9959)	(3.3707)	(2.5186)	(8.5355)	(1.6674)	(1.7810)
$\ln Yb(-1) \times \ln E$	0.0063	0.3653^*	0.3371^*	0.0134	0.0249^{***}	0.0248^{**}
	(0.1302)	(11.1950)	(8.8676)	(1.1559)	(1.9171)	(1.9973)
adj. R^2	0.9072	0.8634	0.8609	0.9131	0.8939	0.8941
Likelihood ratio	4.8797	64.3169	75.1147	173.4518	131.1343	128.3059
Note	固定效应			固定效应		

注:① *、**、*** 分别表示在 0.01、0.05 和 0.1 的显著性水平下拒绝原假设,括号内为 t 值;②由于统计数据的不全,在度量中国各地区的就业状况时,以劳动资源参与率代替欧美等国家惯用的失业率指标;③基于数据的可得性,在计算劳动力参与率时,以 15~64 岁人口作为劳动市场总人数的估计指标。

表 4.2 的回归结果验证了在推动生产效率提升的前提下,企业家资源拓展亦能促进充分就业的实现。东部地区企业家资源的弹性系数均大于中西部

省市,这反映出东部省市基于其较充裕的企业家资源可提供更多的就业岗位[1]。可以看到,在东部地区,随着企业家资源所处阶段的演进,其对劳动力参与率提高的弹性系数也在递增,而在中西部地区则是 E_1 的系数较大,表明处于不同层次与规模的企业家资源,对劳动力的吸纳能力也会存在差异,进而影响其就业结构。对东部省市而言,随着企业转型升级的加快推进和企业规模的扩大,其对更高层次人力资本的需求不断提升,这使企业更加注重对从业人员的在职培训,使其人力资本的积累加快。与普通教育相比,职业培训具有更强的针对性与时效性,可使从业者的"干中学"绩效获得更快增进,劳动生产率提升[2]。而在以劳动与资源密集型产业为主导的中西部地区,企业的转型升级相对较慢,小微型的传统企业仍是吸纳劳动力资源的主要企业形式,从而表现为 E_1 具有更大的弹性系数。值得注意的是,自2010年以来,中西部省市的劳动力参与率获得了比东部省市更快的增长,其原因在于,近年来持续上涨的商务成本促使东部地区大批企业家开始在中西部地区开辟市场、组织要素,尤其是将大量劳动或资源密集型企业转移至中西部地区以寻求成本节约或政策优惠,致使当地的就业率较快提升。这表明在民营经济发达的东部省市,其企业家资源不仅能使本地区内人口就业的广度与深度有效拓展,还能通过组织诸要素跨区域的流动促进其他地区就业水平的提升。此外,$\ln Yb_{it-1} \times \ln E_{2t}$ 与 $\ln Yb_{it-1} \times \ln E_{3t}$ 的弹性系数为正且通过显著性检验,反映出企业家作为市场信息的高效处理者,善于把握并利用宏观经济波动的变化规律来调整当期劳动投入。企业家通过对市场动态信息及自身禀赋资源的研判而选择合适的就业岗位扩张规模,从而在有效提升劳动力参与率的同时,还使宏观经济波动中峰谷值的差距缩短,动态效率提升。

第三节 可持续性考察Ⅲ:"拓展"影响配置效率提升的机理与验证

遵循由分工深化形成动态比较优势的发展战略,可使中国企业根据要素的相对变化动态地调整与优化资源配置,更好地参与国际分工。而处于资源配置核心地位的企业家,则是推动中国动态比较优势可持续增进的主体。亚

---

[1] 这主要体现为当地人口就业"广度"的拓宽。
[2] 这主要体现为当地人口就业"深度"的拓展。

当·斯密(1981)最早揭示了分工深化是动态比较优势增进的重要前提。然而分工深化会伴生交易费用的增加,只有当分工深化所引致的生产率上升幅度持续超越相应交易费用增加时,市场规模才可能持续扩大。通常,较低的生产率对应较低水平的分工,其市场规模也较小,这也意味着企业家对资源的配置效率较低;较高的生产率对应着较高水平的分工,其市场规模也较大,并意味着企业家对资源的配置效率较高(Yang & Borland, 1991;杨小凯,2003)。因而,分工深化导致的动态比较优势持续增进的实现条件在于,随着企业家资源的拓展,市场规模持续地扩大。应该指出,市场规模既可体现企业家资源拓展的状况,又可综合反映分工程度与动态比较优势增进的水平,可谓两者良性互动的关键纽带(Young, 1928;张小蒂和姚瑶,2012)。而只有当企业家资源拓展所引致的配置效率持续得到提升的情况下,中国动态比较优势增进才是可持续的。

企业家资源拓展可促进分工深化与市场规模的扩大,欲使该"促进"更显著,就有必要探讨推动企业家资源拓展的实现途径。随着企业家"干中学"的深入,其配置要素的商务领域必然不断拓展,逐渐从企业间分工向企业内分工、产品市场向要素市场、国内市场向国外市场延伸。从中国经济发展的现实来看,其在产业集聚、资本市场与对外直接投资(OFDI)三个方面的发展十分迅速,从而构成了促进企业家资源拓展,进而推动以市场规模扩大为取向的动态比较优势增进的三个重要实现途径。产业集聚、资本市场与 OFDI 对经济发展的促进作用主要体现在以下层面:

(1)产业集聚。为突破生产与自主创新的过高门槛,民营中小企业往往通过企业间分工而形成的集群经济来提升竞争力,从而获得马歇尔外部经济增进。这使众多创业者基于人格化信息网络成功创业,企业家潜能获得激活。与此同时,网络内诸要素的共享使技术与知识的正外部性增强,要素的集约使用与信息有效传导使交易费用降低,从而促进企业家资源内生拓展,配置效率显著提升。此外,从地理区位来看,中国环渤海、珠三角、长三角与海峡西岸等经济圈内也有着较紧密的产业布局与企业间分工网络,其网络效应会随着市场交易在时空范围与内涵上的延展而不断增强。各经济圈的发展反映出次国家层面上的集聚,可形成比单一地区内产业集群更强的马歇尔外部经济,因而可通过加强各地区间的协作发展使集聚经济效应更为显著。

(2)资本市场发展。分工演进推动着要素结构的升级及要素市场的发展,资本市场因具有较高交易效率与制度保障正成为现代重要的要素市场。与银行融资相比,资本市场融资对企业家的激励与约束效果均更加显著。从交易费用视角来看,资本市场对企业家资源拓展的促进作用主要体现在三方面:①股东与经理人之间的交易费用降低。资本市场发展促进了职业经理层及职业经理市场的形成,可使企业所有权与经营权部分或完全分离,从而使企业家的管理能力因企业家资源内部分工深化而获得显著提升。然而职业经理人的引入伴生着交易费用的上升,使"内部人控制"风险升高。企业通过上市规范运作则能更好地厘清股东与经理人的权责和行为边界,使违约成本大幅增加,有利于其开展长期且更具保障的合作博弈,由此推动现代企业制度、公司治理结构的形成。②资本拥有方与资本使用方之间的交易费用降低。资本市场交易制度的完善和线上线下等交易形式的创新,使资本要素可在场内外实现超越时空局限的快速流动,促进了企业融资规模的扩大和资本流转效率的提升。资本市场的信息披露等制度约束促使资本供需双方之间信息对称性增强,市值等一系列指标不仅可反映一揽子要素的相对稀缺性,而且可作为企业经营绩效及市场潜力的动态评估信息流,并引导资金及时流向具有更高配置效率的资本使用方。③资本使用方与技能要素拥有方之间交易费用降低。资本市场的发展使股票期权等措施的长期激励效果更为显著。企业实施股票期权激励,使技术人才拥有一定的剩余索取权,这不仅可使企业以更低的激励成本将人才"锁定",还能有效激发其创新的内生动力,促进技术研发的绩效不断提升。

(3)OFDI 发展。通过发展对外直接投资,实现从商品"走出去"向要素"走出去"发展,可使中国的要素资源参与到更广泛的国际分工体系中。尽管在 OFDI 领域,市场风险与交易复杂度高于一般的贸易形式,但它也使企业家配置要素的时空范围拓宽,"干中学"领域更为多元。发展 OFDI 不仅使企业家获得的商机增多,要素资源得以更快地优化升级,还可开拓企业家的经营视野,使其商务才能更具国际水准。尤其在目前外需乏力、外贸成本日趋上涨的情况下,中国企业家可尝试到新兴市场国家进行对外投资,通过对其进行渠道构建及信用与服务体系优化而不断挖掘其潜在购买力,使中国的市场规模进一步扩大(周其仁,2013)。

为了考察企业家资源拓展对配置效率提升的影响,可利用生产函数的分析框架对市场规模的相应变化进行研究,构建以下回归模型:

$$\ln Yc_{it} = \ln A + \alpha_1 \ln K_{it} + \alpha_2 \ln H_{it} + \alpha_3 \ln E_{it} + \alpha_4 D_{it} + \mu_{it} \qquad (4.3)$$

$$\ln E_{it} = \eta_0 + \eta_1 \ln cluster_{it} + \eta_2 \ln finance_{it} + \eta_3 \ln ofdi_{it} + \mu_{it} \qquad (4.4)$$

在模型(4.3)中,产出变量 Yc 以市场规模估计,用于综合反映比较优势增进的状况,包含人均国内生产总值(记为 GDP)和人均居民储蓄额(记为

SAV)两个测度指标。前者是重要且常用的具有流量性质的收入估计指标,但无法反映投入要素在区域外取得的报酬,因而对市场规模的估计存在一定不足;后者作为具有存量性质的财富估计指标,不仅能反映当地居民的潜在购买力,还可在一定程度上矫正由企业家跨地区流动所造成的市场规模估计的偏误(张小蒂和赵榄,2009)。K、H 则分别表示社会固定资本存量与人力资本投入。K 以各地固定资本存量除以总人口数估计,固定资本存量主要由建筑资本存量与设备资本存量构成,在计算时以 1995 为基年,并采用永续盘存法。H 以大专及以上人数占总人口比例估计,用于反映具有较高教育水平的人力资本,尤其是专业技术人员的变化趋势。引入哑变量 D 以测度加入世界贸易组织等经济体制改革措施的推进对中国市场规模的影响。以 2004 年为分水岭,之前的年份赋值为 0,自 2004 年起的年份赋值为 1。在模型(4.4)中,$cluster$ 用各地区人均优势产业数估计,以反映其产业集群发展状况;$finance$ 用各地区人均直接融资额估计,以反映资本市场发展状况;$ofdi$ 用各地区人均对外直接投资额估计。数据主要来源于《中国工业经济统计年鉴》、《中国私营经济年鉴》、中国商务部网站与 wind 数据库。同样,将模型中各指标取对数后的数据进行标准化,以使其影响系数具有可比性。上述两模型的数据样本均为全国 28 省市的面板数据,分为东部与中西部地区进行对比分析。东部 10 省市与中西部 18 省市企业家资源拓展影响市场规模扩大的回归结果如表 4.3 所示。

表 4.3 1995—2012 年中国东部与中西部地区市场规模扩大的模型

变量	东部 10 省市					
	收入估计指标 lnGDP			财富估计指标 lnSAV		
	含 E_1(1)	含 E_2(2)	含 E_3(3)	含 E_1(4)	含 E_2(5)	含 E_3(6)
ln$A$	−0.2678*	−0.1408*	−0.2670*	−0.4472*	−0.2341*	−0.3531*
	(−11.6620)	(−5.9342)	(−11.9111)	(−14.2882)	(−7.5005)	(−10.9652)
ln$K$	0.4532*	0.4116*	0.3838*	0.1574*	0.1954*	0.1799*
	(16.3419)	(15.8458)	(15.1374)	(5.8173)	(7.7717)	(6.8270)
ln$H$	0.2818*	0.1201*	0.0962*	0.2376*	0.2205*	0.1649*
	(8.8915)	(3.9430)	(3.2279)	(7.9048)	(7.8635)	(5.5921)
ln$E$	0.1096*	0.3878*	0.3566*	0.0723*	0.3058*	0.2691*
	(7.8749)	(17.1572)	(16.8637)	(5.9501)	(13.4990)	(11.0581)

（续表）

变量	东部 10 省市					
	收入估计指标 lnGDP			财富估计指标 lnSAV		
	含 E_1(1)	含 E_2(2)	含 E_3(3)	含 E_1(4)	含 E_2(5)	含 E_3(6)
D	0.5355*	0.2815*	0.5340*	0.8945*	0.4682*	0.7062*
	(12.5094)	(6.2694)	(12.5912)	(14.6500)	(7.6709)	(10.6690)
adj. R^2	0.9421	0.9656	0.9616	0.9580	0.9698	0.9684
Likelihood ratio	18.0814*	4.9631*	13.9283*	60.9414	54.0200*	35.9408*
Note	固定效应			固定效应		

变量	中西部 18 省市					
	收入估计指标 lnGDP			财富估计指标 lnSAV		
	含 E_3(12)	含 E_1(7)	含 E_2(8)	含 E_3(9)	含 E_1(10)	含 E_2(11)
lnA	−0.1905*	−0.1597*	−0.1986*	−0.1784*	−0.1146*	−0.1863*
	(−6.9797)	(−5.9456)	(−7.2019)	(−7.6898)	(−5.4233)	(−8.0466)
lnK	0.6826*	0.6696*	0.6178*	0.6045*	0.6102*	0.5030*
	(20.9214)	(19.7217)	(17.3741)	(23.1414)	(23.3791)	(18.1053)
lnH	0.0889*	0.0660*	0.0520**	0.1716*	0.1601*	0.1239*
	(3.4954)	(2.5427)	(1.9819)	(8.8489)	(8.1362)	(6.2793)
lnE	0.0576*	0.0857*	0.1304*	0.0404*	0.0954*	0.1892*
	(4.6344)	(4.0834)	(5.8939)	(4.2892)	(6.0231)	(10.7603)
D	0.3810*	0.3195*	0.3972*	0.3567*	0.2293*	0.3726*
	(7.3268)	(6.2530)	(7.5530)	(7.9763)	(5.6775)	(8.3406)
adj. R^2	0.9113	0.9128	0.9124	0.9334	0.9438	0.9435
Likelihood ratio	14.0711*	18.9903*	20.8376*	34.8688*	34.8505*	47.9202*
Note	固定效应			固定效应		

注：*、**、***分别表示在 0.01、0.05 和 0.1 的显著性水平下拒绝原假设，括号内为 t 值。

由表 4.3 可知，各回归模型的可决系数较大，且其解释变量均通过显著性检验，从而验证了前述模型设定的合理性。除用 E_1 估计企业家资源的方程（1）、（4）、（7）、（10）及方程（11）外，其余模型中 E 对市场规模扩大的影响系数均大于 H。其原因在于，相较于一般专业技术人员，企业家拥有一揽子要素支配权,其通过诸要素在多种新组合中的试错实现动态配置优化,并灵活调整技术创新的节奏与方向,使之与市场需求的吻合度提高。这进一步验证了企业家创新可以驾驭单纯的技术创新,而且两者的协同可促使市场规模持续扩大。而在以 E_1 作为企业家估计指标的模型中,其弹性系数较小的原因在于,处于激活显化阶段的企业家,在经验、能力及各要素资源的积累尚存在不足,试错成功率较低,从而使其对市场规模扩大的影响有限。可以看到,在各方程中,东部地区的变量 H 与 E 对市场规模扩大的促进作用均大于中西部地区,这进一步表明包含企业家资源在内的各类人力资本可随着"干中学"的深入而获得知识与经验的更快积累,从而使劳动生产率及劳动资源利用率上升。与此同时,在各回归方程中,表征市场开放程度的哑变量 D 的影响系数为正且显著,这反映了以加入 WTO 为代表的改革开放的不断推进,对中国市场规模的扩大同样发挥着重要作用。从实证结果来看,除方程(2)外,东部地区的哑变量 D 影响市场规模的程度要明显大于中西部地区,这正与东部省市作为改革开放先发地区及经济较先进省区的现实相一致。此外,在以 SAV 及 GDP 衡量市场规模的不同模型中,D 对东部地区 SAV 的影响系数更大,与之相对应的是其对中西部 GDP 的影响系数较大,这在一定程度上反映出市场化改革的深化可推动居民财富流量与存量的显著增长,且企业家资源拓展所带来的"富民效应"将日益凸显。

模型(4.4)的回归结果如表 4.4 所示,可以看到,除方程(1)与(4)中的 $cluster$ 外,其余变量均通过显著性检验,从而验证了前述模型设定的合理性。对东部各阶段的 E 而言,资本市场发展对其影响最大,而在中西部地区,$ofdi$ 对前两阶段企业家的影响最大,资本市场则对 E_3 的促进作用更大。原因在于,东部地区在金融产品创新及资本市场体系构建等方面具有先发优势,其资本市场的发展不仅使企业的投融资渠道拓宽,融资效率提升,还使企业家获得更强的激励与约束,使其要素配置效率与管理效率增进。而在中西部地区,资本市场的不完善使众多民营中小企业紧迫的融资需求无法得到满足,其企业家资源难以向较高层次跃升。相对而言,OFDI 成功与否主要取决于企业家商务才能与东道国市场的状况,与母国市场环境的相关程度较低,因而可通过OFDI 更快实现各地区尤其是中西部地区企业家资源的拓展。与此同时,对东部地区 E_2 与 E_3 而言,产业集群的影响系数仅次于资本市场,且明显大于其在中西部地区模型中的系数,这也反映出东部地区企业家基于诸多特色产业集群及次国家层面的集聚经济圈发展而形成了更强的马歇尔外部经济,促进企业家资源内生拓展。此外,以各地人均优势产业数估计的产业集群指标,主要与集群内具有一定规模以上的企业发展状况紧密相关,而与尚处于起步阶段的个体工商户的发展状况关联度较低,这可能是造成 cluster 对以万人个体工商户数估计的 E_1 影响不显著的主要原因所在。

表 4.4　2003—2011 年中国东部与中西部省市企业家资源拓展主要途径的回归结果

变量	东部 10 省市			中西部 18 省市		
	含 E_1 (1)	含 E_2 (2)	含 E_3 (3)	含 E_1 (4)	含 E_2 (5)	含 E_3 (6)
C	0.0171	0.0203	-0.0477	0.0425	1.21E$-$06	0.0254
	(0.2608)	(0.6278)	(-1.1369)	(0.8525)	(3.68E$-$05)	(0.5242)
ln$cluster$	-0.1218	0.4218*	0.2088*	0.0770	0.1160**	0.1299*
	(-1.3623)	(10.4779)	(4.7411)	(1.1322)	(2.1843)	(2.4227)
ln$finance$	0.3970*	0.5642*	0.8076*	0.2303*	0.2648*	0.4723*
	(3.7193)	(10.3461)	(10.4894)	(3.691)	(5.5141)	(9.1255)
ln$ofdi$	0.2149**	0.2604*	0.1049***	0.3748*	0.8445*	0.3958*
	(2.1144)	(5.6190)	(1.8947)	(7.3819)	(14.2325)	(8.0490)
adj. R^2	0.4008	0.8821	0.8189	0.7763	0.8285	0.7473
加权方法	截面加权			截面加权		

注:*、**、*** 分别表示在 0.01、0.05 和 0.1 的显著性水平下拒绝原假设,括号内为 t 值。

第四节　进一步研究:市场化改革是"可持续性"形成的制度保障

上述计量分析表明,企业家资源拓展通过经济效率的提升可显著促进市场规模扩大及动态比较优势的持续增进,那么促使该"增进"可持续的制度保障何在? 市场规模的扩大会伴生交易费用的上升,进而制约分工与市场规模扩大的程度,故研究如何降低各要素主体间及整个社会经济的交易费用,是推动动态比较优势增进可持续的关键。从企业家人力资本特点的视角来看,企业家的商务潜能需在合适的制度环境下才能被激活与拓展。中国作为转型经济背景下的发展中大国,其市场机制的尚不完善构成企业家才能显化的一大障碍,故经济体制环境的优化是促进企业家资源拓展的动力源。中国改革开放以来,通过以市场化为取向的经济体制改革显著降低了交易费用,并使企业家"干中学"的商务环境不断优化。而在目前改革已初具成效的情形下,如何不断深化以市场化为取向的体制改革以进一步释放"制度红利",从而更好地激发与增强企业家的内生动力与市场活力,成为当前中国社会所关注的热点问题。可依据《中国市场化指数:各地区市场化相对进程 2011 年报告》(樊纲等,2011)对近年来中国体制改革进程进行分析,该报告采用客观指标衡量近年来各省区市场化改革的深度与广度。1997—2009 年中国市场化指数(用 M 表示)及其二级、部分三级指标与企业家丰度(E_1、E_2 及 E_3)间的斯皮尔曼等级相关系数如表 4.5 所示。

表 4.5　中国市场化指数及其二级、部分三级指标与企业家资源的斯皮尔曼相关系数

变量	年份	总指数	二级指标					部分三级指标				
		M	M_1	M_2	M_3	M_4	M_5	$M_{1.3}$	$M_{2.2}$	$M_{3.1}$	$M_{4.1}$	$M_{5.2}$
E_1	1997	0.245	0.336	0.328	0.295	0.206	0.328	0.356	0.220	0.036	0.251	−0.125
	2003(a)	0.184	0.083	0.197	0.080	0.104	0.197	0.275	0.105	−0.028	0.146	0.452
	2006(b)	0.229	0.234	0.287	−0.131	0.160	0.287	0.350	0.387	−0.210	0.239	0.396
	2009(c)	0.210	0.097	0.253	−0.106	0.111	0.253	0.162	0.294	−0.172	0.191	0.145
	(b−a)/a	0.245	1.819	0.457	−2.638	0.538	0.457	0.273	2.686	6.500	0.637	−0.124
	(c−b)/b	−0.083	−0.585	−0.118	−0.191	−0.306	−0.118	−0.537	−0.240	−0.181	−0.201	−0.634
E_2	1997	0.581	0.303	0.443	0.499	0.535	0.596	0.260	0.306	0.487	0.185	−0.038
	2003(a)	0.611	0.355	0.619	0.358	0.643	0.727	0.628	0.533	0.593	0.599	0.692
	2006(b)	0.678	0.527	0.622	0.291	0.659	0.803	0.768	0.516	0.259	0.272	0.721
	2009(c)	0.676	0.565	0.440	0.325	0.660	0.751	0.533	0.208	0.308	0.203	0.515
	(b−a)/a	0.110	0.485	0.005	−0.187	0.025	0.105	0.223	−0.032	−0.563	−0.546	0.042
	(c−b)/b	−0.003	0.072	−0.293	0.117	0.002	−0.065	−0.306	−0.597	0.189	−0.254	−0.286
E_3	1997	0.442	0.171	0.314	0.423	0.320	0.571	0.289	0.174	0.531	−0.037	0.048
	2003(a)	0.571	0.187	0.558	0.367	0.474	0.749	0.426	0.500	0.575	0.469	0.593
	2006(b)	0.501	0.276	0.411	0.257	0.497	0.573	0.439	0.300	0.265	0.095	0.559
	2009(c)	0.463	0.333	0.219	0.226	0.516	0.498	0.364	−0.062	0.320	0.112	0.546
	(b−a)/a	−0.123	0.476	−0.263	−0.300	0.049	−0.235	0.031	−0.400	−0.539	−0.797	−0.057
	(c−b)/b	−0.076	0.207	−0.467	−0.121	0.038	−0.131	−0.171	−1.207	0.208	0.179	−0.023

注:市场化指标(M)的二级指标中,M_1 指"政府与市场的关系",M_2 指"非国有经济发展",M_3 指"产品市场发育",M_4 指"要素市场发育",M_5 指"中介组织与权益保护";三级指标中,$M_{1.3}$ 指"减少政府对企业干预",$M_{2.2}$ 指"非国有企业固定资产总投资比重",$M_{3.1}$ 指"价格市场决定程度",$M_{4.1}$ 指"信贷资金分配市场化",$M_{5.2}$ 指"对生产者合法权益保护"。

由表 4.5 可知,全国 28 省市主要年份市场化指数与各阶段企业家资源间的斯皮尔曼相关系数存在较大差异。指标 M 与 E_1 的相关程度一直较低,变化幅度也较小,表明政府在经济体制改革的过程中,对小微企业的发展缺乏足够的支持与保护,从而制约了尚处于初始阶段的企业家资源更好地显化与拓展;M 与 E_2 间的相关系数较大且逐年上升,但近年来其增幅递减,反映出以市场化为取向的体制改革对于中小民营企业家资源拓展正发挥着愈加重要的作用,且该促进作用有减缓的趋势;M 与 E_3 间的相关系数则呈先上升后下降的特征,表明以市场化为取向的体制改革通过推动资本市场的发展而促进了 E_3 的拓展,但改革的相对滞后又反过来制约了企业家资源 E_3 的进一步拓展。

从市场化指数的二级指标与企业家丰度间的相关性来看,近年来其相关系数大多呈下降趋势,这反映出中国经济体制改革的"边际收益"正随着体制中深层次矛盾与障碍的暴露而逐渐递减,这些体制障碍的存在使中国动态比较优势难以获得高水平增进。其中,"非国有经济发展"与企业家丰度间相关系数的降幅最为显著,表明近年来非国有经济发展的明显趋缓是影响企业家资源拓展与中国比较优势持续增进的主要症结所在,而导致其趋缓的原因可从部分三级指标的负向变动中获得体现。近年来"价格市场决定程度"与企业家资源的相关系数始终处于较低水平,这反映出价格的非市场决定方式容易导致价格体系的一定扭曲,产品市场的尚不完善影响了市场机制作为配置资源基础手段的作用发挥,导致资源错配与经济效率低下。2009 年"非国有企业固定资产总投资比重"与各阶段企业家资源间的相关系数下降,这主要是由于目前中国许多高端服务业与基础设施建设等行业存在着大量"有形"与"无形"的进入壁垒,致使大量民营企业家囿于技术水平与附加价值较低的加工制造与服务业中,其数量虽然在不断增长,但却难以通过更高层次的"干中学"获得商务才能与物质资本积累的跃升。"信贷资金分配市场化"与企业家资源间的相关系数降幅较大,这表明在要素市场中,利率市场化、融资渠道拓宽、多层次资本市场构建等金融改革的滞后使金融资本主要流向国有企业,民营中小企业的融资缺口扩大。这导致民营经济的发展放缓,比较优势增进的空间日趋缩小。与此同时,"减少政府对企业干预"、"对生产者合法权益保护"与企业家资源间相关系数的降幅同样较大,这反映出政府对企业的过多干预会对市场主体间的公平竞争产生不利影响。从近年来中国发展的现实来看,企业家所受到的相关"约束"不是过少,而是过多。大量"约束"偏重于微观经济活动的干预,却忽略了道德、法规与产权保护体系的构建与完善,这使市场交易中的违约风险增加,由此形成的"囚徒困境"会使企业家进行市场拓展与创新的积极性减弱,而从事投机与寻租活动的可能性上升(周其仁,2013)。从总体来看,上述体制障碍的存在使得市场交易费用增加。亟须通过着重从这些方面进行经济体制的深化改革,以促进企业家资源更好更快地拓展,使动态比较优势增进具有可持续性。

第五节　结论与启示

由于半隐性的企业家人力资本具有需要市场体制环境激活方能显化的特点,故企业家资源拓展对处于转型升级时期的中国是动态比较优势增进的捷径。但在经济全球化时代,该"捷径"的通行只有保持可持续,才能使中国更好地参与国际分工,从而实现长远的经济发展目标。这就要求上述"增进"必须符合经济效率,才能经得起以经济效率为标准的检验。通过经济效率的微观、宏观、综合三个层次构建计量模型,可对此予以考察与验证。研究发现,从企业家资源拓展导致的生产效率、动态效率、配置效率三个层次的显著提升,可揭示上述"可持续性"的形成机理,并得到以下启示:

(1)技术创新需要依靠企业家对诸要素组合的创新,方能改进研发、提升生产效率。企业家创新可提高技术创新与市场需求的吻合度,并有效把握技术先进程度与成本的平衡点,以及实施渠道控制等,故企业家创新不仅不会完全替代专业技术人员的创新,而且还可通过对技术创新的驾驭与促进而推动两类创新的协同互动,从而使社会经济生产效率的提升具有可持续性。

(2)单纯的技术创新虽能提升生产效率,但也可能加快先进技术与资本对劳动的替代,导致生产过剩、非自愿失业率上升、动态效率下降。由于技术创新加快与失业率高企并存会减慢经济增长速度,从而形成微观生产效率与宏观动态效率不一致的矛盾,这构成了目前全球诸发达国家在经济发展上面临的一大难题,也是当前亟须学术界予以研究的重大前沿课题。由企业家资源拓展引致的企业创业增加,尤其是政府通过政策支持与扶持而促进小微企业家创业动力与能力的增强,是化解这一矛盾的有效途径。故注重创新与创业协同的企业家资源拓展,是提升动态效率的重要前提,也是促使宏观、微观层次效率趋于一致的必要条件。

(3)将动态效率引入分析框架,可突破传统研究配置效率局限于空间维度的窠臼,而使"配置"的内涵拓展至时间维度,从而使以分工深化为表征的动态比较优势研究能置于非瓦尔拉斯均衡的真实世界中,故可获得更强的现实解释力。在分工深化引致的市场规模扩大进程中,企业家配置要素的时空范围必然更大,从而使其"干中学"绩效得到持续改善,商务才能不断增进,配置效率大幅提升。故以配置效率提高为结果的企业家资源拓展,可与市场规模扩大形成螺旋上升式的内生良性互动,从而促进动态比较优势的持续增进。

(4)计量分析表明,虽然企业家资源拓展在经济效率的上述三个维度都影响显著,并构成了"可持续性"的重要驱动源,但伴随市场规模的不断扩大,产生的交易费用也会不断上升。故只有不断深化市场取向的体制改革,才能降低交易费用,为中国动态比较优势的持续增进提供有效的制度保障。

(5)近年来市场化取向的体制改革所遇到的一系列深层次矛盾,如政府权力边界的模糊、产品与要素市场不完善、金融改革滞后、法律体系不完善等,都导致交易费用上升,构成了中国企业家资源拓展的体制障碍。化解此类障碍可主要从以下两方面着手:一是通过市场体系的构建与完善,激发企业家创业与创新的内生动力与活力,使激励效果增强。通过实行统一的市场准入标准,以降低垄断程度,形成可竞争的市场形态(Baumol,1982),可提高各类型企业家的"干中学"绩效,使市场规模有效扩大。二是通过道德、法规与产权体系的健全,规范交易主体的行为,使市场参与各方预期更明晰,从而有效降低整个社会的交易费用。政府既需要通过简政放权,提升行政效率来减弱对微观主体的事前"约束",以激发其创造活力,增强经济发展内生动力;又需要通过健全法制与产权保护体系,来增强对交易主体的事中与事后"约束",这可使市场参与各方基于明晰的市场预期与公平的竞争秩序而达成可信任的契约,开展重复合作博弈,整个社会的交易费用由此不断降低,从而促进中国动态比较优势可持续增进。

参考文献

Acemoglu, D. Equilibrium bias of technology[J]. Econometrica, 2007, 75(5): 1371-1409.

Baldwin, R. E. Agglomeration and endogenous capital[J]. European Economic Review, 1999, 143(2):253-280.

Baumol, W. L., Panzar, J. C. and Willig, R. D. Contestable Markets and the Theory of Industrial Structure[M]. New York: Harcourt Brace Jovanovich, 1982.

Yang, X. K. and Borland, J. A microeconomic mechanism for economic growth[J]. Journal of Political Economy, 1991, 99(3):460-482.

Young, A. A. Increasing returns and economic progress[J]. The Economic Journal,

1928,38(152):527-542.

樊纲,王小鲁,朱恒鹏. 中国市场化指数:各地区市场化相对进程 2011 年报告[M]. 北京:经济科学出版社,2011.

[英]亚当·斯密. 国民财富性质与原因的研究[M]. 严复,译. 北京:商务印书馆,1981.

杨小凯. 经济学:新兴古典与新古典框架[M]. 北京:社会科学文献出版社,2003.

[美]约瑟夫·熊彼特. 经济发展理论——对于利润、资本、信贷和经济周期的考察[M]. 何畏,易家祥,张军扩,等,译. 北京:商务印书馆,1997.

张小蒂. 宏观经济学[M]. 杭州:浙江大学出版社,1997.

张小蒂,姚瑶. 企业家人力资本拓展对比较优势增进的影响研究——基于中国省级面板数据的经验分析[J]. 浙江大学学报(人文社会科学版),2012(6):98-10.

张小蒂,曾可昕. 企业家资源拓展与比较优势内生增进[J]. 学术月刊,2013(11):75-85.

张小蒂,赵榄. 企业家人力资本结构与地区居民富裕程度差异研究[J]. 中国工业经济,2009(12):16-25.

周其仁. 新兴市场国家是中国化解产能过剩的新渠道[J]. 中国经济周刊,2013(45):71-80.

第五章　基于自生能力的动态比较优势：
企业家视角的研究

在开放条件下，依据比较优势进行分工和贸易对于一国经济发展具有重要意义，这一观点已经成为经济学界为数不多的共识之一。从理论上来讲，贸易无论是对于产出与就业的增加还是技术水平与生产率的提高都起着直接或间接的影响，然而实证的结果往往与理论的预期存在着一定程度的偏离。

结合中国的贸易实际，年进出口总额由 1980 年的 381.4 亿美元上升到 2011 年的 36418.6 亿美元，占 GDP 的比重由 13％ 上升到 50％，这表明，随着中国开放程度的提高，贸易对经济各方面的影响逐步加深，外汇储备在 2011 年末更是达到 31811.48 亿美元。与此同时，出口价格指数在不断上升，但进口价格指数上升得相对更快，导致中国的贸易条件呈现出不断下降的趋势，这也就意味着中国外汇储备的增加依赖于商品低价情况下出口量的扩张，从而造成创收效率低下的局面。

这种贸易现状实际上反映了中国的资源禀赋决定下的比较优势转换为比较利益的渠道不畅，转换效率低下。造成这种情况的原因在于中国目前遵循的仍然是传统意义上的两要素资源禀赋基础上的静态比较优势理念，从而容易忽视动态比较优势演化过程中所可能获得的潜在收益。因此，如何提高动态比较优势对于中国而言就显得至关重要了。大量的研究从多角度给出了不同的解决方法，主要的观点认为需通过提高研发投入、人力资本积累以及产业结构调整等措施来提高一国创新能力和竞争力并提高全要素生产率(许和连等，2006；殷德生，唐海燕，2006；高云虹和封福育，2009；魏下海，2009；许培源，2012)。而林毅夫认为，自主研发和人力资本积累并不必然是增长过程中的短期选择。同样地，产业结构内生于资源禀赋，产业结构的升级取决于资源禀赋结构的升级[1]。遵循资源禀赋基础上的企业自生能力增进才是动态比较优势的来源,其对东亚经济增长奇迹的解释为此提供了案例支持。

但在林毅夫的分析框架内,遵循的仍然是资本和劳动两种要素丰裕度所调节的价格信号对企业自生能力的影响,而没有考虑到企业家这种一揽子要素支配者作为最能动的要素在比较优势转换为比较利益过程中的主体地位。一旦将企业家作为一种独立的生产要素纳入生产函数,将对企业自生能力产生两方面的影响:一是企业家基于市场预期对企业发展方向做出判断,这往往会改变企业原来的发展路径,实现熊彼特意义上的路径依赖突破,从面直接改变了企业的目标函数;二是目标函数的改变必然意味着企业家要对一揽子要素进行重新优化组合从而使得企业家能够在目标函数和成本函数之间寻找最佳平衡点。因此,企业家通过目标函数和成本函数调整影响着企业的产出水平和产出效率,进而决定着比较优势转换为比较利益的效率,转换效率越高反过来又将激励企业家通过"干中学"进行更高水平的知识积累和创新,两者的相互作用实现动态比较优势不断增进。

正是基于企业家才能与自生能力这样的逻辑关系在比较优势转换为比较利益的过程所起的关键联结作用,本书欲将企业家才能纳入比较优势的分析框架内,以判断企业家才能对自生能力进而对比较优势转换为比较利益的影响。

第一节　企业自生才能影响企业自生能力的机理

自生能力和这个企业所在的产业、所生产的产品以及所用的技术与这个国家的要素禀赋结构所决定的比较优势是否一致有关。如果一个企业所在的产业、所生产的产品或所采用的技术不符合这个经济的比较优势,那么,企业在开放、竞争的市场上不可能生存(林毅夫,2002a)。问题在于,是否一个企业的产品和技术与比较优势相一致就一定具备自生能力?显然,产品和技术的选择依赖于企业家对市场的判断,是一个动态调整的过程,除了既有的自然资

---

〔1〕　林毅夫关于比较优势理论的论述具体可参见林毅夫等(1999)、林毅夫(2002a,2002b,2002c,2011)、林毅夫和张鹏飞(2005,2006)、林毅夫和苏剑(2007)、林毅夫和任若恩(2007)、龚刚和林毅夫(2007)、李飞跃和林毅夫(2011)、徐朝阳和林毅夫(2010)等的研究,这些研究最终归结于新结构主义经济学。

源禀赋结构对自生能力的影响外,企业家作为一系列要素的支配者必然对自生能力产生影响,可从以下几个方面阐述企业家才能对企业自生能力的影响。

一、宏观层面:企业家精神的溢出

企业家才能是在企业既有的资源组合及其变动过程中累积起来的专有知识形态,其基本的功能就在于通过不确定性条件下的发现过程逐步揭示信息,从而将潜在"机会"转为可获得经济租金的真正"机会"。而不确定性问题从根本上来看就是知识的分散性问题,反映了无限知识的分散性与企业家有限知识之间的平衡问题(Knight,1921)。企业家的优势就在于,较之政府拥有更多企业发展所依赖的分散的知识(哈耶克,1997),通过把分散的知识和资源整合为有效的整体的能力直接决定了机会实现的方向和进程,并制约着其他要素的配置效率(张荣楠和李汉铃,2005)。因此,市场的不确定性就要求企业家能够根据不完整的信息组合进行有限理性的判断和决策。企业家才能高低决定着其对市场的判断准确程度,进而决定着企业究竟是选择现有知识基础上的路径依赖,还是创新基础上的路径突破。

另一方面,当企业家做出决策以实现创新基础上的路径时,就改变了企业的目标函数,在市场给予相应的回报时,就创造出了新的市场,通过示范效应,新的企业家便在这一新的市场中不断显现,直到市场重新恢复均衡。新企业的出现通过其选择过程为新观念、新技术提供竞争性市场进而为专业化细分市场中的企业进入提供可能,这也就意味着新企业的出现同时还创造出新市场和新产品,这又为互补性产品的市场衍生提供可能,最终导致新产品的上下游产业链不断扩展。通过这样一系列正反馈机制,企业家便是随着企业家精神的显现而趋于递增的一个变量,当企业家对某一个市场机会做出反应时,他便创造出了更多的企业家机会。也就是说,企业家精神可以带来更多的企业家精神,机会创造出更多的机会。在这样的企业家精神不断溢出和显现的过程中,分工水平得以深化,一个完整的产业链便在特定的区域形成、集聚和演化,新的产品随之不断出现,产品种类趋于多样化,这进一步增加了机会和外部性知识的范围外部性。因此,企业家精神的溢出通过竞争效应和分工效应影响着企业的自生能力。

二、中观层面:外部资源整合

市场机会转换为潜在价值的过程意味着企业家需要根据企业现有资源与机会的匹配程度对资源进行重新配置和整合,从而在潜在收益和成本之间寻找均衡点以获得最大化利润。知识和信息越分散,企业家越能通过整合资源获利激励。可以说,企业家整合资源的能力决定了潜在资源转换为企业行为的程度,并最终决定着企业的机会收益。就外部资源而言,企业家需要对其他经济主体的关系进行重新调整和重新组合,具体表现在:

(1)产业链整合。市场的不确定性和多变性决定了企业家需要不断调整其与上下游企业间的关系,并利用其在产业网络中的联系来降低其信息搜寻的成本,增强获取新的技术机会和信息的能力(Catherine et al.,2007)。通过信息在产业网络中的不断传递,企业家可以获得市场中与自己知识存量相关的新知识,选择在产业链条中自己的重新定位,从而促使企业家与企业家之间进行合理的分工,以提高企业间的交易效率,节约交易时间,降低交易成本,最终获得较高的经济租金。Stevenson & Jarillo(1990)对美国的实证研究发现,那些对外部资源使用充分的公司在一个10年观察期中的成长比只聚焦于内部资源的公司明显更为活跃。

(2)金融资源整合。企业家外部资源实际上是显性和隐性资源的组合,市场规模扩大和分工深化意味着企业需要重新整合其要素投入,企业家需要在市场中搜寻新资源或被低估的资源,尤其是通过整合外部资源以提高其获取关键资源的能力,如金融资源。企业家需要根据其不同的发展目标调整其金融资源的投入。金融制度不仅仅是融资的制度,还是甄别企业家才能的制度。企业家才能显现的越充分,其从金融机构获取金融支持的可能性越高,一方面可以从银行部门获取其整合资源所需的间接资本支持,另一方面还可以为其进入资本市场提供可能。资本市场为企业家才能增进提供了比银行部门更为有效的平台,这为企业家这种作为一揽子要素支配者提供了更为有效的信息流(张小蒂和贾钰哲,2012),对于提高资本和其他要素的交易效率、并购以及监督和激励等方面都具有不可或缺的作用,这反过来又为企业家才能的进一步拓展提供激励。这种金融市场与企业家才能的正反馈机制最终保证了企业家才能不断积累。此外,专用性资源获取和政府政策支持同样是企业家需要考虑的决策因素,这对于降低市场的不确定性具有十分重要的作用。

(3)国外资源整合。企业家除了整合国内的资源,还可能通过并购等直接投资的形式对国外资源加以利用和整合,企业家才能水平决定了其能否通过有效利用国外市场来增进其动态效率。对外直接投资并不是简单的生产外延,而是通过改变国内现有资源禀赋的约束条件来实现跨国资源配置能力和企业自生能力的提升,进而使得企业家才能在国内和国际两个市场中加以拓展。对于具备较高才能的企业家而言,通过整合国外资源可以获得三重比较优势：①在面对国内其他企业的竞争时，其在国外市场将具有销售渠道、投入品采购和技术开发等方面的优势；②对投资目的地国而言，被并购企业与当地企业的竞争又具备低成本优势；③企业双方各自的产品在面向对方市场销售时将获得较低的进入成本。这三方面的互补协同使得企业家进行要素配置的时空范围扩大，从而提升资源禀赋结构和资源配置的效率，并最终获得动态比较优势。

总的来看，企业家外部资源整合能力的提升，意味着其从外部市场中获得的资源越廉价和越丰富，通过成本优势超越竞争对手的机会就越多（Starr & Macmillan，1990）。

三、微观层面：创造新的生产函数

在外部资源整合的基础上，企业家还需要调整企业的内部资源以创造新的生产函数来适应不断变化的外部环境的能力。企业可以理解为具有潜在价值的异质资源组合，企业家的重要功能就在于将这些异质性资源进行有效的组合，根据需求和竞争态势调整资本、一般劳动、专用技术人员在企业内部的配置比例，在这样的组合过程中不断打破原有的生产过程并创造出新的生产函数。

这一函数最根本的目的是要使企业家所获取的新知识及其内在的隐性知识在企业内部进行流动，从而将企业家的才能转换为企业的吸收能力，这时企业家对内部资源进行整合的能力决定着机会转换为收益的效率。这一函数的根本特征是将企业家才能与新的要素组合纳入生产过程，企业家需要根据现有和潜在的技术态势选择通用性、专用性和专有性资源的投入，并根据要素的价格和质量确定要素的最优组合。这种要素组合必然有利于企业的吸收能力的提升，这为企业家知识有效转换为企业内部知识提供可能，从而实现技术创新和新市场的开拓。企业家的才能通过优化要素组合这种方式最终会提升企业家本身和其他要素的产出效率，即企业家要素具有边际报酬递增产出特性，企业家通过要素优化组合以获得大于单个要素的产出之和。

同时，新的生产函数也明确了企业的技术选择方向。作为生产函数的特定参数，技术对于新的生产函数特征及至企业发展具有重要意义，这是诸多研究已经证明过的论题，但技术的促进作用只有在企业发展方向符合市场需求的情况下才是最有效的。市场机会实际上就是需求机会，企业家对新的生产函数的创造及其所决定的技术水平的选择必然要基于其对市场需求的判断，而需求取决于消费者偏好，偏好的多样化和多变性决定了需求结构及其变动，满足市场需求的技术对企业家而言才是适宜的技术。企业家的作用就在于通过将市场直觉与已有知识存量进行对比,把握需求变动的轨迹,在此基础上不断修正生产函数中技术发展的方向和发展水平这些技术参数,在不同的技术领域进行相互协调,使得研发与市场需求在动态调整过程中得以吻合,从而提高生产函数的产出效率。脱离市场需求的研发,即使技术水平高于其他企业,仍然面临着被市场淘汰的可能。

总的来看,企业家通过不断的知识积累提高其自身的能力,从而提高其对市场机会的把握能力和判断决策能力。在此基础上,通过将企业家异质性、资源多样性、知识分散性加以有效整合,降低机会成本,从而将市场潜在价值转换为显性价值,企业家潜能转换为企业家显能,一方面使得企业家要素在企业发展过程中的作用逐步突现出来,同时也提升了企业的自生能力。

第二节 指标构建与数据说明

为了验证企业家才能与企业自生能力进而与比较优势的关系,构建以下回归方程:

$$\log Y_{it} = c + a_1 \log K_{it} + a_2 \log L_{it} + a_3 \log qyj_{it} \tag{5.1}$$

$$\log zsnl_{it} = c + b_1 \log qyjnl_{i(t-1)} + b_3 \log zsnl_{i(t-1)} \tag{5.2}$$

$$\log develop_{it} = c + e_1 \log(qyjnl_{i(t-1)} * zsnl_{it}) \tag{5.3}$$

$zsnl_{i(t-1)}$ 表示 i 地区 $t-1$ 期的自生能力,$qyjnl_{i(t-1)}$ 表示 i 地区 $t-1$ 期的企业家才能,$develop_{it}$、$develop_{i(t-1)}$ 分别表示 i 地区 t 期和 $t-1$ 期的动态比较优势,Y_{it} 表示 i 地区 t 期的产出,K_{it} 表示 i 地区 t 期的资本存量,L_{it} 表示 i 地区 t 期的劳动投入量,qyj_i 表示 i 地区的企业家数量。方程(5.1)用来比较分析纳入企业家变量之后生产函数产出特征,具体分析企业家作为一种独立的生产要素对一个地区产出水平的影响。方程(5.2)用来检验一个地区的企业家才能水平对企业自生能力的影响,由于企业家能力变动对企业自生能力的影响具有滞后性,即,企业家当期才能的变动对下一期企业自生能力产生影响,因此,企业当期自生能力的变动往往取决于上期企业家能力;同样地,企业自生能力还取决于其上期自生能力值的影响,故采用滞后一期的企业家能力和自生能力解释其对当期自生能力的影响。方程(5.3)用来检验企业家才能与企业自生能力的联合作用对一个地区经济发展水平的影响,如果系数 c 和 e 都显著为正,表明企业家才能的提升的确通过提高企业的自生能力促进一个地区的比较优势增进。下面对相关指标的构建加以具体说明。

(1)企业家才能($qyjnl$)。企业家是市场中的企业家,是对市场做出及时反应并按照市场准则对企业投入产出作出理性决策的主体,因此,企业家才能使用国有及非国有控股工业企业的总产值占全部工业总产值的比重加以表示,这一比值的上升基本可以反映一个地区企业家才能水平的提高。

(2)自生能力($zsnl$)。从上述的分析来看,可以从宏观、中观和微观三个层面来衡量企业的自生能力,与此相对应的从这三个层面来构建企业自生能力指标。

1)宏观层面指标:①企业家精神(qyj)。以每万人口拥有私营企业的数量表示,这一数值的上升,表明一个地区企业家精神显现的作用越明显,对市场机会的把握程度越高。②新产品开发水平(xcp)。以新产品产值占全部工业总产值比重表示,新产品数量的上升表明企业家创新能力提高。由于新产品生产主要集中于规模以上工业企业,因此,以规模以上工业企业新产品产值占全部规模以上工业—总产值的比重加以表示。③专利数量(zl)。以发明专利占专利授权量比重衡量一个地区整体的企业家创新能力。

2)中观层面指标:资本市场发展水平($zbsc$)。以一个地区 A 股上市公司市值占 GDP 比重表示,这一指标的上升一方面可以反映企业家才能水平的提高,另一方面也可以反映企业整合外部资源能力的提升。

3)微观层面指标:这一指标主要体现企业家对生产函数的重新创造,可以用两个指标加以表示。①资本劳动比变动(K/L)。用来反映企业家对资本和劳动投入组合的调整。②专业技术人员投入($jsry$)。以科技活动人员占劳动力从业人员比重表示,反映企业针对市场需求和竞争的态势对要素质量的选择。

(3)动态比较优势($develop$)。衡量一个地区动态比较优势的指标可以从不同的角度加以定义,总的来看,可以从企业产出和居民生活水平两个方面加以考虑,因此可以用以下几个指标反映动态比较优势。①人均产出($pergdp$)。以地区 GDP 除以就业人员数量而非全部人口表示地区的人均产出;②人均可支配收入($income$)。以城镇居民人均可支配收入加以表示;③生产率(scl)。人均 GDP 在某种程度反映了生产率的变动,为了与此区分,采用每万元 GDP 能源消耗值表示,这一比值的下降意味着要素生产效率的提高。④资本回报率($return$)。以工业企业利润总额除以资本存量加以表示。

从表 5.1 和表 5.2 可以看出,东部地区的企业家才能值处于上升趋势,而中西部地区的企业家才能值则波动性较大,在 2000 年以前处于上升趋势,之后趋于下降,但总体来看上升的趋势性仍然存在。与此相对应的是,两个地区

的动态比较优势指标都处于明显的上升趋势,但东部地区要优于中西部地区;
无论是人均产出、人均可支配收入、生产率还是资本回报率指标,东部地区都
要高于中西部地区。

表 5.1　东部地区企业家才能、自生能力与比较优势的变动趋势

企业家才能		1990	1995	2000	2005	2010	2011
		0.5554	0.7539	0.6601	0.7807	0.8055	0.8067
企业自生能力	企业家精神(个)	1.3106	8.6081	24.1473	59.9214	108.0048	121.4840
	新产品开发水平	0.0390	0.0313	0.0998	0.0988	0.1214	0.1349
	专利	0.1315	0.0821	0.0987	0.1796	0.1397	0.1584
	资本市场发展水平	0.0014	0.0844	0.5300	0.1986	0.8530	0.6264
	资本劳动比(万元)	0.3896	0.7088	1.2882	2.2533	4.8269	5.5132
	专业技术人员	0.0061	0.0075	0.0083	0.0093	0.0127	0.0135
动态比较优势	人均产出(万元)	0.4175	1.3036	2.1938	4.1573	7.7833	8.8905
	人均可支配收入(万元)	0.1787	0.5548	0.8649	1.4041	2.4631	2.7831
	生产率	3.8834	1.6304	1.1035	1.0444	0.9879	0.9230
	资本回报率	0.0444	0.0676	0.0928	0.1573	0.2122	0.2006

表 5.2　中西部地区企业家才能、自生能力与比较优势的变动趋势

企业家才能		1990	1995	2000	2005	2010	2011
		0.3358	0.4636	0.6728	0.5220	0.3652	0.3529
企业自生能力	企业家精神(个)	0.5946	3.4378	7.5213	18.0097	36.7389	42.0764
	新产品开发水平	0.0448	0.0296	0.0691	0.0852	0.0754	0.0770
	专利	0.0544	0.0420	0.0893	0.1523	0.1158	0.1453
	资本市场发展水平	0	0.0243	0.2094	0.1399	0.3320	0.2220
	资本劳动比(万元)	0.2691	0.3841	0.6126	1.0618	3.0882	3.7372
	专业技术人员	0.0036	0.0041	0.0043	0.0040	0.0053	0.0058
动态比较优势	人均产出(万元)	0.2747	0.6964	1.0826	1.9745	4.2697	5.1842
	人均可支配收入(万元)	0.1364	0.3699	0.5326	0.8629	1.5634	1.7932
	生产率	6.0429	2.9549	1.8936	1.6745	1.0729	0.9383
	资本回报率	0.0306	0.0354	0.0635	0.1173	0.1568	0.1559

数据来源于《中国统计年鉴》、《中国工业经济统计年鉴》、《中国工商行政管理年鉴》、《中国科技统计年鉴》、各省市自治区统计年鉴、EPS 数据库、国泰安 CSMAR 数据库。东部地区包括北京、天津、河北、山东、江苏、上海、浙江、福建和广东 9 省市，其他省区为中西部地区，但不包括甘肃、西藏、重庆和海南省，以及港澳台地区。

针对这种企业家才能与比较优势之间可能存在的因果关系，诸多的研究同样揭示，企业家对优化要素的配置、推动社会经济发展起到了难以替代的关键作用（张小蒂和李晓钟，2008）；一个地区的企业家人力资本结构与其富裕度存在正相关关系，拥有较多企业家的经济比拥有较少企业家的经济有更高的增长率（庄子银，2007）；企业家的创新和"干中学"行为对于动态比较优势提升具有重要作用（赵榄，2010）；地区动态比较优势增进的关键在于企业家资源的拓展和企业家才能的提升（张小蒂和贾钰哲，2011）；企业家通过不断的要素组合试错以实现技术水平与生产成本之间的平衡，从而可实现技术创新与要素整合创新的良性互动，从而达到绩效的显著提升与市场份额的有效扩大（张小蒂和贾钰哲，2011），市场规模的扩大则进一步促进企业家才能的拓展，两者之间的耦合关联作用为地区比较优势的增进提供持续性动力源。

但上述研究只是从宏观意义探讨了企业家与比较优势之间存在的直接和间接联系，而没有涉及企业家究竟是如何影响比较优势这一根本问题。从表 5.1 和表 5.2 数据可以看出，东部地区的企业自生能力指标，无论是宏观层面的企业家精神和创新、中观层面的外部资源整合能力还是微观层面的内部要素变动，东部地区与中西部地区都有着不同的表现，这也正是导致两大经济区域经济发展水平差异的重要原因，而这一原因的根源在于企业家才能的区域差异。基于此，本书则从自生能力角度来探讨企业家影响比较优势的机制的变动，根本的出发点在于企业家才能水平的提升通过宏观、中观和微观几个层面来强化企业自生能力进而促进地区比较优势的增进。

第三节 基于中国数据的实证检验

一、企业家丰裕度对总产出的影响

首先根据方程(5.1)来检验纳入企业家变量之后的生产函数所体现出来的要素对产出水平的贡献。检验结果见表 5.3。

表 5.3   企业家对产出的影响的实证结果(1990—2011)

	东部地区		中西部地区	
	$\log Y$		$\log Y$	
C	−1.9942	−3.2426	−1.0525	−1.0381
	(−1.6413)	(−3.9480)	(−9.6170)	(−12.7499)
$\log K$	1.0512*	0.6230*	1.0236*	0.7264*
	(34.7251)	(17.1523)	(74.4394)	(33.7054)
$\log L$	0.2724*	0.7976*	0.1766*	0.4082*
	(1.4485)	(6.0557)	(9.9340)	(20.2875)
$\log qyj$		0.2279*		0.2109*
		(14.2295)		(15.8986)
R^2	0.98	0.98	0.96	0.97
adj. R^2	0.98	0.98	0.96	0.97
F 值	795.78	1605.73	500993	5563.88

注:*、** 表示在1%和5%水平上显著,括号内为 t 值。如未说明,以下均与此相同。

从回归结果可以看出,所有地区的生产函数都具有规模报酬递增的特征,并且资本产出弹性都要大于劳动产出弹性,表明在现在的收入分配格局中,资本所得要高于劳动所得,尤其是在不考虑企业家要素时,资本产出弹性要远高于劳动产出弹性。这也证实了中国居民收入在国民收入分配中所占比重不高的事实。根据白重恩和钱震杰(2009)的研究,在初次分配阶段,居民部门下降了10.71%,而企业和政府部门则分别上升了7.49%和3.21%,而居民部门劳动者报酬和财产收入占比的下降,分别使其在国民收入中的占比下降了5.99%和3.21%。

将企业家作为一种单独的要素纳入生产函数,可以看出企业家通过两个方面对产出产生影响:一是企业家要素本身对产出的直接影响。从检验结果来看,企业家要素投入量的增加将对产出产生显著影响,这一影响在东部地区的表现要优于中西部地区。企业投入量每增加一个百分点,东部地区的产出将增加0.2279个百分点,中西部地区的结果为0.2109个百分点。从经济发展的现状来看,2011年东部地区和中西部地区每万人口中拥有的企业家人数分别为121.48个和42.08个,意味着东部地区企业家的丰裕度要高于中西部地区。结合表中的回归结果可知,企业家要素对产出的影响程度在东部地区要高于中西部地区,这也是造成中国区域间经济发展水平差异的重要原因,从这个角度而言,区域经济发展的差异实际上是企业家要素发展的差异。何予平(2006)的研究同样证实了这种情况的存在,即企业家形成比率增加1个百分点,经济增长率提高0.54个百分点。

另一方面,企业家通过影响其他要素的产出弹性对产出产生影响。从检验结果来看,从传统的资本和劳动两要素生产函数调整为纳入企业家之后的三要素函数之后,资本和劳动两种要素的产出弹性发生变化,显著的特征在于资本产出弹性下降,而劳动收入弹性上升,表明企业家纳入生产函数将对要素产出效率产生影响,最主要表现为劳动效率的提高,导致其对产出的贡献提升。从区域比较来看,东部地区劳动产出弹性无论是否考虑企业家要素都高于中西部地区,这一结果也证实了东部地区劳动生产率要高于中西部地区,进而导致东部地区劳动报酬要高于中西部地区这样的现实。以2011年为例。东部地区的人均GDP、职工的平均工资和城镇居民人均可支配收入分别为88904元、48570元和27834元,而中西部地区相应的只有51842元、36695和17932元。

二、企业家才能对企业自生能力的影响

从上述的分析可以看出,企业家将从宏观、中观和微观三个层面对企业自生能力产生影响,因此,可根据方程(5.2)来检验企业家才能对企业自生能力的影响程度。回归结果见表5.4。

表 5.4　企业家才能对企业自生能力影响的实证结果(1990—2011)

zsnl 的替代指标	东部地区 被解释变量:$\log(zsnl)_t$					
	qyj	xcp	zl	$zbsc$	K/L	$kjry$
C	0.6610	−0.1277	0.3185	−0.0273	0.1391	0.4132
	(9.8782)	(−1.3452)	(1.7382)	(−0.2068)	(7.7796)	(2.9209)
$\log(qyjnl)_{t-1}$	0.2843*	0.3355*	0.3383*	1.0757*	0.0516*	0.0559
	(2.9079)	(2.7492)	(1.5898)	(3.0815)	(1.2815)	(0.4273)
$\log(zsnl)_{t-1}$	0.8980	0.8773	1.0067	0.6109	1.0086	0.8884
	(86.2513)	(26.4949)	(44.6545)	(12.8023)	(115.3831)	(22.4842)
R^2	0.98	0.89	0.94	0.82	0.99	0.90
adj. R^2	0.98	0.88	0.94	0.81	0.99	0.89
F 值	1707.86	140.31	295.84	66.64	2460.16	152.88

(续表)

	中西部地区		被解释变量：$\log(zsnl)_t$			
C	0.4509	−0.3181	0.5998	−0.7224	0.1713	0.5503
	(7.2411)	(−1.9036)	(4.7469)	(−6.3790)	(17.6353)	(3.3757)
$\log(qyjnl)_{t-1}$	0.1058*	0.0080	0.3062*	0.1348	0.0267*	0.0107
	(2.0278)	(0.0750)	(3.8383)	(1.3110)	(2.5155)	(0.0745)
$\log(zsnl)_{t-1}$	0.9203	0.8779	0.9706	0.4233	1.0742	0.7247
	(80.1747)	(21.6272)	(51.1447)	(12.7829)	(243.0566)	(17.0652)
R^2	0.96	0.70	0.93	0.59	0.99	0.65
adj. R^2	0.95	0.68	0.92	0.59	0.99	0.63
F 值	474.90	44.32	253.73	20.68	5146.76	35.51

注：$zbsc$ 回归区间为 1995—2011 年，以下均相同。

从总的回归结果来看，企业家才能对自生能力的滞后性影响相对明显，且东部地区的表现要优于中西部地区，东部地区除了科技活动人员指标外，其余指标全部显著，而中西部地区的新产品和科技活动人员两个指标未通过检验，并且企业家才能提升对企业家精神、创新、资本市场发展以及资本劳动比的影响要大于中西部地区，表明东部地区的企业家能力提升对企业自生能力产生显著影响，即企业家能力的提升对中西部地区企业自生能力的增进作用相对弱于东部地区。

从宏观层面来看，企业家才能的上升将显著提升一个地区的企业家丰裕度。企业家才能越高意味着市场给予的回报率相对较高，通过示范效应使得现有企业家的隐性知识被转化成经济知识并进一步形成商业机会的时候，其他劳动力开始创办新的企业来谋求获利从而对经济增长产生重要影响。因此，企业家能力是连接市场机会、企业家精神与经济增长之间必不可少的环节，这也印证了企业家精神将诱发更多企业家精神进而激励更多的劳动力选择成为企业家这样一个的观点。通过这样一个正反馈机制，企业家精神在一个地区不断显现和发展，并引申出更多的互补性市场，从而使企业家精神向产业链的上下游不断扩展，产业分工和深化程度相应提高，这也就意味着企业家才能越高的地区企业家精神越丰裕。从东西部比较来看，2011 年，东部地区的企业家才能值达到 0.8067，中西部地区只有 0.3529；与此相对应的是，东部地区每万人企业家数量为 121.484 个，东部地区只有 42.0764 个。企业家才能的差异导致了企业家显现的差异最终造成了区域间产业和经济发展的差异。

另一方面,从创新的角度来看,东部地区的企业家才能提升对创新的增进作用明显优于中西部地区,而企业家创新精神是企业家精神的根本,正是企业家的创新精神诱发持续性开发新产品、引入新的生产方式,从而推动了经济的动态发展(Schumpeter,1934),而新的生产技术会替代现有技术从而获得暂时的垄断租金,垄断租金将激励企业家不断进行创新,这种企业间创新竞赛将推动技术的不断进步,从而促进经济增长(Aghion & Howitt,1992)。回归结果表明,企业家才能水平每上升1个百分点,东部地区下一期的新产品产值占工业总产值的比重将上升0.3355个百分点,发明专利占全部授权专利的比重将上升0.3383个百分点;而中西部地区表明并不理想,企业家才能上升对新产品的促进作用没有通过检验,表明两者之间只存在弱相关关系,新产品产值所占比重并没有随着企业家才能的上升显著提高,只有发明专利比重会上升0.3062个百分点。2011年,东部地区新产品产值占其工业总产值的比重为13.4885%,占全国新产品产值的比重为58.3509%,中西部地区相应的比重分别为7.5411%和41.6491%。这也表明了东部地区的企业家创新精神和创新能力要优于中西部地区。

从中观层面来看,企业家才能的提升对各个地区的资本市场的发展起到了促进作用,但对东部地区的促进作用明显优于中西部地区。2011年,东部地区上市公司市值占GDP的比重达到62.6368%,中西部地区只有27.3632%。企业家才能的提升一方面可以提高地区的创新水平和企业绩效,另一方面则为企业进入资本市场提供可能。资本市场的发展不仅仅为企业提供融资渠道,更重要的作用在于提供一揽子要素高效率的交易而产生的信息流,股票价格信号的传导机制在资金的配置过程的作用得以提高,从而能够在动态评估企业家才能发挥中具有独特的重要作用,也是企业家才能获得内生性拓展重要途径(张小蒂和贾钰哲,2012)。此外,资本市场的发展也为企业家进行兼并、收购等外部资源整合行为提供平台,从微观层面来看,企业家才能水平提高将对企业内部要素组合产生影响。具体而言,企业家才能的提升将提高企业的资本劳动比,即随着企业家才能水平的提升,产品的资本密集度将提高,意味着随着就业人数的上升,资本投入量的增长速度相对更快,一方面是由于工资水平的上涨导致资本对劳动的替代,另一方面也反映了中国资源禀赋结构的变动对企业生产方式的影响。这种影响在东部地区表现得更为明显,东部地区的人均资本存量由1990年的0.3896万元上升到5.5132万元,年均增长率达到9%,中西部地区则由0.2691万元上升到3.7372万元,年均增长率只有 4%。东部地区的人均资本存量增长速度远高于中西部地区,反映出东部地区的资源禀赋结构转换要快于中西部地区,从而导致东部地区企业家对资源禀赋结构变动的反应速度要快于中西部地区。

三、企业家才能与自生能力的联合作用对动态比较优势的影响

企业家才能从宏观、中观和微观三个层面对企业自生能力产生影响,下面将结合方程(5.3)进一步验证企业家才能与企业自生能力的联合作用对一个地区动态比较优势的影响,回归结果见表 5.5[1]。

表 5.5　企业家才能与自生能力对动态比较优势影响的实证结果(1990—2011)

| $zsnl$ 的替代指标 | 东部地区 | | | 中西部地区 | | |
	被解释变量:$\log(pergdp)$			被解释变量:$\log(pergdp)$		
	qyj	zl	K/L	qyj	zl	K/L
C	1.1195	−2.1630	0.3954	−0.3177	2.2492	−1.6578
	(−24.6787)	(−23.7890)	(31.4239)	(−16.3844)	(14.8918)	(−37.1098)
$\log(qyjnl * zsnl)_{t-1}$	0.5685*	0.4937*	1.0313*	0.52876*	0.4948*	0.5303*
	(40.6702)	(30.8505)	(70.0917)	(49.0787)	(13.4162)	(46.3333)
R^2	0.92	0.87	0.97	0.89	0.43	0.87
adj. R^2	0.91	0.86	0.97	0.88	0.41	0.87
F 值	237.36	138.79	694.69	162.74	15.63	145.45
$zsnl$ 的替代指标	东部地区			中西部地区		
	被解释变量:$\log(income)$			被解释变量:$\log(income)$		
C	−1.4607	−2.2201	−0.2184	−1.0468	−1.7290	0.2294
	(−46.0297)	(−26.3064)	(−21.2213)	(−72.5112)	(−54.2784)	(10.8793)
$\log(qyjnl * zsnl)_{t-1}$	0.4656*	0.3869*	0.8331*	0.4595*	0.3600*	0.6890*
	(47.6198)	(26.0441)	(69.2269)	(57.2934)	(47.5804)	(46.8519)
R^2	0.93	0.80	0.96	0.90	0.88	0.86
adj. R^2	0.92	0.79	0.96	0.89	0.88	0.85
F 值	277.77	84.41	584.93	184.41	128.06	123.38

---

〔1〕　限于篇幅,这里没有给出企业自生能力中新产品、资本市场和科技人员对比较优势的影响,以及企业家能力与企业自生能力的联合作用对动态比较优势中的生产率(scl)指标的影响。

(续表)

zsnl 的替代指标	东部地区			中西部地区		
	被解释变量:$\log(return)$			被解释变量:$\log(return)$		
C	-3.8607	-3.8309	-2.4962	0.0447	-0.0452	0.1251
	(-44.7950)	(-48.300)	(-96.7567)	(11.0027)	(-5.6110)	(26.0775)
$\log(qyjnl$ $* zsnl)_{t-1}$	0.4758^*	0.2770^*	0.6731^*	0.0272^*	0.0330^*	0.0451^*
	(19.7292)	(21.0996)	(19.9166)	(12.0551)	(15.9926)	(13.5074)
R^2	0.76	0.78	0.76	0.42	0.52	0.45
adj. R^2	0.74	0.77	0.75	0.39	0.50	0.43
F 值	50.90	57.92	51.83	14.45	21.98	16.98

从回归结果来看,企业家才能与企业自生能力的联合作用的确对人均产出和人均可支配收入产生影响,表明企业家才能提升通过增进企业自生能力对一个地区的比较优势状态产生影响。具体而言表现在以下几个方面。

(1)从人均产出来看,东部地区所有的指标均通过显著性检验,表明企业家才能提升通过增进宏观意义的企业精神显现和创新水平提升、中观层面资本市场的发展以及微观层面企业内部要素组合的变动对人均产出产生影响;对于中西部地区,企业家才能提升通过促进企业家精神显现、专利增加、和资本劳动比上升对人均产出产生显著影响,但新产品开发、资本市场发展以及科技人员比重增加并没有对人均产出的增加影响并不显著。并且,在显著的指标当中,东部地区的影响程度要优于中西部地区,表明东部地区企业家能力的提升促进人均产出增加的渠道要多于中西部地区,并且影响程度也更为明显。而人均产出的增加在某种程度上同样可以理解为生产率的提高,意味着东部地区企业家在提高区域企业生产率方面的作用要高于中西部地区,如果以万元 GDP 能源消费量作为衡量生产率提高的效果,2011 年,东部地区万元 GDP 能源消费量为 0.9230,中西部地区为 0.9383。从这个角度而言,区域经济增长差异实际上是企业家才能的差异导致的企业自生能力差异,正是由于东部地区企业家才能对企业自生能力的增进渠道和程度要优于中西部地区进而导致区域产出水平的差异。

(2)从人均收入来看,东部地区的所有指标显示的结果都要高于中西部地区,表明东部地区企业家才能提升通过增进企业自生能力从而在提高居民可支配收入方面的作用要好于中西部地区。2011 年东部地区平均工资和人均劳动者报酬分别为 48570 元和 38613 元,中西部地区分别为 36695 元和 24026 元。这种收入水平方面的差异进一步导致了区域间消费水平和人均资产方面的差异。显然,企业家才能与企业自生能力对收入水平存在着影响,两者的联合作用对人均收入的影响可以通过三个渠道表现出来,宏观方面通过企业家精神显现提高企业家数量以提高平均收入,通过创新以提高企业的垄断租金;中观方面通过资本市场发展引导企业生产方面进而提高企业的资本配置效率;微观方面通过优化企业内部要素组合,以提高资本产出比以及科技活动人员比重等等这些渠道来实现劳动产出效率和产出弹性的上升。从表 5.3 可以看出,东部地区的劳动产出弹性要大于中西部地区,反映了东部地区的劳动所得份额要高于中西部地区,同时人均产出的提高意味着劳动产出效率的上升。劳动的产出效率和产出弹性上升最终提高了一个地区居民的收入水平,这一结果在东部地区表现得更为明显。

(3)从资本回报率来看,东部地区的回归结果拟合度要优于中西部地区,表明企业家才能与自生能力的联合作用对资本回报率的影响相对显著,并且回归系数东部地区也要远高于中西部地区,意味着企业家才能提升通过提高自生能力对资本回报率提高的促进作用在东部地区表现的要高于中西部地区。与此相对应的是,2011 年东部地区的资本回报率为 20.0612%,中西部地区为 15.5915%;1990—2011 这 22 年的平均资本回报率东部地区为 11.3501%,中西部地区为 7.9620%。资本回报率反映了地区资本积累效率。东部地区资本存量由 1990 年的 7843.41 亿元上升到 2011 年的 166709.8982 亿元,年平均增长率为 15.6677%,而中西部地区则由 9202.37 亿元上升到 169011.95 亿元,年平均增长率为 14.8659%;同时,东部和中西部地区的工业行业利润总额由 1990 年的 348.201 亿元和 281.8186 亿元分别增长到 2011 年的 33444.058 亿元和 26351.476 亿元,年平均增长率分别为 24.2808% 和 24.1221%。这种情况表明,东部地区的资本积累速度和回报增长都要快于中西部地区,从而导致资本回报率增长的差异。这也间接表明了两个地区企业家才能与企业自生能力的差异。

第四节　结论与启示

中国不同区域的经济发展水平和实证结果表明,区域经济发展差异本质上反映了比较优势转换为比较利益过程中的转换效率差异,提高这一转换效率的渠道关键在于生产率的提升以及由此所决定的自生能力的增进，而自生能力增进的主体依赖于企业家这一特质要素。企业家才能及其所决定的企业自生能力正是导致这一转换效率差异的根源所在。从这个意义上而言，比较优势转移为比较利益这一宏观目标的实现程度取决于企业家能力这一微观基础：从整体方面来看，通过激发企业家精神显现和创新水平以实现"创造性破坏"进程；中观方面来看，通过提高企业外部资源整合效率降低交易成本；微观方面来看，通过调整要素组合来创造新的生产函数以提高产出效率。通过这三个方面的影响，企业家才能最终转换为企业自生能力，比较优势也将在最大程度上转换为比较利益，最终获得动态比较优势提升。基于此，在遵循资源禀赋基础上使得动态比较优势具有可持续性就显得至关重要了，而实现动态比较优势的可持续性的关键点在于企业家精神的持续性显现以及企业家能动性持续转换为企业的能动性。为此，可从以下几个方面来提升比较优势转换为动态比较利益的程度。

（1）提升企业家能力。企业家最核心的潜质在于其对市场的预期能力。在不确定性的市场环境中，企业家做出的所有决策都依赖于其对市场变动的预期判断，而预期和判断是建立在企业家已有的知识存量基础之上。新的市场机会和新知识的出现将促使企业家通过"干中学"来调整自身的知识结构，进而调整预期并不断修正企业的目标函数和成本函数，以利于实现利润最大化，在这样的过程中，企业家预期由静态预期转换为动态预期。预期决定着企业的目标函数，激发企业家的"干中学"和创新行为。而企业家自身的"干中学"体现了其知识积累的水平和知识积累的方向，企业家在"干中学"过程中的不断试错行为对于提高市场机会的把握能力以及预期结果与市场结果的吻合程度具有重要作用。通过预期和企业家"干中学"之间这样的循环累积作用，企业家能力和企业自生能力不断得到提升，最终实现动态比较优势的持续性增进。

因此，预期既是企业家才能的表现也为企业家才能进一步提升和拓展提供激励。完善且不受干扰的市场关键的作用在于为企业家进行预期和决策提供不受干扰的外部环境，起到了促进企业家学习能力提升这样的隐性作用，这对于企业家才能拓展和创新水平提升进而对比较利益增进都起着不可估量的影响。对市场的政策性干扰将扭曲市场信息结构，进而扭曲企业家对市场的预期和判断，并最终扭曲企业家的目标函数，从长期来看，势必降低企业家的回报率，抑制企业家精神发挥和企业家才能的提升，进而降低企业家数量和质量，最终降低了企业的自生能力。减少对市场人为干扰和随机干扰将提高企业家的预期质量,进而提高预期转换为判断和决策的能力和准确度,使得企业家通过实施"创造性破坏"对经济发展的积极作用不断提升。

(2)增进企业家动力。企业家所有的行为都围绕着利润这一最终目标,通过市场过程中持续的逐利过程使得企业家自身能力对企业的贡献得以体现,市场也将给企业家确定合理的报酬。只有当市场中存在合理的利润率或者潜在利润率的时,才可能促使企业家做出判断并调整自身的行为,通过改变企业的要素配置使得收益和成本达到最优的平衡,以实现利润最大化。由于利润在不同时期和不同的行业具有不均匀分布特点,企业家必然要在创新方向和跨行业资源配置方面不断进行调整,以保证可获得利润的持续性。如果说企业家能力为企业发展提供主体能动性,那么,资源在不同地区不同行业间的自由流动则为企业家能力发挥提供市场基础。因此,扩大企业家资源配置的范畴对于增进企业家逐利动力具有不可或缺的激励作用。企业跨地区投资和并购是企业家精神显现和企业家动力增进的重要机制,地方保护主义虽然在短期内可以促进区域经济发展,长期将限制整个经济体的发展潜力。此外,当国内资源无法实现企业的目标函数时,对外直接投资就成为一种潜在的选择。在世界经济一体化程度不断提升的情况下,企业家进行资源配置的空间得到不断的扩展,对外直接投资不仅仅是国内生产的国际拓展,而是改变国内资源约束进行更大范围内的劳动、资本、技术等资源配置能力的提升,是企业家逐利动力在国内外两个市场中的进一步拓展。

(3)激发企业家活力。企业家能力提升和动力增进最终达到激发企业家活力的目的。企业家的活力一方面表现为更多的劳动力选择成为企业家,企业数量随之增加,通过市场竞争导致企业家的能力进一步提升;另一方面,企业家活力提升表现为创新速度加快,从长期来看,新产品的产出比重、产品质量和产品种类多样化程度不断提高。随着企业家丰裕度提升和创新速度的加快,将提高一个地区的资源配置效率和劳动生产率,进而提高其人均收入水平。因此,在提升企业家主体能动性基础上,通过制度保障来增进企业家动力是激发企业家活力的必要条件,三者的互动耦合作用是动态比较优势具有可持续发展的重要机制。对企业家动力的限制将使得企业家能力无法转换为企业自生能力,进而弱化了比较优势转换为比较利益的程度,同样会降低企业家活力。如金融市场的贷款总量限定政策,降低了企业家获得贷款的可能性,延长了融资时间,造成贷款数量下降,企业家不得不同时向多家金融机构融资,甚至进行地下融资,从而提升了融资成本。融资成本的上升一方面不利于企业成本函数的优化以目标函数的最大化,更为重要的是限制了企业家显现的过程以及企业家能力水平，融资成本的高昂将提高其成为企业家的机会成本，从而降低了潜在收益转换为现实收益的可能。

参考文献

Aghion，P. and Howitt，P. A model of growth through creative destruction[J]. Econometrica，1992(60)：323-351.

Catherine，L.，Wang，K. and Ahmed，P. Dynamic capabilities：A review and research agenda[J]. International Journal of Management Reviews，2007(9)：31-51.

Knight，F. R. Uncertainty and Profit[M]. Boston：Houghton Mifflin Co.，1921.

Schumpeter，J. A. The Theory of Economic Development[M]. Cambridge：Harvard University Press，1934.

Starr，J. and Macmillan，I. Resource cooptation via social contracting：Resource acquisition strategies for new ventures[J]. Strategic Management Journal，1990，11(4)：79-91.

Stevenson，H. H. and Jarillo，J. C. A paradigm of entrepreneurship：Entrepreneurial management [J]. Strategic Management Journal，1990(11)：12-27.

白重恩，钱震杰.谁在挤占居民的收入——中国国民收入分配格局分析[J].中国社会科学，2009(5)：99-115.

高云虹，封福育.贸易政策、研发投入与技术进步[J].财经科学，2009(5)：111-116.

龚刚，林毅夫.过度反应：中国经济"缩长"之解释[J].经济研究，2007(4)：53-66.

哈耶克.自由秩序原理[M].邓正来，译.上海：三联书店，1997.

何予平.企业家精神与中国经济增长——基于C-D生产函数的实证研究[J].当代财经，2006(7)：95-104.

李飞跃，林毅夫.发展战略、自生能力与发展中国家经济制度扭曲[J].南开经济研究，2011(5)：135-142.

林毅夫.自生能力、经济转型与新古典经济学的反思[J].经济研究，2002a(12)：15-24.

林毅夫.发展战略、自生能力和经济收敛[J].经济学季刊，2002b(1)：3-13.

林毅夫.国家发展战略的选择方式和绩效检验[J].江海学刊，2002c(4)：64-67.

林毅夫.新结构经济学：重构发展经济学的框架[J].经济学季刊，2010，10(1)：1-32.

林毅夫，任若恩.东亚经济增长模式相关争论的再探讨[J].经济研究，2007(8)：4-12.

林毅夫，苏剑.论中国经济增长方式的转换[J].管理世界，2007(11)：5-13.

林毅夫，张鹏飞.后发优势、技术引进和落后国家的经济增长[J].经济学季刊，2005(4)：53-73.

林毅夫，张鹏飞.适宜技术、技术选择和发展中国家的经济增长[J].经济学季刊，2006

　　(3):985-1005.

林毅夫,蔡昉,李周.比较优势与发展战略:对"东亚奇迹"的再解释[J].中国社会科学,1999(5):4-20.

徐朝阳,林毅夫.发展战略与经济增长[J].中国社会科学,2010(3):94-108.

许和连,亓朋,祝树金.贸易开放度、人力资本与全要素生产率:基于中国省际面板数据的经验分析[J].世界经济,2006,29(12):3-10.

许培源.人力资本、南北贸易与经济增长:一个分析框架[J].国际贸易问题,2012(2):3-13.

殷德生,唐海燕.人力资本效应、产业内贸易与经济增长[J].世界经济,2006(6):61-70.

魏下海.贸易开放、人力资本与中国全要素生产率:基于分位数回归方法的经验研究[J].数量经济技术经济研究,2009(7):61-72.

张茉楠,李汉铃.基于资源禀赋的企业家机会识别之框架分析[J].管理世界,2005(7):158-159.

张小蒂,贾钰哲.全球化中基于企业家创新的市场势力构建研究:以中国汽车产业为例[J].中国工业经济,2011(12):143-152.

张小蒂,李晓钟.转型时期中国民营企业家人力资本特殊性及成长特征分析[J].中国工业经济,2008(5):129-138.

赵榄.企业家要素增进与动态比较优势提升[D].浙江大学博士学位论文,2010.

庄子银.创新、企业家活动配置与长期经济增长[J].经济研究,2007(8):82-94.

中篇

企业家资源拓展与比较优势增进的重要实现途径

第六章 实现途径Ⅰ:产业集群竞争力提升

第一节 基于产业链治理的销售型集群比较优势增进

张小蒂等(2009)指出,传统的要素禀赋理论以静态比较优势为理论前提,随着全球化进程的不断推进,处在产业链低端的国家或者产业集群往往会被锁定(Lock-in)在低价值链环节。以往的研究认为可以通过产业政策的调整和资本要素的注入,强行升级产业结构以获得国际分工中的比较利益。本书认为,产业集群以外部经济为特征,外部经济是集群竞争力的重要来源。只有增进外部经济,提高要素的重组和配置效率,深化集群分工和提升要素禀赋结构,才能实现集群动态比较优势的增进。

本书在现有研究的基础上认为,从深化集群分工和提升要素禀赋结构两个维度增进销售型集群动态比较优势,基础是扩大市场规模。一方面,按照亚当·斯密(1972)的经典分工理论和杨小凯等(2003)的研究成果,在规模经济不断深化的同时,产品多样性会因为追求单一产品的规模而受到局限,集群经济就出现了"规模经济"和"产品多样性"之间的两难困境。张小蒂等(2007,2009,2010)在分析浙江地方产业集群时认为,消除这一两难困境必须借助于市场规模的扩大[1]。通过产业链治理可以有效扩大市场规模,深化分工,提升集群竞争力和构建动态比较优势。另一方面,集群以初级要素(如简单劳动

---

[1] 杨格(Young,1928)认为递增报酬的实现依赖劳动分工演进与市场规模的互动。

力、自然资源)作为静态比较优势参与国际分工会陷入"比较优势陷阱"[1],通过加快高级要素的积累以提升要素禀赋结构,可以增加集群动态比较优势。

如图 6.1 所示,产业链治理是构建销售型集群动态比较优势的重要手段,企业家作为一揽子要素配置的主体,通过"干中学",使其才能得到内生性拓展,进一步促进企业经营绩效的改善和集群市场规模的有效扩大。由此导致集群分工深化,高级要素的积累加快,要素禀赋结构提升,集群动态比较优势获得增进。

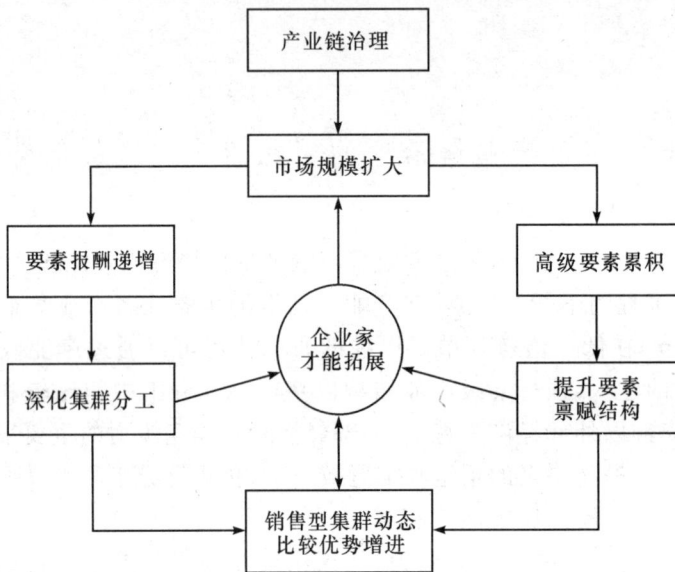

图 6.1 销售型集群动态比较优势构建总体示意图

一、依托下游治理的产业链治理模式

义乌销售型集群是由销售环节驱动的专业化市场,集群内企业的发展得益于销售渠道"网络化"带来的交易效率提升。以产业链下游治理为基础,依托下游市场规模的有效扩大推动上游研发环节优化;而后,通过上游研发环节效率的提升导致中游制造环节"规模经济"和"范围经济"的获取;再由此反作

---

〔1〕 比较优势陷阱是指完全按照比较优势生产并出口初级产品,虽然能获得利益,但在贸易结构中获益较少,而且无法完成自身贸易结构的提升的现象。详见 Arthur, W. Competing technologies, increasing returns, and lock-in by historical events [J]. Economic Journal, 1998,99(384).

用于下游销售环节，进一步促进集群市场规模的有效扩大(图 6.2)。具体途径包括：①在产业链下游通过实施"微利多销"的经营策略、形成"洼地经济"效应，扩大市场规模，从而提升交易效率和企业间分工水平；②下游市场规模的扩大增加了集群内企业的总利润，使得上游研发投入增加，知识产权维护的效率因相关费用分摊机制的形成而获得提升。同时，对于销售渠道的拓宽有利于企业及时掌握消费需求的变动信息，可早期修正设计参数从而改进和优化研发环节，降低研发风险，进一步提升研发环节的效率。③上游研发环节效率的提升对促进中游制造环节"规模经济"和"范围经济"的获取有利于提升产品差异化程度和性价比，满足消费者对于产品多样性的需求，进一步促进集群市场规模的有效扩大。通过产业链上下游环节的协同互动，链内环节内和环节间的外部经济均得以增加，故可实现外部经济从"由升转降"到"由降转升"的逆转。

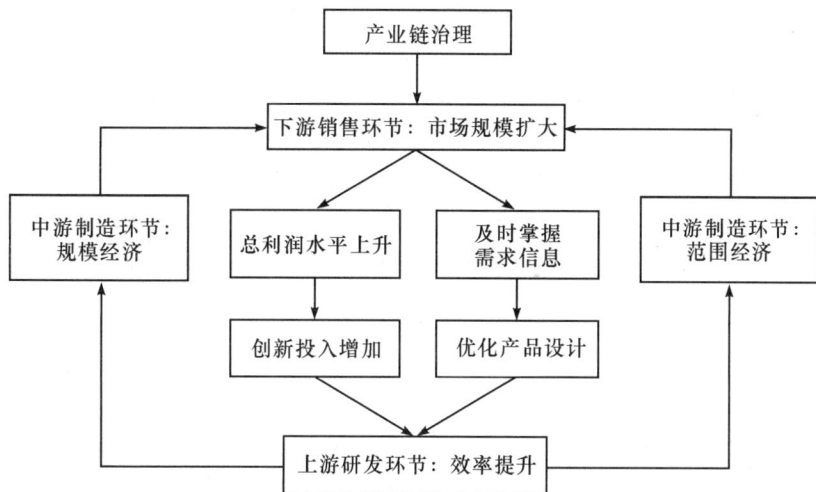

图 6.2   以下游治理为依托的销售型集群产业链治理模式示意图

(一)下游销售环节治理

产业链下游治理的核心在于有效扩大集群的市场规模。首先，销售型集群通过控制价格手段，在产业链下游销售环节中"锁入"需求。如前文所述，"微利"定价的采用使得集群内企业在价格和利润之间找到最大化的均衡点。在维持平均收益处在较低水平的前提下，产品较低的价格一方面在市场中保持竞争力，另一方面促使企业将重点放在扩大市场规模。其次，义乌销售型集群通过拓宽销售渠道与物流运输体系，充分把握电子商务发展的契机，借助现代网络交易和搜索技术以及传统商务与电子商务的结合,使有形市场与无形市场比翼齐飞,使网上和网下两个市场彼此协调,有效地缓解规模经济与产品差异的两难冲突,在大幅提升交易效率的同时极大地扩大了市场规模。2010年,义乌电子市场成交额超过 500 亿元,而同期义乌集贸市场即有形市场的成交额为 621 亿元,电子市场的增长速度甚至超过了有形市场。2012 年 7 月,义乌集群的龙头企业——中国小商品城与阿里巴巴集团签订全面合作协议,签约双方将充分发挥小商品城在商品货源、物流配送等领域的优势和阿里巴巴在商流集聚、市场运作、人才集中和国内外市场覆盖面等领域的先进资源,重点在市场拓展、商品采购、物流配送等领域进行合作,打通金融与贸易、贸易与投资、外贸与内贸、贸易与物流之间的传统壁垒,进一步提升义乌市场的交易效率与市场规模。

另外,在义乌成为全国贸易综合改革示范区的背景下,全球客商大量涌入商城采购商品,小商品城积极采取主动出击的策略,推动义乌市场的国际化步伐随着国际化路线的推进。义乌小商品市场实现了"卖全国"向"卖世界"的转变,成为全球最大的小商品市场,产品也由原来的低附加值向高附加值转变。通过与巴西、意大利和阿联酋等国际小商品集散中心实现对接,义乌市场的国际影响力在提升。更为重要的是,国际化路线使得义乌小商品市场的交易额显著提升,提升了集群内企业和整个集群的渠道控制力和市场规模。截至2011 年末,义乌市场的商品客户遍及全球 216 个国家和地区,出口额超过 300亿元。

(二)下游销售环节推动上游研发环节

在销售型集群中,市场参与者已经不再是单一的销售者,而是形成类似"前店后厂"的经营模式。一方面,下游市场规模的扩大增加了集群内企业的总利润,使得上游研发投入增加,知识产权维护的效率因相关费用分摊机制的形成而获得提升。改革开放以来,义乌市当地政府改革了小商品经营制度,对摊位经营权实现了更为公平和有效的管理,并改革税收和产权制度,进一步提高了资源的配置效率和要素回报率,企业研发创新得到进一步的促进。另一方面,市场参与者根据产品销售情况整理信息,针对市场的需求对产品种类和销量进行优化。在此优化过程中,优质的产品在竞争中得到凸显,畅销的并且为销售此类产品创造良好收益的产品需求大大增加,从而推动了对新产品或者产品样式创新的需求。对于销售渠道的拓宽有利于企业及时掌握消费需求的变动信息,可早期修正设计参数从而改进和优化研发环节,降低研发风险,进一步提升研发环节的效率。不仅如此,政府在集群下游环节驱动上游环节过程中可以起到举足轻重的作用。政府不仅可以为企业提供资金和技术的支持，还可以联合企业、研究机构进行广泛的"政企"、"企企"合作。近年来，浙江大学义乌创业育成中心、义乌市无缝服装科技研究中心、义乌市玩具产业研究发展中心的相继成立，使义乌集群上游研发环节创新平台得到极大的拓宽。另外，政府因地制宜的制度安排和在产业政策上的大力支持，带动了企业间的创新，提升了上游研发环节外部经济。

（三）上游研发环节反作用下游销售环节

上游研发环节效率的提升通过中游制造环节"规模经济"和"范围经济"的获取，从两个方面反作用下游销售环节，进一步扩大市场规模。一方面，集群创新能力的提升将提高要素的边际报酬率，形成"规模经济"。规模经济降低了企业的平均成本，企业的产品定价能力增强，市场势力增强，进一步扩大了销售规模。另一方面，制造环节的发展为集群内企业提供差异化竞争能力，形成"范围经济"。基于"激励相容"的集群企业创新平台使得企业拥有从资源到技术再到市场的多层次立体市场势力，企业可根据不同产品的需求变动及时修改设计参数，调换产品组合和种类，提供更具差异化和个性化的产品，在避免同质竞争的同时可以满足消费者的多样性偏好，使产品的知名度和美誉度以及消费者的忠诚度上升。与此同时，企业拥有的资源和技术优势将为企业进一步开拓市场并保持市场定价地位和销售渠道控制力提供了保障。

二、市场规模扩大与集群动态比较优势增进

通过产业链治理，集群市场规模得到有效的扩大。市场规模扩大的直接效应分为两个层次：集群分工深化和高级要素的积累加快（图6.3）。

（一）市场规模扩大促进集群分工深化

亚当·斯密（1972）率先阐述了分工与市场规模的关系，并指出分工的程度受限于市场规模的大小，即市场规模的扩大将带来参与交换主体的增多，便会提升分工和专业化的水平。在此基础上，杨格（Young,1928）提出市场规模扩大与分工深化是相互增进的过程。

通过产业链下游销售环节的治理，企业获得了基于渠道流动性和渠道控制力的竞争优势，集群交易平台得以拓宽。根据网络经济（张小蒂和倪云虎，2002）的原理，销售网络参与主体的增多将带来交易效率的提升和费用节约，集群内企业间分工得以深化。在新的竞争格局中，企业间分工在对市场的不断跟踪和适应的过程中得以深化，企业间形成针对不同产品和销售渠道的个

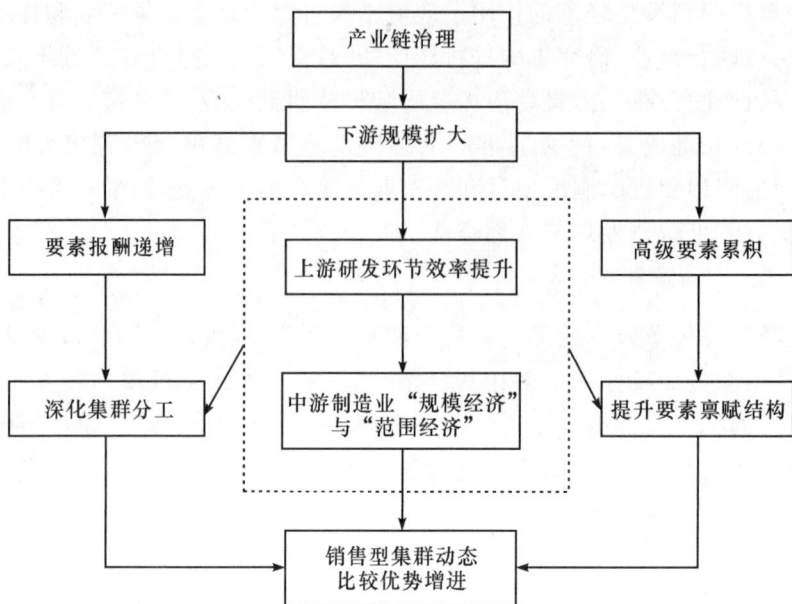

图 6.3 市场规模扩大与集群动态比较优势增进

体或次级别组织以左右交易价格和市场趋势。下游销售环节的治理推动了上游研发环节效率的提升,增进了集群的知识溢出效应,推进企业间分工的深化,克服了高风险和高成本对集群创新的抑制。集群创新效率的提升逐步由技术层面向制度、组织和企业家才能层面延伸,深化企业内部各部门之间、不同层次人力资本间的分工。研发环节效率的提升可增进中游制造环节"规模经济"和"范围经济"的获取,深化制造环节的分工。通过产业链治理不仅可以强化企业间分工,同时可以深化企业业务组织层面的分工,为增强企业适应不同市场和渠道提供保证。与此同时,企业高级管理人员即企业家在生产经营中将承担不同以往的职责,他们凭借自己的能力和经验在高度不确定性的市场中进行决策,捕捉机会及承担风险,并起到组织安排、统领全局的作用(钱德勒,1987)。

(二)市场规模扩大加快高级要素积累

集群内企业以低级要素(如简单劳动力和自然资源)为比较优势参与国际分工,所生产的产品多为低附加值产品。这些产品的集中生产不仅消耗了大量的自然资源,使得环境成本上升,企业经营绩效下降。企业经营绩效的降低将导致企业创新能力不足,集群外部经济下降,集群面临被低端"锁定"的危险。避免上述问题的有效途径是,突破要素禀赋瓶颈,加快高级要素的积累,提升要素禀赋结构,顺利实现集群比较优势由静态向动态的转变。

通过产业链治理,集群市场规模的有效扩大可显著加快高级要素的累积。一方面,在产业链下游销售环节实施"微利多销"的经营策略,使企业总利润水平上升,企业经济剩余增加,资本积累加快。在给定劳动力和其他要素增长率的前提下,资本要素水平的上升将加快高级要素的积累,提升要素禀赋结构;另一方面,产业链上游研发环节效率的提升将促进产品设计要素的分享和流转。通过中游制造环节"规模经济"和"范围经济"的获取,设计要素得以积累,可提升要素禀赋结构。要素禀赋结构的提升可内生提高要素的边际报酬率,避免"同质竞争",增进集群动态比较优势。

三、企业家才能拓展与集群动态比较优势增进

通过产业链上下游环节的协同互动,链内环节内和环节间的外部经济均得以增加,故可实现外部经济从"由升转降"到"由降转升"的逆转。在这一过程中,企业家作为一揽子要素配置的主体,通过"干中学",使其才能得到内生性拓展,进一步促进企业经营绩效的改善和集群市场规模的有效扩大,增进集群动态比较优势。

(一)企业家才能的显化与拓展

企业家才能具有异质性,即企业家作为一揽子要素配置的主体参与企业的决策和经营,由于其在各类人力资源中的领导地位,企业家才能始终处在经济活动尤其是企业经营的核心位置。张小蒂等(2008,2009)认为产业集群的实质是企业家才能的汇聚。企业家通过"干中学"积累知识和经验,分享、利用和创造信息。新企业的出现将带来交易效率的提升,产业集聚便随之发生。本书在总结以往研究的基础上认为,企业家才能不同于初级劳动力、资金等单一要素,而是这些要素的函数并且同时是这些要素的配置主体,它的衡量标准依赖于集群整体的市场规模和企业的经营绩效。

在传统的新古典经济学理论中,企业家才能是静态和模糊的,而市场是完全竞争和信息对称的,企业家才能的作用无法得以充分发挥。而在转型经济的背景下,企业家才能由于缺乏适宜的制度环境,往往被政府职能所掩盖。本书根据中国地方集群经济发展的规律,尤其是销售型集群的发展实践入手,认为在不完全信息条件下,企业家才能作为知识创造、分享和利用的主体在动态比较优势增进中起到了关键作用,而制度变量和政府的作用则是决定企业家才能显化的关键要素。在转型经济中,政府通过体制改革尽可能地降低和消除行业壁垒,并利用财政和货币政策支持企业进行技术创新和补偿外部性收

益,建立"激励共存"的信息共享机制和创新平台,提升企业家"干中学"的效率并加快企业家自身能力与经验的累积,促进企业家才能的显化。

　　企业家才能显化是企业家才能从隐形资源转变为最积极、最活跃主动性资源的第一步,而企业家才能拓展是丰富和深化其自身的效用和发挥其潜能的重要基础。本书认为企业家才能从"显化"到"强化"可以从两个层次进行,即扩大市场规模和深化制度创新(图6.4)。企业家才能依赖于市场信息的发现与利用,而在市场发展初期,较小的市场规模限制了企业数量和规模的增长。根据网络经济的原理(张小蒂,2008),信息的传递依赖于市场规模和网络分布的大小,较小的市场规模和企业数量无法构成网络经济,进而阻碍了信息的发现与利用。企业家作为企业经营的主体在无法获得充分信息的条件下,无法进行信息的创新和再传递。只有市场规模和企业自身规模不断扩大,企业家才能够借助网络经济效应,充分利用和创造信息,优化自身资源配置,不断扩大自身规模和改善经营绩效。单一企业规模的增长尤其是领导型企业的增长将加速整个集群的规模扩张,企业家才能在这样的扩张过程中不断内化和拓展,最终与市场规模形成内生互动机制。在另一层次,制度创新在很大程度上影响着企业家才能的拓展,尤其是产权界定是否明晰直接关系着企业家是否具备持续创新的动力。经济发展史表明,明晰的产权界定对于企业经营来说是最为有效的制度安排。因此,在转型经济的大背景下,日益明晰的产权制度安排可以为企业家对特殊人力资本进行自我投资提供积极的预期,是集群内企业家才能拓展的内在源动力。

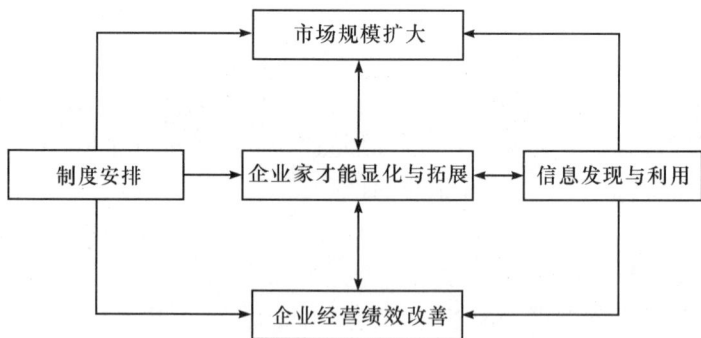

图6.4　企业家才能的显化与拓展:理论框架

(二)企业家才能拓展与动态比较优势增进

本章前述部分论证了产业链治理通过集群市场规模的有效扩大,深化集群分工,加速高级要素积累,从而增进集群动态比较优势。这一推动过程的主体是企业家,背后是蕴含在企业家自身内部的企业家才能。与此同时,集群市场规模的扩大将内生性地促进企业家才能的显化与拓展。在上述互动过程中,企业家才能拓展与集群动态比较优势之间构成了内生性的互动耦合关系。

如图 6.5 所示,企业家通过产业链治理的方式推动集群市场规模的持续扩大,增进产业链环节内和环节间外部经济,通过产业链上下游环节的协同互动,链内环节内和环节间的外部经济均得以增加,故可实现外部经济从"由升转降"到"由降转升"的逆转。在这一过程中,企业家作为一揽子要素配置的主体,通过"干中学",使其才能得到内生性拓展,进一步促进企业经营绩效的改善和集群市场规模的有效扩大。由此导致,企业间分工和企业内分工得以深化,高级要素积累加快,劳动生产率和要素边际报酬率上升,集群动态比较优势获得增进。

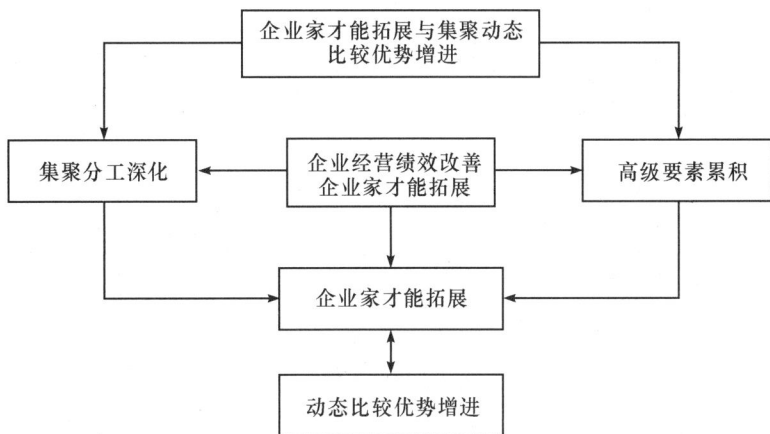

图 6.5　企业家才能拓展理论框架

市场规模的扩大,带动了网络经济的繁荣。企业家才借助网络经济效应,充分利用和创造信息,优化自身资源配置,不断扩大企业规模和改善经营绩效。单一企业规模的增长尤其是领导型企业经营绩效的增长将加速整个集群的规模扩张,提升集群外部经济。与此同时,高级要素的累积促使要素禀赋结构实现逆转,提升要素的边际报酬率。在企业间和企业内分工不断深化的前提下,集群动态比较优势得以增进。企业家才能在市场规模的扩张过程中不断内化和拓展,最终与市场规模形成内生互动机制,企业家才能得到充分的孕育和拓展。

第二节　销售型集群动态比较优势增进实证

根据前述理论框架,通过产业链治理增进销售型集群动态比较优势的立足点在于持续有效地扩大集群市场规模,市场规模的扩大将加速分工深化与高级要素积累,从而增加集群动态比较优势。实践这一过程的主体是企业家,核心要素是企业家才能。本书以浙江义乌集群为例,通过计量模型进行实证检验上述机理。

一、产业链治理绩效检验

(一)集群外部经济"N"型变动

实证检验产业链治理对于扩大市场规模绩效的过程共分为三步。①确定市场规模的衡量标准。一般来说,经济学家常运用产出指标衡量市场规模的大小和所代表的集群容量。虽然 GDP 指标常被用作衡量集群市场规模的重要参量,但该指标对于地域的限制以及对中间产品、存货以及固定资产等环节的界定模糊,导致其无法准确衡量市场购买力的规模。相反,居民储蓄总额指标能够确切反映居民财富水平与市场购买力,而市场购买力是衡量市场规模的可能理想指标。在实证环节中,本书分别选用义乌地区年度生产总值(GDP)和年度居民储蓄总额作为衡量集群市场规模的可能指标。②表征外部经济。集群市场规模扩大的实质是外部经济。通过产业链治理,集群环节内与环节间外部经济得以增强,直接体现在地区生产函数中的全要素生产率值的提升和增长率的变化。本书在实证分析过程中,通过对历史数据的整理和分析,以全要素生产率为工具佐证近年来义乌集群外部经济所发生的变动。尤其是在研究集群外部经济"由升转降再升"现象时,全要素生产很好地反映了本书的理论构想。③基于产业链治理的集群动态比较优势是从产业链的上下游分别着手的。对于义乌销售型集群,产业链的主要环节集中在下游销售环节,集群内企业是从批发销售单一产品逐步发展成以销售为主、生产为辅的"前店后厂"式多种商品聚集。产业链上游治理绩效主要反映在制造业发展水平的提升以及销售产品的多样性增加。因此,本书选用义乌地区制造业产值以表征高地区制造业发展水平,同时选用义乌小商品市场销售产品的类别数量来表征产品多样性。产业链下游治理主要基于通过拓宽销售渠道与物流运输体系,充分把握电子商务发展的契机,借助现代网络交易和搜索技术以及传统商务与电子商务的结合，使有形市场与无形市场比翼齐飞。

1. 市场规模指标的选取

$$Y_t = A_t K_{t-1}^\beta L_{t-1}^\alpha \tag{6.1}$$

式中，Y_t 表示市场规模，K_{t-1} 代表前一期资本投入，L_{t-1} 代表前一期劳动投入；α、β 分别表示劳动、资本的产出弹性系数，A_t 为技术水平。

假定无企业家才能时，产出是规模报酬不变的，即 $\alpha + \beta = 1$；同时，对 (6.1) 式进行变形之后得到

$$\ln\left(\frac{Y_t}{L_{t-1}}\right) = \ln A_t + \beta \ln\left(\frac{K_{t-1}}{L_{t-1}}\right) \tag{6.2}$$

在 Y_t、K_{t-1}、L_{t-1}、A_t 已知的情况下，以 (6.2) 式为回归方程可以估算出 β 值，进而验证企业家才能拓展与市场规模的有效扩大之间存在的作用关系。

本书在实证分析过程中将对市场规模指标进行区分，即分别以地区生产总值 (GDP) 和居民储蓄总额进行衡量。GDP 指标常被用作衡量地区市场规模的重要参量，虽然该指标对于地域的限制以及对中间产品、存货以及固定资产等环节的界定模糊，但其对于生产力衡量具有极其重要的参考价值。相反，居民储蓄总额指标能够确切反映居民财富水平与市场购买力，是另一种可供参考的衡量市场规模的指标。

本研究所用数据均由《浙江统计年鉴》、《义乌统计年鉴》以及义乌市年度国民经济统计公报整理获得。对于市场规模，产出 (GDP) 数据均采用按 1990 年不变价格计算的 1994—2010 年义乌地区国内生产总值，财富数据采用的是 1994—2010 年义乌地区居民年末实际储蓄总额；资本投入数据在忽略折旧的基础上采用全社会固定资产投资额计数，劳动投入数据采用的则是义乌地区全行业从业人员数量，资本投入和劳动投入均做滞后一期处理。

分别以产出 (GDP) 数据和财富数据衡量市场规模，得到的回归结果如表 6.1 所示。

表 6.1　1994—2010 年义乌地区产业链治理绩效与市场规模的 OLS 估计结果

变量	市场规模指标	
	产出指标 (GDP)	财富指标 (实际储蓄总额)
常数项	1.071***	0.633***
	(0.036)	(0.053)
$\ln(K/L)$	0.869***	1.729***
	(0.079)	(0.067)
R^2 值	0.909	0.978

表 6.1 清晰表明,利用财富指标衡量市场规模的估计结果相比于以产出指标衡量的结果,更注重资本对于市场规模的贡献。在运用财富指标获得的结果中,$\ln\left(\dfrac{K_{t-1}}{L_{t-1}}\right)$ 的回归系数值为 1.729。结合模型关于规模经济的初始假设可知,劳动力 L 对产出的贡献为负效应。而 1994—2010 年义乌地区发展的实际结果是,早期随着集群"洼地效应"的兴起,大批简单劳动力从传统农业逐渐转移至贸易、制造行业,义乌地区从业人员的资本占有率 $\left(\dfrac{K_{t-1}}{L_{t-1}}\right)$ 持续降低,即从业人员的人力资本贡献率远低于资本报酬率。正因如此,简单劳动力对财富积累的促进作用才逐渐降为负值。本书认为义乌销售型集群区别于传统制造业集群,经济剩余主要转变为销售网络的扩大而非企业财富的积累。集群内企业的经营主体是销售环节以及与之配套的制造环节,义乌地区的市场规模与销售规模紧密相关,而与地区居民财富水平相关性较低。因此,本书采用地区生产总值(GDP)作为衡量市场规模的指标,$\ln\left(\dfrac{K_{t-1}}{L_{t-1}}\right)$ 的回归系数值为 0.869。

2. 全要素生产率估算

根据上述回归分析结果,即 $\beta=0.869$ 以及 1994—2010 年各年度义乌地区市场规模(Y_t)、资本(K_{t-1})和劳动力(L_{t-1}),通过(6.2)式可得到 1994—2010 各年度技术进步 A 的值。再由公式(6.3),

$$\mathrm{TEP}=\frac{\Delta A}{A} \qquad (6.3)$$

可得到各年度全要素生产率 TFP 的值,如图 6.6 所示。

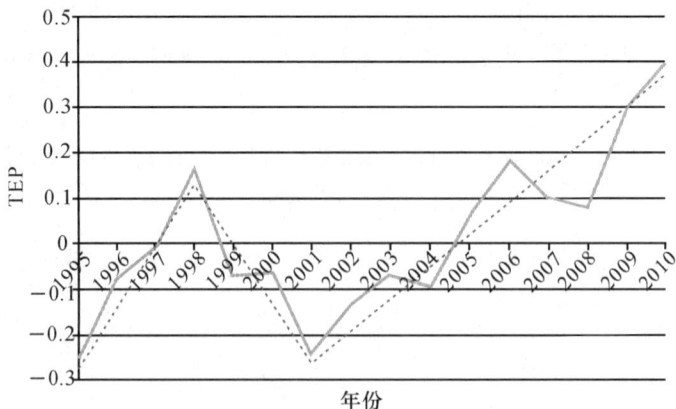

图 6.6 1994—2010 年义乌地区全要素生产率 TFP 变化情况

图 6.6 显示,尽管义乌集群市场规模自 1995 年以来持续上升,但全要素生产率却呈现了先上升后下降再上升的"N"型趋势。在 20 世纪 90 年代初,义乌集群尚未成型,但在改革开放不断深入的大背景下,制度改革和市场化进程与义乌传统手工贸易不断融合,形成洼地效应。大量的手工业者、零售商、批发商以及货运公司聚集于此,人流、物流、信息流、资金流向义乌靠拢,外部经济效应逐渐显现,反映到全要素生产率则是 TFP 的值迅速上升。自 1998 年开始,义乌集群整体已经成熟,群内企业争相选择"搭便车"以接受知识外溢,集群创新陷入"囚徒困境",TFP 值持续下降。在外部性无法得以补偿,集群比较优势仍然依赖于初级要素的前提下,要实现集群外部性重新被激活的首要任务就是重建企业间的信息共享和创新平台,从产业链的上下游分别入手,扩大销售规模,加速高级要素(资本)的累积,将比较优势由静态转向动态。从 2003 年开始,义乌集群从产业链的各个环节以及企业市场化经营等方面入手,取得了很大突破。2003 年将集群内的龙头企业中国小商品城推向证券市场,2004 年义乌国际贸易城二期市场(一阶段)正式开业,2006 年义乌发布全球第一个小商品指数——"义乌·中国小商品指数"。2008—2009 年间,正值全球性金融危机爆发和蔓延时期,义乌在国际贸易大幅缩水的严峻形势下,借助互联网平台积极拓展网上贸易,同年实现网上交易额 310 亿元,接近市场交易额的 70%,确保集群外部经济不出现显著的下滑。以上分析表明,义乌销售型集群的全要素生产率 TFP 的变动情况与外部经济所导致的市场规模扩大的变动趋势具有高度的正相关性。

(二)销售环节治理——微利多销的经营策略

义乌销售型集群的核心发展路径是"微利"策略。"微利"策略的前提是充分扩大市场容量与规模,在此基础上寻求最佳的利润率水平,其在义乌市场得以广泛运用,正是集群内企业寻求利润(收益)最大化思维的集中体现。通过国泰安 CSMar 数据库采集 2003—2011 年中国小商品城(代码:600415)作为上市公司披露的相关季度数据,选取小商品城季度净资产 E(Equity)与净资产收益率 ROE(Return on Equity)两项指标,得到收益 R(Revenue)与净资产收益两组数据。按照"微利"策略的思想,假设 R 与 ROE 存在二次回归相关性,并模拟方程 $R=C+\alpha ROE^2+\beta ROE+\varepsilon$,其中,$R$ 取值于小商品城收益额(单位:十亿元)。

再对上述两组数据进行非线性回归分析,得到回归结果如表 6.2 所示。

表 6.2　小商品城季度收益 R 对净资产收益率 ROE 回归结果

变量	常数项	ROE	ROE²
回归值	−0.1726**	6.289***	−15.604***
	(0.071)	(1.168)	(3.671)

注：①$R^2=0.783$。②***、**分别表示在1%和5%置信水平上显著，括号内为标准差。③在数据处理中，剔除了小商品城上市之初的2003年二、三、四三个季度以及发生股本转换的2004年三季度和2006年二季度的数据。

利用回归估计我们得到收益 R 关于净资产收益率 ROE 的函数关系式的估计形式：

$$R=-0.1726-15.604ROE^2+6.289ROE$$

为了更为直观展示二者之间的函数关系，在 SPSS 平台中做出二者的拟合曲线如图 6.7 所示。

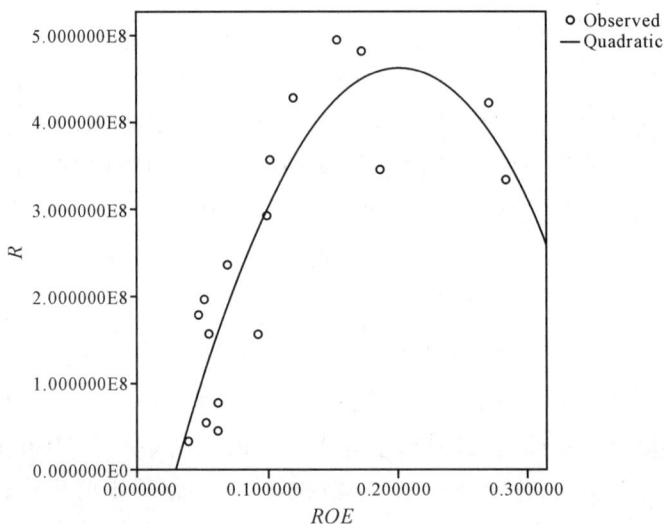

图 6.7　2003—2011 中国小商品城季度收益与净资产收益率二次回归图示

由函数形式和图 6.7 可知，在"微利"策略的引导下，小商品城所代表的义乌销售型集群的销售收益与收益率之间存在如"拉弗曲线"一般的动态关系。图 6.7 中，小商品城总收益在 ROE 接近 0.2 水平时取得最大值，即 0.2 的收益率水平是收益最大化的均衡收益率水平。实证结果表明，通过产业链下游销售环节治理，尤其是"微利多销"经营策略的运用，企业总利润水平上升，企业经营绩效上升，经济剩余和资本积累加快，对于增进上游研发环节、中游制造环节的外部经济具有重要的推动作用。

(三)产业链环节间协同互动效应

义乌集群在产业链下游销售环节实施"微利多销"的经营策略,市场规模扩大,企业总利润水平上升。下游市场规模的有效扩大推动上游研发环节优化;而后,通过上游研发环节效率的提升导致中游制造环节"规模经济"和"范围经济"的获取;再由此反作用于下游销售环节,进一步促进集群市场规模的有效扩大。通过产业链环节间的协同互动,集群可同时获得链内环节内和环节间外部经济,从而有效地逆转集群外部经济的上述下降趋势。

1. 上游研发环节效率提升

下游市场规模的扩大增加了集群内企业的总利润,使得上游研发投入增加,知识产权维护的效率因相关费用分摊机制的形成而获得提升。同时,对于销售渠道的拓宽有利于企业及时掌握消费需求的变动信息,可早期修正设计参数从而改进和优化研发环节,降低研发风险,进一步提升研发环节的效率。本书分析 1999—2011 年义乌地区专利获批数量的变动情况,发现集群外部经济效应的增进与上游环节研发效率的提升具有正相关性。如图 6.8 所示,自 2003 年起,义乌集群每年专利获批数量进入快速提升阶段。

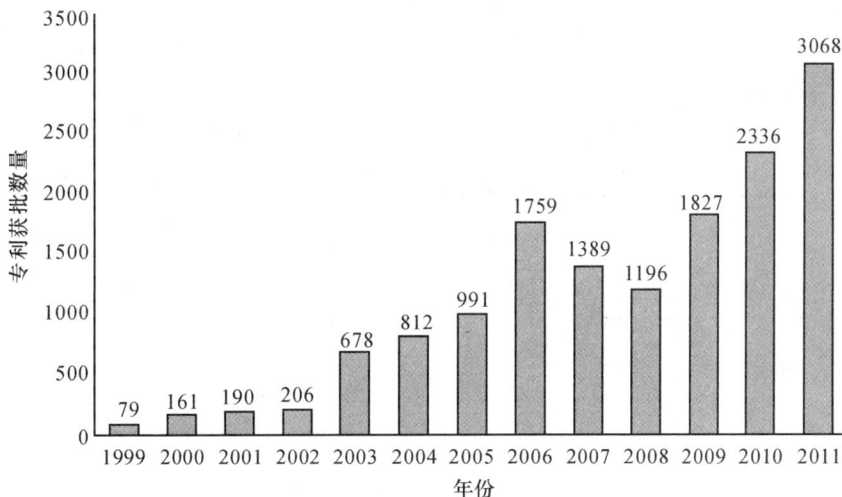

图 6.8　义乌集群 1999—2011 年专利获批数量变动示意图

2. 链内外部经济增进

本书在深入剖析义乌集群的实际特征后,因地制宜地选取 1995—2010 年每万人中规模以上工业企业雇佣劳动力的年增长率(Manu)和规模以上工业企业数目的年增长率（Enter）表征义乌集群销售环节治理推动上游研发环节效率提升和制造环节"规模经济""范围经济"的全产业链治理绩效。在产业链下游销售环节，本书选取 1995—2010 年义乌集贸市场交易额（Deals）表征集群销售渠道的控制和拓宽绩效，利用自营出口额（Export）的年度数据衡量集群利用国际贸易扩大市场规模的绩效。同时，在产业链上下游互动环节中，本书选取义乌地区货运总量（Trans）来衔接产业链中游的制造和下游的销售环节。整理之后的各指标的年度变动数据经过对数处理之后如图 6.9 所示。

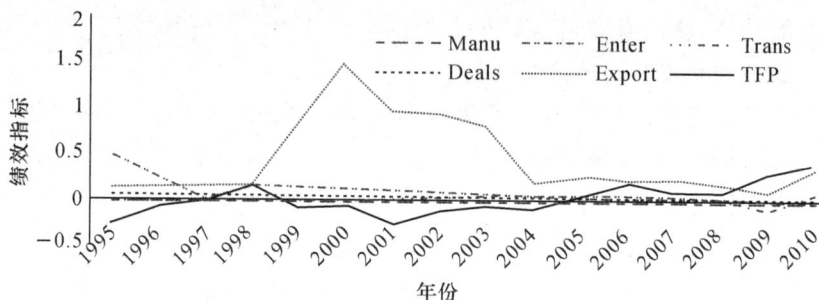

图 6.9　1995—2010 年义乌销售型集群产业链治理绩效指标变动趋势图

图 6.9 表明，集群的规模以上工业企业数量（Enter）和自营出口（Export）指标与全要素生产率 TFP 之间存在较为明显的负向移动关系。利用分步线性回归法 Stepwise Linear Regression 对 TFP 与 Enter、Export、Manu、Trans 以及 Deals 进行回归分析（全部数据采用对数处理），结果如表 6.3 所示。

表 6.3　1995—2010 年义乌销售型集群产业链治理绩效分布线性估计结果

变量	分布线性估计	
	单步回归	多步回归
Enter	-0.831^*	-0.904^*
	(0.261)	(0.175)
Export		-0.283^{**}
		(0.064)
adj. R^2	0.635	0.867

多步线性回归结果表明，工业企业数量增长率 Enter、自营出口增长率 Export 与全要素生产率 TFP 之间存在显著的负相关性，而工业企业劳动力增长率 Manu、货运增长率 Trans 以及市场交易增长率 Deals 与 TFP 不存在

显著的相关性。结合本书的产业链治理理论，实证结果的理论解释在于：①上游工业制造业的发展对于义乌集群外部经济(市场规模扩大)的负效应有很强的地区特性和时间节点。义乌集群自20世纪80年代开始初具规模，至90年代末期集群外部性达到顶峰。此时从图6.9可知，1997年之前，义乌工业企业在小商品市场逐渐兴起的背景下逐渐减缓增速。更确切地说，销售市场的繁荣抑制了工业制造业的发展。在之后的几年中(1995—1998)销售市场的发展开始反哺工业，工业企业数量保持与集群外部性相同态势的发展，并且遵循自身稳定的发展轨迹。对1999—2010年的Enter与TFP数据进行相关性分析，二者负相关性并不显著，说明工业增长对集群市场规模的提升并无显著影响。②在下游销售环节，自营出口Export与TFP的关系同样有时间节点。在2004年以前，Export与TFP呈现显著的负相关性(相关系数为-0.701，在1‰置信水平下显著)，主要原因在于这一时期的经济全球化进程和中国的对外贸易政策的推动下，义乌对外出口显著增长。但与此同时，义乌集群的要素禀赋结构并未发生显著变化，一直以低级要素为比较优势参与国际分工，生产技术并未从国际贸易中获得显著的提升，这一时期的全要素增长率TFP在下降。从2004年开始，Export与TFP基本呈现正向移动关系，主要在于通过产业链治理，国际贸易综合平台的建立和同时兴起的网上交易为提升生产效率提供动力。③1982—1994年间，义乌集群的外部经济处在明显的快速增长时期，但这段时期的统计数据缺乏，无法从更长的时间段内检验Manu、Trans及Deals等指标的产业链治理绩效。

二、市场规模扩大效应：高级要素积累

分工水平与高级要素积累的核心在于高级要素逐步取代低级要素以实现要素禀赋结构的逆转，反映到集群发展的实践中则是资本要素逐步累积，劳动人口的人均资本增长率上升。因此，对于分工水平和要素积累水平的衡量，本书选用人均资本(K/L)的年增率Cap来表征在集群发展过程中产业链治理对于要素禀赋结构升级的推动效应。产业链上下游治理的各项指标沿用上一节中的Manu、Enter、Trans、Deals及Export五项指标。

(一)相关性检测

在确定影响人均资本积累速率的核心变量之前，分别将上述五项指标与人均资本进行相关性检测，得到结果如表6.4所示。

表 6.4　1995—2010 年义乌集群人均资本增长率(Cap)的产业链治理绩效检测

变量	相关系数
Manu	10% 置信水平下不显著
Enter	0.459*
Trans	0.500**
Deals	0.538**
Export	10% 置信水平下不显著

注:*、** 在 10% 和 5% 的置信水平下显著。

表 6.4 结果表明,工业企业雇佣劳动力的增长率 Manu、自营出口增长率 Export 两项指标与人均资本增长率 Cap 之间无显著的相关性,相关性检测与实证研究第一部分的市场规模效应相反。剩余的三个变量,Enter、Trans 及 Deals 均与 Cap 呈现显著的正相关关系。

(二)SLS 线性回归估计

筛选出 Enter、Trans 及 Deals 三个变量后,建立如下回归方程:

$$Cap = \alpha + \beta Enter + \gamma Trans + \mu Deals + \epsilon$$

利用 SPSS 软件进行 Stepwise LS(分步线性回归)分析,结果如表 6.5 所示。

表 6.5　1995—2010 年义乌集群人均资本增长率(Cap)与产业链治理绩效 LS 估计

变量	常数项	Enter	Trans	Deals	adj. R^2
值	−0.114	0.108* (0.053)	0.350* (0.059)	1.089** (0.176)	0.681

注:*、** 分别表示在 10% 和 5% 置信水平上显著,括号内为标准差。

表 6.5 结果说明,规模以上工业企业数量增长、货运量的上升以及集贸市场交易额的增长对于加快人均资本的累积具有正向推动作用。从产业链治理的角度分析,集群上游工业企业数量的增加推动了技术、设备的更新,资本密集度随之上升;货运量的持续增加意味着企业物流配套体系的建设得到了充分的发展,资本投入比例显著增加;同时,市场交易额的上升为集群内企业带来丰厚的利润收益和经济剩余,为企业再投资和再生产提供了动力,加速了资本积累。

三、企业家才能拓展与集群动态比较优势增进

企业家才能作为一揽子要素的配置者和执行者，同时也是一揽子要素中的最核心要素。本书认为企业家才能水平可以分解两个层次：丰度 I 和丰度 II。丰度 I 从宏观角度衡量企业家才能与地区生产力之间的相互关联，其数值水平可用每千人中民营企业家数量来表征；丰度 II 则从微观视角剖析企业家才能与企业经营绩效的相互作用，是"质量"指标。

(一)企业家才能的宏观效应

本书利用经典科布-道格拉斯生产函数（C-D）分析方法，并在经典函数中引入企业家才能这一核心要素，通过对 1994—2010 年义乌地区产出和投入的计量分析，测度该地区企业家才能拓展与市场规模的扩大存在怎样的联系，揭示企业家才能拓展对销售型集群动态比较优势增进的重要推动作用。

1. 方法与模型

$$Y_t = A_t K_{t-1}^{\beta} L_{t-1}^{\alpha} E_{t-1}^{\gamma} \tag{6.4}$$

式中，Y_t 表示市场规模，K_{t-1} 代表资本投入，L_{t-1} 代表劳动投入，E_{t-1} 代表企业家才能（要素投入均做滞后一期处理）；α、β、γ 分别表示劳动、资本以及企业家才能的产出弹性系数，A_t 为全要素生产率。

假定无企业家才能时，产出是规模报酬不变的，即 $\alpha + \beta = 1$；同时，对（6.4）式进行变形之后得到

$$\ln\left(\frac{Y_t}{L_{t-1}}\right) = \ln A_t + \beta \ln\left(\frac{K_{t-1}}{L_{t-1}}\right) + \gamma \ln E_{t-1} \tag{6.5}$$

在 Y_t、K_{t-1}、E_{t-1} 已知的情况下，以（6.5）式为回归方程可以估算出 β、γ 的值，进而验证企业家才能拓展与市场规模的有效扩大之间存在的作用关系。

本节在实证分析过程中同样对市场规模指标进行区分，即分别以地区生产总值（GDP）和居民储蓄总额进行衡量。

2. 数据说明

对于市场规模，产出（GDP）数据均采用按 1990 年不变价格计算的 1994—2010 年义乌地区国内生产总值，财富数据采用的是 1994—2010 年义乌地区居民年末实际储蓄总额；资本投入数据在忽略折旧的基础上采用全社会固定资产投资额计数，劳动投入数据采用的则是义乌地区全行业从业人员数量。此处企业家才能指标以地区民营企业家丰度来估计，即用义乌地区从业人口中每千人拥有的民营企业家数量来计数。

3. 回归结果

(1)以产出(GDP)数据衡量市场规模

由表 6.6 可知,在不考虑企业家才能因素的情况下,$\ln(K/L)$ 的回归系数即 β 的估计值为 0.869,且在 1% 置信水平下显著。而加入企业家才能因素之后,β 的估计值为 0.749,$\ln E$ 的回归系数 γ 的值则为 0.150,两者分别在 1% 和 5% 置信水平下统计显著。对比两次回归结果可知,一方面,企业家才能的引入减弱资本在促进产出增长中的相对作用;另一方面,企业家才能自身对产出增长具有正的推动作用。另外,加入企业家才能的线性回归拟合优度达到 0.970,高于不含企业家才能的回归结果,说明回归模型具有较为满意的解释度。

表 6.6 以产出指标表征市场规模的回归结果

变量	产出(GDP)指标	
	不考虑企业家才能	考虑企业家才能
常数项	1.071***	0.764***
	(0.036)	(0.094)
$\ln(K/L)$	0.869***	0.749***
	(0.079)	(0.113)
$\ln E$		0.150**
		(0.056)
R^2 值	0.909	0.970

注:***、** 分别表示在 1% 和 5% 置信水平上显著,括号内为标准差。

(2)以财富指标衡量市场规模

以人均财富水平表征市场规模更能体现本书所坚持的"购买力"市场特征。本书采用义乌地区 1992—2010 年年末城乡居民实际储蓄余额的均值作为人均财富水平指标,借以分析与度量企业家才能对以人均财富水平表征市场规模的增进作用(表 6.7)。

表 6.7　以财富指标表征市场规模的回归结果

变量	财富指标	
	不考虑企业家才能	考虑企业家才能
常数项	0.633***	0.216**
	(0.053)	(0.092)
$\ln(K/L)$	1.729***	0.921***
	(0.067)	(0.170)
$\ln E$		0.318***
		(0.063)
R^2 值	0.978	0.992

注:***、** 分别表示在1%和5%置信水平上显著,括号内为标准差。

回归结果佐证了企业家才能对以财富指标衡量的市场规模的促进作用,作用系数为正的 0.318(统计显著)。对比前后两项回归结果可知,企业家才能的引入同样降低了资本的财富弹性系数,同时丰富了回归模型的解释维度与可信度。

进一步对比分析分别以产出指标和财富指标表征市场规模的不同回归结果,我们得知,无论是否考虑企业家才能指标,财富衡量市场规模的分析结果不仅拟合优度均优于产出指标。同时,财富指标中,资本和企业家才能的财富弹性系数均高于二者的产出弹性系数,说明财富模型更能反映以购买力为核心特征的市场规模的扩大机制,并从侧面佐证企业家才能对于市场规模扩大的重要推动作用。

(二)企业家才能的微观效应

前文实证部分对以企业家丰度表征的企业家才能与市场规模扩大之间的作用关系进行了检验与阐述,是在以集聚经济作为整体,从地区层面进行分析与论证的。随着集群形式的不断演进与变化,在义乌销售型集群中,企业之间的角色定位也在不断变化。尤其是在国际贸易迅速发展和资本市场逐渐活跃的背景下,义乌集群中开始出现具有市场领导地位的龙头企业。龙头企业规模较大,经营模式较为先进,在市场中具有较大的市场势力。因而,企业家才能的发挥在龙头企业的经营与发展中起着极其重要的作用。不仅如此,龙头企业立足于集群整体环境的发展,同时也是集群经济的重要参与者和领导者,这种组织形式的出现也是集群经济突破自身发展瓶颈,增进外部经济,构建动态比较优势的体现。本书对企业家才能作进一步探讨,以集群内典型的龙头企业为实证对象,从微观企业层面阐释企业家才能拓展与市场规模扩大的作用机理。

浙江中国小商品城集团股份有限公司(以下简称"小商品城")成立于1993年12月,2002年5月正式在上交所正式挂牌上市(股票名称"小商品城",代码:600415)。近20年间,小商品城的规模逐步扩大,成交量和交易额一直保持高速增长,是义乌销售型集群的核心模块。2011年,小商品城成交额达到515.12亿元,同年义乌地区集贸市场完成交易额677.90亿元,小商品成交额占义乌集群总成交额的75.99%。本书对1997—2011年间义乌小商品市场交易总额与小商品城交易额之间相关性进行分析,得到二者的Spearman(斯皮尔曼)相关系数达到0.997,进一步表明了小商品城对义乌销售型集群的代表性。鉴于小商品城对义乌集群的代表性,本书采用小商品城的相关数据和指标进行实证分析与检验。

"微利"策略在企业层面上推动了企业追求收益最大化的过程,而这一过程的主体则是企业家。对于义乌集群这样的专业化交易市场,市场内企业经营绩效是衡量交易效率与市场规模的重要参照。过往研究表明,企业盈利能力的强弱是衡量企业经营绩效的重要指标。本书采用净资产收益率ROE指标度量企业盈利能力,同时采用企业价值变动指标来度量企业家才能指数$EI^{[1]}$(Entrepreneurship Index)。建立以下回归模型:

$$ROE = C + \beta EI + \varepsilon$$

通过国泰安CSMar数据库采集2003—2011年中国小商品城作为上市公司披露的相关季度数据,进行回归分析后发现回归结果如表6.8所示。

表6.8 净资产收益率ROE对企业家才能EI回归结果

变量	常数项	EI	R^2
值	0.007* (0.001)	0.042*** (0.002)	0.958

注:***、*分别表示在1%和10%置信水平上显著,括号内为标准差。

由回归结果可知,企业家才能EI对企业经营绩效ROE的作用系数的估计值为正的0.042,且在1%置信水平上显著。结果表明,企业家才能对改善企业经营绩效具有积极的推动作用,尤其是对于规模较大的上市公司来说,经

[1] 企业家才能指数EI的计算方法:EI=(企业市值+净利润-净资产)/净资产。

营绩效的改善意味着企业市场价值的提升,可进一步扩大企业的经营规模和对市场的贡献度。反映到义乌集群中,小商品城作为龙头企业具有极其重要的市场地位和代表性,其经营绩效的改善表明企业家才能的内生拓展对整个集群市场交易效率的提升和市场规模的扩大具有促进作用;同时,集群市场规模的扩大意味着企业家才能无论从数量丰度还是价值丰度层面都将得到拓展,二者之间形成内生互动的耦合关系。

参考文献

Young, A. A. Increasing returns and economic progress[J]. The Economic Journal, 1928,38(152):527-542.

钱德勒. 看得见的手——美国企业的管理革命[M]. 重武,译. 北京:商务印书馆,1987.

[英]亚当·斯密. 国民财富性质与原因的研究[M]. 北京:商务印书馆,1972.

杨小凯. 经济学:新兴古典与新古典框架[M].北京:社会科学文献出版社,2003.

张小蒂,倪云虎. 网络经济[M]. 北京:高等教育出版社,2002.

张小蒂,王永齐. 企业家显现与产业集聚:金融市场的联结效应[J]. 中国工业经济, 2010(5):59-67.

张小蒂,赵榄. 基于渠道控制的市场势力构建模式特征分析——以沃尔玛为例[J]. 中国工业经济,2009(2):131-140.

张小蒂,朱勤. 论全球价值链中中国企业创新与市场势力构建的良性互动[J]. 中国工业经济,2007(5):30-38.

张小蒂,张弛. 基于销售型集群的市场势力形成机理研究——以浙江义乌为例[J]. 经济地理,2010(2):188-192.

张小蒂,张弛. 产业组织创新与动态比较优势构建——以浙江绍兴为例[J]. 浙江大学学报(人文社会科学版),2010(5):126-132.

第七章 实现途径Ⅱ:资本市场发展

第一节 资本市场发展与企业家互动促进比较优势增进

一、企业家资源拓展与动态比较优势增进的互动

(一)基于要素变化的动态比较优势理论

随着向市场经济的转型,中国的经济实现高速增长,生产率水平不断提高。与此同时,中国的要素资源的相对优势也在发生着深刻变化,劳动力与自然资源等传统的优势要素地位正逐渐丧失。杨金鑫(2013)通过对根据 SITC(国际贸易标准分类法)进行分类的 8 大类商品的 RCA[1]进行测算,发现中国以劳动力作为主要投入要素的产品的比较优势正快速地逐年减弱,而资本与技术密集型产品的比较优势逐年走强。吴建新和钟铃(2013)在对要素配置效率的研究中指出,中国资本增长率大于劳动增长率,在此条件下中国要素配置非效率仍较明显。显然,过度依赖低级要素参与国际分工不利于中国经济的发展和中国国际地位的巩固。要素变化所带来的直接影响是社会分工的改变,而社会分工深化是促进动态比较优势增进的重要前提。这体现在亚当·斯密(1972)提出的分工与交易能够促进社会福利增进的理论中。该理论强调经济主体的扬长避短是进行分工的依据,而各微观主体通过发挥各自比较优势,有机地加快社会总体的要素结构升级。分工深化所带来的市场交易规模

---

[1] 显示性比较优势指数(Revealed Comparative Advantage Index,简称 RCA 指数),由美国经济学家巴拉萨(Balassa)于 1965 年提出,是衡量一国产品或产业在国际市场竞争力最具说服力的指标。

扩大效应,从世界经济全球化的角度拓展了该理论的应用范围。杨小凯(2003)同样认同分工深化促进了社会经济效率增进,更进一步强调通过人为的,非先天性的努力而"创造"的比较优势。他把这种通过系统的分工深化所发生的劳动生产率方面的差异称为"内生的比较优势"。因此,分工深化所引致的生产率提升超过交易成本的增加而有余是分工深化内生增进的重要条件。

上述理论可以避免中国单纯依赖自有的要素禀赋优势参与国际分工,能够预防自身在国际竞争中被"低端锁定",因此具有重要意义。因此本研究需要重点剖析如何使得理论上的比较优势化为现实社会中的比较利益,这就需要对这一体系中的主体与机理进行分析。

(二)企业家资源拓展与动态比较优势增进的互动研究

上已论及,在中国的要素状况发生相对变动的条件下,从内生比较优势的视角切入,有利于进行分工的动态调整与资源的优化合理配置。在这一过程中,具有进行一揽子要素优化合理配置能力的企业家无疑是推动中国比较优势内生增进的关键主体。企业家人力资本不同于一般人力资本,主要表现在以下方面:①从技能属性来看,一般技术工人所提供的只是某一专业领域的技术劳动,具有单一性和固定性,而企业家所具有的则是对一揽子要素综合配置的能力,其能力的发挥能够影响各要素协同作用的效果;②从经济环境敏感度来看,一般技术工人能力的发挥对社会经济体制环境的敏感度是较低的,环境的波动几乎不会对其微观层面产生影响,而企业家才能的发挥则与社会经济体制环境高度关联,企业家会在环境波动中时刻调整策略,并在"干"中迅速实现能力的升级;③从薪酬结构来看,一般技术工人获取的是结构固定的工资,且工资水平随其知识技能的升级呈阶梯状上升,而企业家所获取的则是企业经营中的剩余索取权,其报酬与企业自身效益与发展息息相关,其中的激励与风险将企业家自身与市场紧密结合在一起。企业家能力的发挥主要通过组织一揽子要素资源进行优化配置来实现,而市场的反馈则为企业家提供了最直接有效的检验标准。企业家资源是能够对一揽子生产要素进行优化配置的特殊要素,通过企业家才能的发挥能够提高各生产要素的配置效率,而且该要素自身具有内生性特点,能够通过"干中学"和市场的互动实现其资源的拓展与能力的提升,而通过与市场互动所获得的经营报酬则是这一过程持续的动力。对于企业家而言,资源的配置并非简单地排列组合,而是在其特有的异于一般技术劳动力的知识结构基础上,根据市场环境的变化来实现资源内部的有机整合,在市场无形的手的指挥下朝着企业价值最大化的方向定位与实施。在这个与市场互动的过程中,企业家能够大量、准确地捕捉市场信息进行加工,将其整合为自身的知识储备并有效及时地付诸实践。在此基础上,企业家又会向市场提供新的信息来源,影响市场运作以及其他企业家的决策。这种企业家与市场、企业家与企业家之间的互动为企业家"干中学"提供了良好环境,使得企业家的资源得以有效拓展,并且进一步促进市场规模的扩大。

二、资本市场发展与企业家要素特点的契合性分析

经历了 20 年的调整与完善,中国的资本市场目前已经是全球最大的新兴市场之一。到 2012 年末为止,中国上市公司的数量已经达到 2494 家,位列第三,排在中国之前的是美国与日本[1]。截至 2013 年底,中国股市总市值已经达到 239077.19 亿元,占 GDP 总额的 42.03％[2],如图 7.1 所示。从趋势上看,股票市场的规模与国内生产总值的规模呈现一致性变动,显示了资本市场发展与中国市场经济规模扩大的一致性。中国资本市场自诞生以来,其市场规模日渐扩大,直接投资到股市中的企业家数目逐年增多,而更多的经营者则希望通过上市来实现企业更好地发展,如图 7.2 所示。

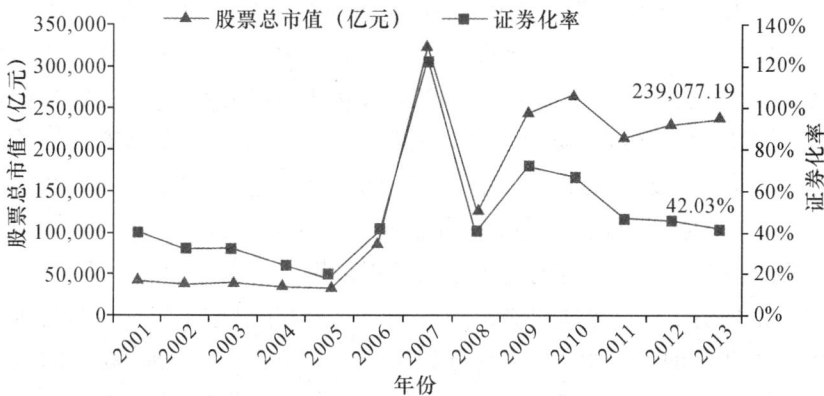

图 7.1　2001—2013 年中国股市总市值与证券化率

数据来源：Wind 数据库

自 20 世纪初以来,世界各国企业的所有权与经营权首次实现了分离,这主要归因于资本市场的显著发展,企业所有权与经营权的分离促使企业家资源从内部实现了分工,从统一的企业经营者分化为股东与经理人,而股东对于

〔1〕　数据来源：Wind 数据库。
〔2〕　同上。

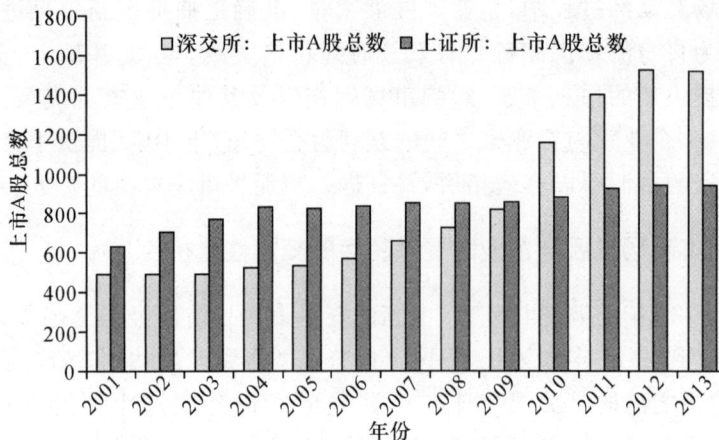

图 7.2　2001—2013 年深交所与上证所 A 股总数

数据来源:Wind 数据库

经理人的筛选实际上是企业家要素从质和量双方面实现拓展的内生性机制的
体现。今天作为市场经济发展到十字路口的中国,企业家成长的轨迹已经从
计划经济时期的个体经营者进化为能够对各种生产要素进行综合配置的现代
企业家,而作为具有大量连续交易特点且有以国家为背景的严格的制度保障
的资本市场之完善在这一轨迹的形成过程中显然能扮演不可或缺的重要角
色。这主要是由于资本市场自身的运行特点与企业家资源所特有的性质有着
天然的契合性,主要体现在以下方面:①资本市场自发地向企业家发送激活的
信号,激发企业家资源显化,使得具备企业家才能者通过资本市场运作获得更
直接地经营管理风险的锻炼与更丰厚的回报激励。②企业通过上市经营,能够
通过资本市场适度信息披露机制接受有效的监督,并把企业的运行与管理纳入
到国家相关部门的监管之下,这些有利于企业建立科学、合理、规范的企业制
度,并能够促进归属明确、权责分明的现代产权制度的形成,在此基础上提高企
业家队伍自身的经营与管理的素质。③作为企业综合性的生产要素优化合理
配置举足轻重的平台,资本市场这一融资的直接手段可以为企业提供较银行融
资更加高效的资金融通,而且对企业家的激励和约束效果更加显著。④资本市
场中大量的投资者按市场经济原则来评价、甄选和预期产品、项目和企业及其
价值,由此产生的延绵不绝的信息流是其他所有的评估系统难以与之相匹配
的,因此,企业家资源将通过这一完善的评估机制与平台获得内生性的拓展。

三、资本市场发展促进企业家资源拓展的机理研究

如前所述，企业家资源不同于一般能力单一的劳动力资本，其特殊性在于能够对一揽子生产要素进行优化合理配置，对市场信息进行整合，利用商机并创造商机，实现企业利润的最大化。而资本市场中所进行的大量、连续性的交易，恰恰为企业家做出决策提供了有效的参考，为企业家发挥其要素整合的能力提供了良好的环境，所形成的信息流为企业家的动态评估提供了高效的平台，这是任何其他方式所无法替代的。另一方面，资本市场自身的运作机制与法规要求，对企业家的作为也形成了适当的约束，一定程度上保证了企业家资源拓展朝着积极与良性的方向进行。因此本部分着重从资本市场对企业家在激励和约束两方面分析二者互动机理。

（一）资本市场对企业家资源的激励机制分析

1. 融资效率

通过资本市场进行直接融资，企业家可以获得比银行信贷效率更高的资金融通。银行作为独立的营利性的金融机构，其追求利润最大化的性质决定了通过银行进行间接融资将产生较高的融资成本。银行追求的是低风险与高回报，除设定相对较高的贷款利率以外，银行还主观地对融资对象进行筛选与限制。这难免会增加企业家作为融资执行者与指挥者的融资成本。银行一般通过对信贷进行配额而非按照信贷需求者的经济状况来确定价格，在这个方面，美国经济学家斯蒂格利茨和维斯（Stiglits & Weis,1981）作出了深刻的分析。"信贷配给"的存在说明，银行不仅要识别企业家，还要对企业家的投资行为进行评估；不仅要对企业家自身进行详细的了解以降低信用风险，而且要尽量控制信贷资金不要用到高风险的项目中。因此，银行制度对企业家才能显化的激励作用是相当有限的。

与间接融资相比，企业家通过资本市场进行直接融资具有以下特点：①资本市场的出现降低了融资的风险，有利于企业家经营活动的进行；②资本市场将资本所有者和经营者分别按照不同类型区别开来，显著改善资本的配置效率的同时对企业家起到了甄别作用；③资本市场自动将投资者与企业家对接起来。进一步地，从成本与要素配置效率的视角看待资本市场融资，可以发现以下优势：①上市融资将投资者的利益与公司自身发展紧密结合，公司无需支付利息即可获得大规模融资，而间接融资则需支付利息费用；②由于投资者与企业利益绑定，且受到资本市场信息披露以及来自于股东激励措施的压力，企业家势必会在激烈的要素市场竞争中提高资本利用效率，即资本市场对企

家的激励效果更加显著;③资本市场自身的特点以及制度约束使得资本供需双方之间信息对称性更强,市值等一系列价格指标能够充分发挥参考作用,从而促使资金更快更准确地流向资金需求方,相比间接融资节省了时间成本且在相当程度上降低了资本无效配置的几率。因而及时有效的资金流获取可提升上市企业人均资本拥有量,为企业的要素结构优化与技术升级提供了基础,进而推动了企业规模内生性扩大,实现良性循环。

2. 管理效率

(1)企业拥有者与企业管理者的交易费用降低

随着企业规模的不断扩大,其通过引入经理人等手段使企业的所有权与经营权实现部分或完全分离,从而使企业家的要素优化配置能力因企业家内部分工深化而获得提升。与此同时,它也伴生着交易费用的相应上升,使企业发生"内部人控制"的风险增加。而企业通过上市规范运作则能实现产权明晰化与管理制度化,从而明确股东与经理人的权责与行为边界,使双方的违约成本大幅上升,交易费用下降,有利于其开展长期且更具保障的合作博弈,由此进一步推动企业家资源的拓展与分工演进,有效推动现代企业制度、公司治理结构的形成。

对于经理人,即管理要素提供方而言,其凭借学历与工作履历向市场发送信号,以获得进入某一企业发挥才能的机会,而其初始议价能力主要由其"信号"的强弱决定。在参与企业的经营管理时,经理人基于"干中学"而获得知识与管理经验的积累。随着其管理的一揽子要素资源的不断丰富,经理人的才能可以通过日复一日的"干中学"的效应获得与普通技术工人成长所不同的加速上升,从而突破"学习曲线"的原有内涵,使其从一般劳动技能通过"干中学"获得技能增进,上升到企业家一揽子要素配置能力提升的层次。随着经理人"干中学"绩效的不断提升,其对不确定市场所具有的风险的判断与驾驭能力也会显著地升级。经理人的才能可通过财务指标、上市企业市值等在事后予以估计与反映,这也是管理要素供需双方动态议价的依据所在。但企业经营管理的最终成果并不能仅仅通过财务分析与结算来准确与定量地反映出来,而通过对市场交易数量与规模的统计则能更准确、及时地对企业经营状况予以反映,这是资本市场之于企业所特有的评估与评价特点。企业市值的特点在于其基于大量、连续、竞争的交易而形成,因此可以作为企业家自身才能、经营努力程度及未来的经营潜力的动态评估信息流,从而能够多角度、全方位、综合性地反映所有权与控制权各拥有方的企业家才能大小,尤其是反映其对一揽子要素资源优化配置的能力。在经营管理中,部分经理人因管理绩效不佳而退出企业或经理人市场,而管理绩效出众者则基于"使用者剩余"增加而获得议价能力提升,此时经市场不断甄选与激励而产生的优秀经理人获得资源配置效率的增进,其所管理企业的生产效率提高,要素实际报酬递增,使得企业家资源分工演进所致的一揽子要素配置效率进一步提高。

而对于企业股东,即管理要素的需求方而言,其选择经理人的决策取决于其对未来经理人的企业家才能的预期与价值观认同等因素的判断。股东"用手投票"决定经理人的任免,并通过提供股份与期权激励等吸引优秀管理人才,这本质上就是使其拥有一定程度的剩余索取权但同时也与股东的利益绑定,承担相应风险。这使得其个人收益与所管理公司的长期收益同趋势变动,从而有效降低经理人作为剩余控制权拥有方的机会主义倾向与道德风险。此时,经理人与股东之间通过股份与期权等实现"激励相容",从而使经理人亦成为真正意义上的企业家,成为企业发展的内生变量。在经理人对企业进行专业化地控制与经营决策时,股东则主要对企业在行业、区域、商务流程等方面作出战略决策及其动态调整,从而使要素结构优化升级,资本的运作效率提高,使其资本增殖收益持续上升,该"上升"亦可通过企业市值的变化予以测度与反映。

因而资本市场的发展基于科学规范的现代企业制度建立及以市值为主的管理要素价格体系形成等,使得股东与经理人之间的交易费用有效降低,这一方面提升了企业家资源的丰度,促进企业家资源分工深化,使其企业家组合在熊彼特意义上的创新更加优化;另一方面促进了职业经理人市场的迅速发展与完善,而管理能力日益提升的职业经理层亦能推动企业的进一步发展,从而促进现代企业制度与公司治理结构的形成。

(2)资本拥有方与资本使用方之间交易费用的下降

除了前文对于资本使用方(具有融资需求的企业家)通过资本市场获得较银行融资(间接融资)更高效的资金融通外,对于资本拥有方而言,资本市场提高了其锁定投资目标的效率。资本市场管理体制的强化与交易制度的规范和易操作性,扩大了市场上资金提供者的范围和数量,激活了大批处于边缘的潜在投资者,其中包括个人投资者和机构投资者。以券商与证券交易所作为两个重要节点,投资者的资本要素可在场内场外实现不受时空局限的自由流动,而线上线下等交易形式的丰富,缩短了交易时间,促进了企业融资规模的扩大和资金流转效率的提升。而其"用脚投票"的行为选择主要由市值大小及股票的收益能力决定,这在一定程度上会加速上市企业的优胜劣汰,进一步促进资本市场的良性发展。

（3）资本使用方与技能要素拥有方之间的交易费用下降

技能要素具有专业性及难以定量测度的特点,这些问题的存在使得技术人才的供需双方在双向选择的时候存在较大的信息不对称,从而阻碍其技能要素的合理定价以及技术人才才能的充分发挥。而资本市场的发展,对技能要素供求双方交易费用下降的促进作用主要体现在以下几个方面:

①资本市场的发展在加速企业优胜劣汰的同时,也势必会加快技术人才在企业间流动的速度,这有利于在人才供需双方间建立竞争机制。竞争的强化一方面能够使技术要素需求方掌握更多人才信息,便于筛选符合自身发展的合适人才;另一方面使得技术要素供给方明确自身价值,有利于自我定位与提高,从而使双方的"利益边界"趋于合理。由此导致技术资本拥有方与货币资本使用方的预期逐步明晰,匹配效率提高,进而促使交易费用降低。

②通过资本市场融资而获得较快发展的企业,由于能组织更丰富的一揽子要素进行生产经营,可以为技术人才提供更加优越的发挥空间。技术人才的"干中学"绩效基于其"干中学"环境的优化而不断提升,其才能的边际报酬由此递增。

③资本市场的发展推动企业加速形成与提升其核心竞争力,而促进技术人才的成长与激励机制构建是其竞争力提升的关键所在。越来越多的企业开始关注对技术人才激励的"侧重性"与"实效性",即将研发激励的"前置"与"后置"、"固定"与"灵活"组合使用,使该激励机制带有"二元化"的结构特征,比如通过给予绩效提成、股票期权等激励方式,可对专业技术人才潜能的激发起到有效的激励,由此可引致技术研发的绩效大幅提升（张小蒂和曾可昕,2013）。

3. 要素配置效率

从传统生产函数的视角出发,劳动、资本和技术等要素的升级与优化配置,是引致生产率提高的重要原因。随着分工深化的推进,企业家通过"干中学"机制提升自身才能,增强对一揽子生产要素的配置效率,而资本市场在此过程中所起到的促进机理可以从劳动、资本和技术三个方面得到体现。在劳动要素方面,根据劳动要素主体的特点差异可分为以简单劳动为主的普通员工、以专业技术为主的技术人员和拥有综合知识结构与领导才能的企业家。其中企业家经营的成果与业绩可以通过资本市场反映出来,良好的企业运作可以收获较高的资产溢价,企业家通过员工参股与定期分红提升对员工的激励效果,这种将企业利益与员工利益绑定的方式有利于内在提高一般劳动要素的生产效率,从而进一步对企业家资源拓展实施激励,实现良性循环。在资本要素方面,资本市场的发展能够有效促进资本积累加快,优化要素结构。企业家通过上市公司的并购、重组等市场化运作,使得企业资产质量与资产结构持续优化,从而显著加强市场资源配置的效率。在技术要素方面,以高技术含量产品为主的企业家通过上市运作,能够从以下几个方面促进技术要素升级:①为研发投入与技术创新募集更广泛的资金,保障新技术的开发与升级;②使现有技术参与更高层次的竞争,通过市场回馈(研发—需求吻合度)与投资者预期检验技术的前景与市场地位;③通过资本市场提高技术产品的曝光度,为技术创新与优化创造更多机会。这三个层次的有机连接可以使企业能够在充分发挥自身的技术优势、资金优势与市场优势等基础上,准确搜寻与社会市场需求吻合度较高的相对领先的技术,进而提升研发效率。

(二)资本市场对企业家资源的约束机制分析

1."用手投票"的约束机制

前已述及,从交易费用降低的角度来看,资本市场对企业家(经理人)所产生的激励作用有利于其资源的拓展与能力的提升。而作为上市企业最高决策机构的股东大会,在拥有所有权并对企业的经营管理状况进行把控的同时,其效力也对企业家(经理人)实现了有效的约束,主要体现在以下方面:①经理人的目标报酬与其所掌握的控制权范围息息相关,股东大会以经理人的经营成果作为评判依据,决定给予其控制权范围的大小,有效刺激了经理人发挥与提升其才能;②经理人的薪酬激励机制由股东大会决定,有效的薪酬奖励机制保证了经理人的行为目的与上市企业所有者相一致;③上市企业在资本市场的表现反映了企业经营管理的成果和投资者对企业的预期,股东大会以此为依据可以与经理人及时沟通调整经营战略,并有效施压,促使经理人带领企业在市场竞争日趋激烈的环境中脱颖而出,从而实现企业与经理人的双赢,在这个过程中企业家资源实现了拓展与才能的提升。

2."用脚投票"的约束机制

"用脚投票"指的是投资者根据资本市场上目标企业股票价格的波动作出相应的买入与抛售决策,这种行为所导致的直接影响是企业市值的变动。不论是股东还是资本市场中的各类投资者,都逐渐地将市值最大化作为参照的标准来评价企业的综合实力,进而区分企业家团队经营才能的优劣。通过市值所反映出的公司品牌效应与信誉形象,将从企业家内在形成鞭策机制,这种资本市场所特有的对企业家才能的持续性评估与企业家资源拓展的内生增进机制,是其他任何平台所无法比拟的。

"用手投票"与"用脚投票"两套机制有机结合,对企业家的约束机制形成了一个由上至下、由外向内的闭合回路,有效保证了企业家资源向着有利于资源配置效率提高的方向发展,不仅反作用于资本市场使其良性发展,而且扩大了市场规模,推动了动态比较优势的增进。

第二节　资本市场与企业家资源互动对比较优势影响的实证

一、基于中国 29 省市面板数据的实证

(一)模型设定与数据介绍

1. 模型设定的理论思路

传统的 C-D 生产函数如下:

$$Y = A(t)L^{\alpha}K^{\beta}\mu \tag{7.1}$$

模型中,L 代表劳动投入,K 代表资本投入。假定模型中无企业家才能的存在,显示为规模报酬不变,即 $\alpha + \beta = 1$。根据卢卡斯人力资本模型,企业家才能不同于一般劳动力要素,其特殊性在于对一揽子生产要素进行综合配置的能力,且考虑到纯劳动力要素的特点与企业家特点不符,因此将企业家这一特殊要素从传统的劳动力要素中剔除,并将企业家资源纳入到生产函数中进行考量。在此基础上,由于需要考察资本市场与企业家资源的互动对于经济增长的贡献,可构建形如方程(7.2)的生产函数模型。

$$Y = A(t)L^{\alpha}K^{\beta}E^{\gamma_0 + \gamma_1 x}\mu \tag{7.2}$$

其中,L 为剔除企业家要素之后的劳动力投入,E 代表企业家要素,x 作为企业家资要素产出弹性系数的一部分,可选择相关的资本市场发展指标对其进行测度,从而使得模型符合现代经济学理论的观点。

2. 模型参数介绍与分析

前已述及,市场规模在比较优势动态增进与企业家资源拓展之间起到重要的纽带作用,在一定程度上能够体现比较优势增进的状况,因此在生产函数基础上构建的模型中,将度量"市场规模"的变量作为模型的因变量,本研究在分析前人文献并比较各自适宜程度的基础上,选择了"GDP"、"人均可支配收入"、"城乡居民年末储蓄额"以及"社会消费品零售总额"四个指标来综合度量社会经济总规模,通过其来反映与间接测度比较优势的增进程度。GDP 指标的最大特点在于其与经济市场规模变动趋势是同方向的,同时其也是国民经济核算中所采用的重要的宏观经济指标。但是如果从所投入的各种生产要素在所研究范围外部的回报视角来分析,"GDP"则对"市场规模"的解释力就略

显不足。为了弥补 GDP 指标的解释力不足问题，并体现出 Young(1928)所指出的购买力在测度市场规模方面的优势，本研究选择人均可支配收入来反映居民的实际购买力，用人均消费品零售额反映已实现的社会购买力，而用城乡居民年末储蓄额反映各地区居民的潜在购买力。不仅如此，还应注意到，由于中国各地区交通、资金、商品之间流动的成本的存在以及各地区之间各方面的差异性，将会使得部分企业家因为所在区域的自然资源、资金、市场以及劳动力等相关要素的缺乏或者较差等原因而离开本土到其他地区进行经营，而这种企业家在省际与国际之间的流动虽然会致使对其原本所在地国内生产总值这项指标的低估，但其在外地实现的资金回流(如将资金汇回家人所在地)却可在其原本所在地的"储蓄"等表示财富存量的指标中得到一定的反映，因此，"居民储蓄量"这一指标能够在一定程度上弥补由于企业家在省际与国际之间流动所产生的与计量有关的结果上的扭曲。本研究利用上述四个指标中的"GDP"、"人均可支配收入"、"城乡居民年末储蓄额"作为具有"流量"性质的收入评估指标，通过"人均储蓄量"作为具有存量性质的财富估计指标。其中，"居民的可支配收入"这一指标进一步地用不同性质地区(城镇与农村)的可支配收入统计数据的加权平均值来估计测算，所赋予的权重为不同性质地区居民占被统计地区总人口的比重。将上述四个指标进行平行比较与分析，并将其作为市场规模的估计指标进行综合对比分析，能够使得所得结论可更为平稳与可信。

在本研究所使用的生产函数的框架下，选择各省市年末资本形成总额测度生产中所投入的资本要素。模型中的劳动投入指标用各省市年末就业人口总数减去该地区私营企业数来度量。由于本研究将企业家作为一类特殊人力资本要素进行研究，因此不同于传统的研究中将其作为劳动力的一部分进行考察，我们主要强调企业家的对一揽子要素综合配置的能力，这有别于一般的劳动力，因此模型中的劳动力因素中不包括企业家要素，将其从总劳动力中剔除，将企业家这类特殊的人力资本分离出来作为一个单独的解释变量。在度量企业家要素时，本研究选择了该地区万人私营企业数与该地区万人 A 股市值两个指标。万人私营企业数从"量"上来测度企业家资源，这是因为中国经济发展的内生动力源已经成为中小企业群体，中国经济的特色决定了民营经济的贡献是不可或缺的。民营企业家群体是中国市场经济中的活力与动力所在，其创新方式的独特与变化同熊彼得意义上的企业家的传统概念更加契合。万人 A 股市值从"绩效"的层面反映企业家要素的综合经营领导能力。主要原因有两方面：一方面，某个区域内具有一定规模优势的企业的经营者往往能通过其卓越的才能与鲜明的经营业绩对该地区内其他经营者起到较好的"示范"与"传播"效应,从而带动这一地区整体生产效率与技术创新的提升,因此这类企业的经营管理效果能够较好地反映这一地区的发展情况;另一方面,"半隐性"(即为完全显化)的企业家资源之经营的最终成果需要通过市场检验以后的统计数据来评估,而以巨额、不间断的竞争性交易为基础的上市企业市值可以作为经营者的综合素质、经营预期的动态评估信息流,从而能够更加全方位的测度企业家才能。在测度资本市场方面,本研究引入结构性指标"股票市场融资额－固定资产投资额比率",用其测度资本市场融资在资本形成中的份额,反映资本市场的重要地位。值得指出的是,虽然更多的研究指出证券化率是反映资本市场在宏观经济中地位的重要指标,但是由于中国资本市场的发展仍不成熟,因此受国际经济形势影响较大,从数据上看呈现较大的波动,尤其是牛市与金融危机的交替在中国 GDP 稳步增长的情况下增强了中国各省市证券化率的波动性。相比较而言,"股票市场融资额－固定资产投资额比率"指标更为稳定,而且从资本市场内部结构角度进行测度,在分析资本市场内在机制与企业家之间互动方面更有说服力。

根据上述分析,具体模型设定如下:

$$Y_{jit} = A(t)K_t^\alpha L_t^{1-\alpha} E_{hit}^{\beta_0 + \beta_1 x_{it}} \mu_{it} \tag{7.3}$$

方程(7.3)两边均除以劳动力项化成人均形式,并取对数后得到

$$\ln Y_{jit} = \ln A + \alpha \ln K_t + \beta_0 \ln E_{hit} + \beta_1 x_{it} \ln E_{hit} + \mu_{it} \tag{7.4}$$

方程中 Y_{jit} 代表各类经济总量的人均值,其中 $i=1,2,3,4$,分别代表人均 GDP(记为 gdp)、人均可支配收入(记为 inc)、城乡居民人均年末储蓄额(记为 sav)和人均社会消费品生产总额(记为 $cons$)。k 表示年末资本形成总额的人均值。E 代表企业家资源测度指标,$h=1,2$,分别代表该地区万人企业家数目和该地区万人 A 股市值。x 表示:"股票市场融资额－固定资产投资额比率",其计算公式如下式,其中 μ_{it} 为误差项:

$$x = \frac{i \text{ 地区 } t \text{ 年股票市场融资额}}{i \text{ 地区 } t \text{ 年固定资产投资额}}$$

3. 数据介绍

模型中所使用的统计数据是全国 29 省市(不含港澳台地区)在 1993—2012 年时间跨度的面板数据,其中西藏地区由于原始统计结果的不完全而予以提出,重庆市因考虑时间上的特殊性所致的数据准确性与可得性而被纳入四川省范围内进行测度。由于数据不完整以及 IPO 暂停对股市相关数据产

生一定影响等因素,考察的数据中未包括 2013 年[1]。

(二)实证结果与分析

1. 回归数据的单位根检验

此处通过 stata 统计学软件,利用 IPS 方法对取对数后的回归数据进行单位根检验,结果如表 7.1 所示。

表 7.1　单位根检验结果

	$\ln gdp$	$\ln inc$	$\ln sav$	$\ln cons$	$\ln k$	$\ln E$	x
Statistic	12.1924	15.8038	8.4456	14.7045	11.6293	1.5838	−6.2808
p-value	1	1	1	1	1	0.9434	0

从检验结果看出,除了"股票市场融资额－固定资产投资额比率"这一项平稳外,其余回归数据的单位根检验均显示不平稳。对除 x 以外的回归项进行一阶差分处理,公式为:

$$\mathrm{d}X_t = X_t - X_{t-1} \tag{7.5}$$

其中,X_t 表示回归项的 t 年数据,X_{t-2} 表示该回归项的 $t-1$ 年数据。差分后通过 IPS 方法检验,结果如表 7.2 所示。检验结果显示平稳。

表 7.2　数据差分后 IPS 检验结果

	$\mathrm{d}\ln gdp$	$\mathrm{d}\ln inc$	$\mathrm{d}\ln sav$	$\mathrm{d}\ln cons$	$\mathrm{d}\ln k$	$\mathrm{d}\ln E$
Statistic	−6.2387	−13.6117	−8.3288	−4.7122	−5.2698	−12.4878
p-value	0	0	0	0	0	0

(2)OLS 回归中的异方差检验

由于所用数据为省份数据,而影响各省份经济变量的干扰因素可能存在差异,因此要对其检验异方差,用 White 检验对上述 8 个市场规模与企业家资源度量指标不同的方程进行异方差检验,在利用 OLS 进行回归分析中发现存在异方差,检验结果如表 7.3 所示。从图表结果可知,原同方差假设被拒绝,个回归方程均存在异方差,因此通过 WLS(加权最小二乘法)方法,随即以扰动项的协方差矩阵作为 WLS 的权重矩阵进行回归处理。

---

[1]　以上各指标数据主要来源于历年《中国统计年鉴》、《中国私营经济年鉴》、《中国人口与就业统计年鉴》、相关年份各省统计年鉴、国家统计局网站及 Wind 数据库。

表 7.3 White 检验结果 1

Equation	equation $i=1(gdp)$		equation $i=2(inc)$	
h value	$h=1$	$h=2$	$h=1$	$h=2$
chi2(9)	76.99	30.05	79.97	33.63
Prob>chi2	0	0.0004	0	0.0002
Equation	equation $i=3(sav)$		equation $i=4(cons)$	
h value	$h=1$	$h=2$	$h=1$	$h=2$
chi2(9)	418.81	35.17	47.59	29.68
Prob>chi2	0	0.0001	0	0.0005

（3）WLS 回归结果

中国 29 省市 1993—2012 年生产函数的回归结果如表 7.4 所示。

表 7.4 中国 29 省市 1993—2012 年生产函数的回归结果

被解释变量	gdp		inc	
	$h=2$ (4)	$h=1$ (1)	$h=2$ (2)	$h=1$ (3)
$\ln k$	0.716***	0.836***	0.378***	0.531***
	(51.08)	(116.84)	(16.32)	(46.34)
$\ln E$	0.117***	0.003***	0.165***	0.015***
	(10.17)	(3.36)	(8.88)	(7.09)
$x\ln E$	0.138***	0.077***	−0.025	0.011
	(4.35)	(5.87)	(−0.46)	(0.50)
adj. R^2	0.9756	0.972	0.848	0.8416
被解释变量	sav		$cons$	
	$h=1$ (5)	$h=2$ (6)	$h=1$ (7)	$h=2$ (8)
$\ln k$	0.576***	0.876***	0.706***	0.827***
	(24.35)	(64.28)	(28.56)	(65.03)
$\ln E$	0.304***	0.018***	0.113***	0.004*
	(15.30)	(5.12)	(5.59)	(1.31)
$x\ln E$	0.240***	0.137***	0.244***	0.114***
	(5.81)	(7.33)	(4.09)	(4.78)
adj. R^2	0.9363	0.9127	0.9082	0.9031

注：①*、**、*** 分别表示在 0.01、0.05 和 0.1 的显著性水平下拒绝原假设，括号内为 t 值；②各模型的各变量观测数均为 580 个。

由表 7.4 可知,各个回归模型具有较高的拟合优度,且除模型(3)与(4)的 $xlnE$ 项外,其余各解释变量均通过不同水平下的显著性检验。结果可以说明:①资本变量可提高人均劳动生产率;②企业家在数量与绩效两个方面的拓展可从收入、消费、财富等不同方面促进市场规模扩大,并且提升经济的产出效率;③在资本市场发展的过程中,资本市场与企业家之间的互动能够从收入、消费、财富等不同方面促进市场规模扩大,进而提升经济生产率。上述结果验证了企业家资源拓展与资本市场发展之间的互动可显著促进比较优势的内生增进。

从模型内部进行比较来看,在各项均显著的模型中,模型(1)、(2)、(6)、(7)、(8)的 $xlnE$ 弹性系数均大于 lnE 的弹性系数,这说明企业家通过与资本市场互动提升自身能力将对生产率产生更显著的影响。企业家作为一揽子生产要素的综合优化配置者,能够通过在资本市场里产生的大量交易信息和市场信息锻炼捕捉以及利用商机的能力,在多种生产要素的有机组合与调整试错中实现各类资源的动态优化协同。另外,资本市场能够为企业家技术创新指明方向,技术与产品具有较强创新性与生命力的企业能够在市值上良好地反映出其发展前景,同时其业绩支撑亦成为投资者做出投资决策的重要依据,这对于企业家灵活调整技术创新的方向和节奏,提高"干中学"的效率与绩效具有重要意义。

从模型间进行比较可以发现以下两点:①在衡量"市场规模"的各个指标中,"企业家资源"对 inc 与 sav 这两个被解释变量的影响系数较显著,这表明企业家资源的拓展能够有效促进该地区居民财富增量与存量的提升;②在衡量市场规模的各指标中,企业家资源与资本市场的互动效应对 sav 与 $cons$ 的影响系数较大,这表明企业家才能从质的提升所导致的企业业绩提升与市场对企业预期的提高能够通过资本市场传递到宏观经济中。企业业绩的提高不仅提升了各类员工的薪酬所得,同时也给予各类投资者以分红收益,进而促进市场规模的扩大,这在实际购买力(sav)与已经实现的购买力($cons$)两方面均得到体现。上述分析不仅可以说明"富民效应"通过企业家资源的拓展得以产生,而且说明了企业家与资本市场之间的良性互动进一步强化了这一效应。

对含不同衡量企业家资源指标的模型进行比较可以发现,以万人私营企业数衡量企业家资源的 lnE 与 $xlnE$ 弹性系数,均大于以万人 A 股市值衡量企业家模型下的弹性系数。这可以通过证券化率在不同地区的显著差异进行说明。对于证券化程度较低的省份,通过万人 A 股市值测度其企业家资源可能存在一定的误差,并且该类地区通常上市企业数目较少,资本市场与企业家的互动对经济产生的影响较其他省份弱。万人私营企业数这一指标主要从数量上测度某一地区企业家的广度。虽然由于数据获取困难的原因并未区分上市与非上市的私营企业,即未从资本市场对企业家的直接影响与间接影响上进行分类,但考虑到私营企业这一指标本身在中国目前的企业构成中占大多数,在目前市场经济初期的阶段中具有较强代表性,故以其估计企业家资源拓展与资本市场的互动对于动态比较优势增进的影响具有较好的解释效果。

二、基于中国 29 省市于资本市场发展不同阶段面板数据的实证

上述研究从 20 年一个完整的时间段上说明了资本市场与企业家的互动可以明显促进市场规模的扩大与动态比较优势的增进。然而,随着外部制度环境的变迁,中国资本市场自身的各方面发生了较大变化,其发展呈现比较明显的阶段性[1]。由于中国资本市场各个阶段的完善程度不尽相同,因此其发展对企业家资源拓展促进的效果存在一定程度上的差异性。因此单从整个时间序列上探讨二者的互动以及对于市场规模扩大和比较优势的内生增进难免存在疏漏。外部制度环境的变化对资本市场发展与企业家资源拓展的互动是否具有影响?该互动在不同阶段的差异性对市场规模的影响程度如何?本研究将通过进一步的实证分析揭示制度环境变迁所导致的资本市场内部变化对企业家资源拓展促进效果的差异。

(一)模型设定与数据

1.模型背景介绍

中国于 2001 年加入世界贸易组织(The World Trade Organization, WTO)后,政府一直致力于实现国内资本市场的对外开放,这不仅适应了经济全球化的潮流,同时也是置身于 WTO 中的中国自身经济发展的需要。从这个角度来看,中国资本市场自建立以来,一直处于相对封闭的运行状态,A 股市场不对外国的各类投资者开放。这种状态一直持续到 QFII[2] 制度于 2002 年 12 月被引入 A 股市场。该制度的引入意味着国家有条件地允许部分国外机构投资者参与到中国的 A 股交易市场,很明显,这是中国资本市场走

---

〔1〕 证监会 2008 年出版的《中国资本市场发展报告》从监管部门设立与法律出台的角度,将资本市场发展分为 1978—1992 年(以改革开放为始端并伴随股份制改革的深入)、1993—1998 年(以证监会成立为标志)、1998 年以后(以证券法实施为标志)三个阶段。

〔2〕 QFII(Qualified Foreign Institutional Investors),合格的境外机构投资者的简称,是指外国专业投资机构到境内投资的资格认定制度,国家允许通过资格认证的境外投资者进入 A 股市场进行股票交易。

向开放的一个显著标志。2003 年以来，中国对 QFII 审批的额度逐步增加，合格的境外投资企业数量也逐年递增，如表 7.5 所示。

表 7.5　2003—2012 中国 QFII 额度与企业数目统计

时间	QFII 累计额度（亿美元）	增长率（%）	QFII 数（家）	新增数目（家）
2003	17	—	12	12
2004	34.75	104.4	26	14
2005	56.95	63.9	33	7
2006	90.95	59.7	51	18
2007	100.45	10.4	51	0
2008	134.43	33.8	74	23
2009	166.7	24.0	93	19
2010	197.2	18.3	106	13
2011	211.4	7.2	121	15
2012	374.43	77.1	193	72

数据来源：中国证监会、国家外汇管理局统计数据

以适应外部制度环境变化从而实现自身发展为目的，中国资本市场在发展的过程中不仅提高了开放程度，而且从自身内部进行了一系列调整与规范，尤其是各项法规条例的出台与对现有法律的完善，使得中国资本市场走入了规范化、法制化发展的初级阶段。政府从制度层面着手解决中国市场在成立之初所存在的市场规模偏小、结构性缺陷突出、发展仍不够规范等一系列问题[1]。进一步地，国务院通过发布"国九条"[2]，着力解决股权分置改革与证券公司综合治理等困扰中国资本市场多年的历史遗留问题，这使得上市公司一定程度上摆脱了中国资本市场成立之初存在的诸多制度缺陷，从根源上完善了中国资本市场运行的制度保障。在此基础上，国家于 2005 年对《公司法》和《证券法》做了全面修订，进而开辟了多种不同的资金进入资本市场的渠道，大力鼓励市场创新，并且对不利于资本市场发展的限定性规则作了适当的调整。与此同时，证券监管部门还专门出台了一系列法律法规，旨在提高上市公司的运作效率，改善上市公司资产质量。

在中国资本市场所处的制度环境从外部向内部的变化过程中，一方面，市

---

[1]　从 2000 年起开始持续的熊市行情正是对中国资本市场中所暴露出的问题的集中反映，该事件的发生也是本书对于资本市场发展阶段进行划分的依据之一。

[2]　全称为《关于推进资本市场改革开放和稳定发展的若干意见》，2004 年 2 月发布。

场内的股市流通市值[1]呈现跨越式增长,2006 年与 2007 年的增长率分别达到 135.22％和 272.21％,中国股票流通规模从而进了一个新阶段,如图 7.3 所示;另一方面,投资者队伍在数量与结构层次上均较以往有所提升,如图 7.4 所示。从 2008 年开始,机构投资者比例超过 50％,这种投资者结构从个人占优向机构占优的变化对整个 A 股市场的融资资金来源具有重要的影响,不仅能够强化股票市场引导市场在微观、中观与宏观层面上预期的作用,同时也创造出更多且更有价值的市场信息,一定程度上为企业家资源的拓展营造了更加有利的环境。

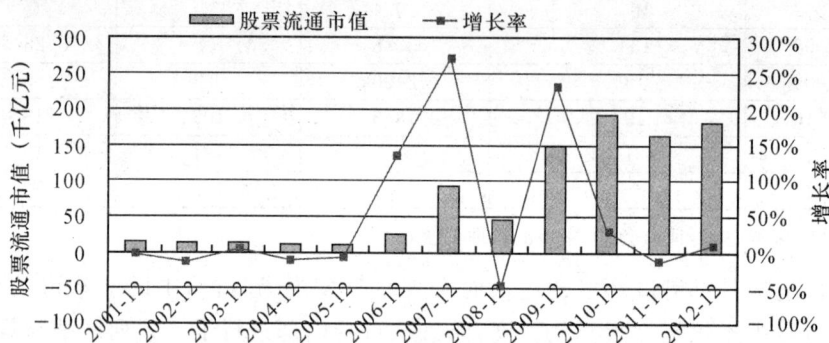

图 7.3　中国 2001—2012 年股票流通市值与增长率

数据来源:Wind 数据库

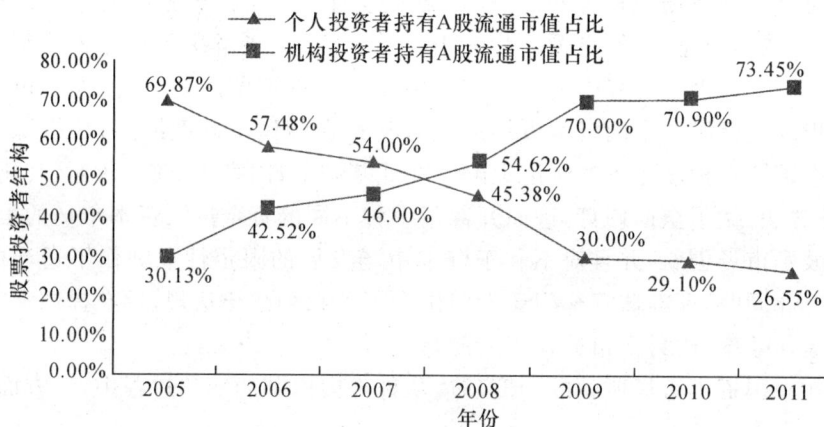

图 7.4　2005—2011 中国股市投资者结构变化

数据来源:Wind 数据库

---

〔1〕 流通市值＝某特定时间内当时可交易的流通股股数×当时股价,反映了股票市场的容量与资金活跃度。

从上述分析中可以看出，外部制度改革引致了中国资本市场的内外阶段性变化。因此，本节以中国加入 WTO 后的第二年（2003 年）为分界点，将中国资本市场 20 年的发展历程分为两个阶段，旨在从资本市场发展程度的不同阶段考察企业家与资本市场的互动对于动态比较优势促进的差异性。

2. 模型设定与数据介绍

在上述背景分析的基础上，将资本市场的发展分为 1993—2002 与 2003—2012 两个阶段。通过在方程(7.1)中引入虚拟变量 D_p 来测度时间段。具体模型设定如下：

$$\ln y_{jit} = \ln A + \alpha \ln k_t + \beta_0 \ln E_{hit} + \beta_1 x_{it} \ln E_{hit} + \beta_2 D_p x_{it} \ln E_{hit} \qquad (7.6)$$

其中，$p=1,2$。当 i 为 1993—2002 中的年份数值时，$p=1$；当 i 为 2003—2012 中的年份数值时，$p=2$。其余各参数的设定与方程(7.1)相同。

模型中的数据样本为全国 29 省市 1993 至 2012 年的面板数据，选取的依据与模型(1)相同[1]。

（二）实证结果与分析

1. 数据的异方差分析

由于数据进行一阶差分后平稳，故只进行异方差的检验。通过 White 检验对上述 8 个市场规模与企业家资源度量指标不同的方程进行异方差检验，在利用 OLS 进行回归分析中发现存在异方差，检验结果如表 7.6 所示。从图表结果可知原同方差假设被拒绝，个回归方程均存在异方差，因此通过 WLS（加权最小二乘法）方法，并以随即扰动项的协方差矩阵作为 WLS 的权重矩阵进行回归处理。

表 7.6　White 检验结果 2

Equation	equation $i=1(gdp)$		equation $i=2(inc)$	
h value	$h=1$	$h=2$	$h=1$	$h=2$
chi2(9)	84.13	36.98	103.59	51.6
Prob>chi2	0	0.0004	0	0
Equation	equation $i=3(sav)$		equation $i=4(cons)$	
h value	$h=1$	$h=2$	$h=1$	$h=2$
chi2(9)	419.57	40.14	47.2	30.73
Prob>chi2	0	0.0001	0	0.0037

---

[1]　各指标数据主要来源于历年《中国统计年鉴》、《中国私营经济年鉴》、《中国人口与就业统计年鉴》、相关年份各省统计年鉴、国家统计局网站及 Wind 数据库。

2. WLS 回归结果

加入虚拟变量后,中国 29 省市 1993—2012 年生产函数的回归结果如表 7.7 所示。上述回归结果表明,各回归模型的拟合优度均较好,且除模型(3)

表 7.7　中国 29 省市 1993—2012 年生产函数按资本市场发展不同阶段的回归结果

被解释变量	gdp		inc	
	$h=1(1)$	$h=2(2)$	$h=1(3)$	$h=2(4)$
ln$k$	0.699***	0.839***	0.351***	0.514***
	(46.33)	(102.03)	(16.05)	(45.03)
ln$E$	0.137***	0.002***	0.188***	0.019***
	(11.12)	(3.36)	(10.47)	(8.3)
$x$ln$E(\beta_1)$	0.041***	0.036*	−0.022	−0.248***
	(2.58)	(1.64)	(−6.02)	(−5.28)
dxln$E(\beta_2)$	0.085**	0.047***	0.025***	0.285***
	(1.96)	(2.58)	(7.10)	(5.9)
$\beta_1+\beta_2$	0.126	0.083	0.003	0.037
adj. R^2	0.9708	0.9652	0.8766	0.8655
被解释变量	sav		$cons$	
	$h=1(5)$	$h=2(6)$	$h=1(7)$	$h=2(8)$
ln$k$	0.534***	0.889***	0.698***	0.825***
	(21.63)	(63.92)	(29.22)	(76.21)
ln$E$	0.337***	0.014***	0.123***	0.002*
	(15.59)	(5.05)	(6.3)	(1.65)
$x$ln$E(\beta_1)$	0.155*	0.131**	0.085***	0.045***
	(1.65)	(2.26)	(3.49)	(3.97)
dxln$E(\beta_2)$	0.193***	0.159*	0.117**	0.069*
	(2.82)	(1.39)	(2.1)	(1.82)
$\beta_1+\beta_2$	0.348	0.29	0.202	0.114
adj. R^2	0.9179	0.9209	0.9279	0.9457

注:①*、**、***分别表示在 0.01、0.05 和 0.1 的显著性水平下拒绝原假设,括号内为 t 值;②各模型的各变量观测数均为 580 个。

的 $x\ln E$ 这一项以外，其余各解释变量均通过显著性检验。结果中各模型的 $\mathrm{d}x\ln E$ 项系数均为正值，这表明在资本市场发展的不同阶段，资本市场与企业家之间的互动对于生产率的影响是有差异的。在 2003—2012 年这个时间段中，资本市场在开放程度、规范程度、法律约束程度和参与者结构方面均较前 10 年有所提高，这进一步通过激励与约束两种不同的机制促进了企业家才能的提升，尤其是要素配置效率的提高，这使得企业与行业两个层面的分工进一步深化。值得指出的是，随着股权分置改革的深化，一定程度上改善了中国以往部分上市企业所有权与经营权未实现真正分离的历史遗留问题，这从企业家内部实现了分工的深化，提升了企业家"干中学"的效率，而股东大会与投资者双重的约束机制促则起到了"鞭笞"的作用，进一步促进了效率的提升。不仅如此，在(1)、(2)、(5)~(8)模型中，$\mathrm{d}x\ln E(\beta_2)$ 的弹性系数均高于 $x\ln E(\beta_1)$ 的弹性系数，这一定程度上说明了企业家才能的拓展与资本市场发展的互动性是十分显著的，资本市场的良性发展会提升企业家的参与积极性与才能的发挥，从而对经济的贡献率起到某种"加倍效应"。其原因主要在于资本市场尤其是股市对于企业家的评估与动态筛选的天然机制的存在。对于上市公司，其评价的最直观标准就是市值的高低与股票价格的反映，资本市场的规范程度越高、约束效果越强，该评估效应就越明显。而对于未上市企业中的大多数，都是以上市作为经营的最高目标，虽然此类企业家并未直接参与到资本市场的运作中，但是资本市场中所反映出的市场预期、行业动态与投资者偏好是他们所高度关注的。因此资本市场的良性发展是激发企业家精神，促进其才能提升的重要环节。模型(4)中 $x\ln E$ 项的系数为负值，从数据上看所反映的是在 1993—2012 年这一阶段中，资本市场与企业家的互动给经济增长率的提高带来了负效应，这在一定程度上反映了资本市场自身矛盾凸显，尤其是所导致的熊市的产生给投资者所带来的负面效应以及为市场预期所带来的消极影响。但是实际效应的正负仅仅通过这一个数值进行判断难免有失偏颇，原因有二：①从模型全面性上考虑，除模型(3)外的其他模型均从正向效应来体现资本市场发展不同阶段企业家资源拓展对于市场规模的影响；②同模型中 $\mathrm{d}x\ln E(\beta_2)$ 项为正值，且其绝对值大于 $x\ln E(\beta_1)$，二者之和为 0.037，这证明了企业家资源拓展与资本市场互动的总体效应会对生产率产生积极的贡献，其经济解释更加具有指导意义。因此笔者认为，该项反映了资本市场初级阶段不完善性的存在，但不能对本研究的结论产生影响。

第三节　基于制度变迁的资本市场发展与企业 家资源拓展的互动

以上实证研究分别从整体与分阶段的角度分析了资本市场与企业家的互动对于市场规模的扩大具有显著的促进作用,进一步验证了资本市场是实现企业家资源拓展与动态比较优势增进的互动的重要途径。将上述机理纳入中国资本市场发展的制度环境中,不免产生如下疑问:资本市场与企业家资源的互动机制如何在中国转型经济的制度变迁中体现? 市场化进程中的哪些方面能够反映机制的存在与变化? 资本市场的完善作为中国市场化改革的重要环节,其发展与市场化进程中的各个方面密切联系。因此可以认为,市场化改革的深化将推动资本市场的发展,于是构成了"资本市场发展—企业家资源拓展—市场化进程发展—进一步促进资本市场完善"的闭合回路。本章节通过对一系列相关的市场化指标进行分析,从市场化改革的实际出发,揭示制度环境对于资本市场发展与企业家资源拓展的重要作用。

一、企业家的资本市场绩效指标与市场化指数的相关性分析

前已述及,制度环境的改善不仅为资本市场的良性发展提供保障,同时也有机地促进了资本市场内部制度的完善与结构层次的优化,因此,制度环境的变化在相当程度上能够反映资本市场发展的程度与未来的方向。对于经济转型的中国而言,制度环境的变迁集中体现在市场化进程中的各个方面,从这个角度上看,相应的市场化指数不仅能够体现中国资本市场发展的内外环境,也在一定程度上反映了资本市场发展的现状。在分析市场化进程中各个方面的状况时,本书依据中国市场化指数报告(樊纲等,2011)[1]中所列出的相关市场化指数。

(一)指数分类依据

根据报告中对相关指数的解释,笔者从中分别挑选对企业家具有"激励"

---

〔1〕 该报告采用客观指标衡量 1997—2009 年各省区市场化改革的深度与广度,避免了把反映发展程度的变量与衡量市场体制的变量相混淆的问题,可提供一个分析和测度中国各地区市场化进程的全面稳定的框架。

和"约束"效应的指标各四个[1],来体现处于市场化经济中的资本市场发展对于企业家资源拓展的不同作用机制。选择上述八个指标体现激励与约束机制的原因主要有以下几点:①政府对企业干预的减少意味着市场更多地依靠"看不见的手"进行调节与资源配置,强化市场运作,这不仅有利于强化商品市场与要素市场(尤其是资本市场)的对接,而且符合国家目前宏观调控倡导的"能放则放,对关键环节进行把控"的宏观调控理念;②"4要素市场发育"、"4a1金融业竞争"和"4b引进外资程度"这三个指数直接针对资本市场,其中要素市场(主要是资本市场)发育指数一定程度上体现了资本市场的发展程度,竞争与外资引进能够反映资本市场的运作效率、开放程度与要素配置情况;③"5a中介市场发育度"衡量以律师和注册会计师为主体的法律与经济服务群体,一定程度上反映了一地区的经济约束力;④"5b对生产者合法权益保护"、"5c知识产权保护"和"5d消费者权益保护"分别从生产者(包含相当一部分企业家群体)、技术保护程度和消费者保护程度体现经济中的法律与道德约束力以及对于产权的保护程度,其中消费者群体中的相当一部分亦是资本市场重要的参与者,对于分析资本市场对于企业家的作用机制具有重要意义。应该指出,作为重要要素市场之一的资本市场与企业家的互动,之所以能够促进动态比较优势的增进,其关键环节在于企业家在上述双重机制作用下能够更好地发挥一揽子要素(资金、人力、技术、市场等)高效配置的能力,并且使得效率的提升显著高于经济中各项交易费用的增加,这是促进分工深化与市场扩大,进而实现动态比较优势增进的前提。因此研究如何通过增强资本市场的激励与约束效应、完善资本市场自身机制以降低交易费用是实现经济转型中的中国动态比较优势增进的关键。

(二)选择企业家绩效指标依据

本节选择企业家绩效指标(E_2),即各地区每万人中年末A股市值度量企业家经营绩效。其原因有两点:①地区内大型企业的经营者通常能够凭借有效的"干中学"对该地区内其他经营者起到有效的"榜样"与"带头"的激励,进而促进整个区域生产效率的提高;②资本市场中的交易金额巨大,且带有显著的连续性与竞争性,因此能够对企业家经营管理成果进行事后的评估,进而能够客观、全面地反映经营者尤其是具有一定规模程度的企业经营者的对于各

---

[1] 其中"激励性"指数包括"1c减少政府对企业干预"、"4要素市场发育"、"4a1金融业竞争"和"4b引进外资程度";"约束性"指数包括"5a中介市场发育度"、"5b对生产者合法权益保护"、"5c知识产权保护"和"5d消费者权益保护"。

类要素综合优化配置的能力。从上述分析中可以看出,这一指标的构建暗含了企业家自身才能拓展与资本市场发展规模变动的一致性这一假设,而该假设可以通过 E_2 与各地证券化率之间的相关性予以验证。

(三)斯皮尔曼相关性系数结果与分析

斯皮尔曼(Spearman)相关性系数的公式如下:

$$r_s = 1 - 6\sum_{i=1}^{n} d_i^2 / n(n^2 - 1) \qquad (7.7)$$

式中,n 代表将两个变量的观测值各自按照由小到大或由大至小的顺序进行排列,并分别给予 $1, 2, \cdots, n$ 个等级;d_i 表示两个变量相应观测值的等级之差。Spearman 等级相关系数的取值范围为 $-1 \sim +1$,其绝对值越大,代表这两个变量彼此之间的相关程度越大;其绝对值越小,表示两个变量之间的相关程度越小。E_2 与各项目之间的斯皮尔曼相关性系数结果如表 7.8 所示。

表 7.8 企业家绩效指标与证券化率、市场化指数的斯皮尔曼相关性分析结果

分类	项目名称	1999	2005(a)	2007	2009(b)	变化率 $(b-a)/a$(%)
总指标	证券化率	0.698**	0.677**	0.726**	0.843**	26.39%
	市场化进程总得分	0.393*	0.632**	0.549**	0.517**	-18.20%
激励性市场化指数	1c 减少政府对企业干预	0.342	0.479**	0.562**	0.589**	22.96%
	4 要素市场发育	0.564**	0.534**	0.558**	0.553**	3.56%
	4a1 金融业竞争	0.395*	0.424*	0.394*	0.465*	9.67%
	4b 引进外资程度	0.61**	0.638**	0.598**	0.545**	-14.58%
约束性市场化指数	5a 中介市场发育度	0.593**	0.857**	0.679**	0.643**	-24.97%
	5b 对生产者合法权益保护	0.541**	0.605**	0.61**	0.459*	-24.13%
	5c 知识产权保护	0.635**	0.678**	0.513**	0.571**	-15.78%
	5d 消费者权益保护	0.413*	0.564**	0.345	0.317	-43.79%

注:*、**、*** 分别表示在 0.01、0.05 和 0.1 的显著性水平下拒绝原假设,括号内为 t 值。

结果表明,大部分相关系数大于 0.5 且在不同显著性水平下拒绝原假设,说明 E_2 与各项目之间存在较强的正相关关系。其中 E_2 与证券化率之间的相关性系数均在 0.6 以上,具有很强的显著性,这验证了 E_2 与资本市场发展

规模之间变化的一致性,同时也证明了资本市场对企业家经营绩效的促进作用。在各市场化指数方面,1999—2009 年部分市场化指数与 E_2 的相关系数随着资本市场内外环境的改善而在一定程度上有所提升,但近年来增幅递减,尤其是总指数、各项"约束性"指标与 E_2 的相关系数均呈"上升—略微下降"的趋势性特征,这反映出中国经济在转型中虽取得一定的成果,但是在外资的引进与利用、法律与监管的完善方面略有放松,进而可能对经济转型产生一定的阻力。总指数与 E_2 之间的相关性的递减一定程度上说明了虽然各方面改革所取得了一定的进展,但随着制度上更加根源性的问题的逐渐明晰而被削弱。在约束性指标中,"消费者权益保护"与 E_2 的相关系数降幅最大,表明中国近年来对于消费者权益的保护存在一定的漏洞。王勤(2010)通过对投资者实际收益率与社会资本收益率的比较已经证实了这点。对于资本市场而言,消费者亦是投资者,中国资本市场对于投资者的保护不足是阻碍资本市场约束机制发挥作用的重要原因之一。2009 年"引进外资程度"与 E_2 的相关系数相对于 2005 年下降了 14.58%,这在一定程度上受到始于 2008 年的金融危机所引起的资本全球流动减缓的影响,但同时也反映出了外资在流向与利用程度方面的问题,尤其是在融资与资金分配方面起到重要作用的资本市场对于外资的吸收与利用的不畅通,对于市场经济运行将产生较大影响,反映了中国对于外资引进与利用方面制度改革的滞后。2009 年"中介市场发育度"与的 E_2 相关系数较 2003 年下降 24.97%,表明律师与注册会计师等中介性从业人员分别在"质"与"量"上存在不足。同期"对生产者合法权益保护"与"知识产权保护"分别下降 24.13% 和 15.78%,这反映出对于保证企业家参与市场竞争的合法地位以及技术外溢性的定性与控制的力度方面仍有松懈,这对于企业家进行准确的市场分析与定位以及实现技术创新的动力均将产生一定的影响。从整体上看,这些因素增加了市场中的交易费用,对于企业家自身以及资本市场的运作效率起到了一定的负面影响,由此构成了对企业家资源拓展的阻碍。所以,政府亟须利用深化经济体制改革,并在改革的同时逐步消除其滞后性、完善资本市场运行机制等措施予以化解,进而促进比较优势内生增进

二、基于区域经济差异性的资本市场发展与企业家资源拓展探析

为了更加全面地揭示在制度改革存在差异性的情况下,中国不同区域资本市场发展与企业家资源拓展的互动对经济规模与比较优势增进的影响,本

节将中国 28 个省市[1]按照"激励性"与"约束性"的差异分为"高高组"、"高低组"、"低高组"和"低低组"进行考察。前置与后置的字分别反映激励作用与约束作用的高低程度,其中"高低组"与"低高组"的划分主要参考组内省份在两方面排名的相对性,并非绝对意义上的高与低。在验证了企业家资源拓展与资本市场发展的互动与制度改革之间关系的基础上,通过将各组在激励与约束方面的各项市场化指数进行排序,能够从统计意义上表明该互动对于区域经济发展促进作用的差异性,如表 7.9 所示。

表 7.9　中国 28 省市各项指数排序表

"高高组"各项指数排名		浙江	江苏	上海	广州	北京	天津	辽宁
市场化进程总指数		1	2	3	4	5	6	9
激励性	1c 减少政府对企业干预	3	2	1	4	8	5	11
	4 要素市场发育	4	8	3	5	6	1	2
	4a1 金融业竞争	2	10	1	9	5	4	3
	4b 引进外资程度	11	3	4	8	7	1	2
约束性	5a 中介市场发育度	4	5	1	7	2	3	14
	5b 对生产者合法权益保护	3	2	1	11	5	4	12
	5c 知识产权保护	1	3	2	5	4	6	8
	5d 消费者权益保护	8	9	25	4	14	3	1
"高低组"各项指数排名		福建	山东	河南	川渝	江西	河北	内蒙古
市场化进程总指数		7	8	10	12	13	16	19
激励性	1c 减少政府对企业干预	15	9	14	12	10	21	24
	4 要素市场发育	7	10	11	9	12	20	21
	4a1 金融业竞争	19	6	7	12	20	24	21
	4b 引进外资程度	9	18	17	10	6	19	14

---

[1]　由于数据获取不完全以及其企业家资源与市场化指数的部分相关系数体现为负值,因此作为奇异点将西藏和青海剔除,重庆市因时期因素所致的数据可得性问题而被纳入四川省范围内考虑(港澳台地区除外),指数上取"激励性"与"约束性"相关数据的加权平均值。

(续表)

约束性	5a 中介市场发育度	6	17	15	23	16	18	9
	5b 对生产者合法权益保护	10	15	21	8	13	22	27
	5c 知识产权保护	9	7	15	10	22	18	28
	5d 消费者权益保护	13	16	17	24	7	19	5
"低高组"各项指数排名		安徽	湖北	湖南	吉林	山西	黑龙江	陕西
市场化进程总指数		11	14	15	17	21	22	25
激励性	1c 减少政府对企业干预	6	16	17	18	22	13	26
	4 要素市场发育	15	13	16	26	19	28	22
	4a1 金融业竞争	15	8	23	16	13	26	14
	4b 引进外资程度	12	15	13	22	21	16	20
约束性	5a 中介市场发育度	8	20	10	11	21	22	25
	5b 对生产者合法权益保护	6	14	16	9	19	20	24
	5c 知识产权保护	12	11	14	19	20	17	13
	5d 消费者权益保护	12	21	26	20	6	2	10
"低低组"各项指数排名		海南	广西	云南	宁夏	贵州	新疆	甘肃
市场化进程总指数		18	20	23	24	26	27	28
激励性	1c 减少政府对企业干预	25		8	23	27		19
	4 要素市场发育	25	24	14	18	17	23	27
	4a1 金融业竞争	27	22	11	17	18	28	25
	4b 引进外资程度	5	24	23	25	28	26	27
约束性	5a 中介市场发育度	12	26	19	27	28	24	13
	5b 对生产者合法权益保护	28	17	7	25	18	23	26
	5c 知识产权保护	21	26	24	16	25	23	27
	5d 消费者权益保护	11	15	27	28	22	18	23

　　从分类统计排名的结果可以看出,"高高组"中的7个东部发达省份在表示激励性与约束性的指标排名中均相对靠前,7个省份在三项指标的排名中均列前10,其余五个指标均列前14,这显示出了制度改革相对完善的各省份其制度环境与资本市场的发展对企业家资源激励与约束的效果均较强。而与之形成鲜明对照的"低低组"则在两方面指数排名均大幅靠后,该组中各地区

市场化进程相对滞后于全国平均水平,各项制度完善与落实不足,因而导致资本市场发展缓慢,E_2指标相对较低。不难发现,从这两组的比较中可以发现激励与约束效应的程度与各地区的经济规模基本一致,东部沿海发达省市的各项经济规模指标统计均名列前茅,市值总量也整体靠前,而"低低组"中的各省份在上述指标的排名中也占据末位。另外,"高低组"与"低高组"中的省份多为偏北部地区与中西部地区,这些地区的经济发展程度居中,而各项指标的排名大多也位于其余两组之间。

将上述四组纳入到一个"激励—约束"增强途径的分析体系中,可构建如图7.5所示模型。

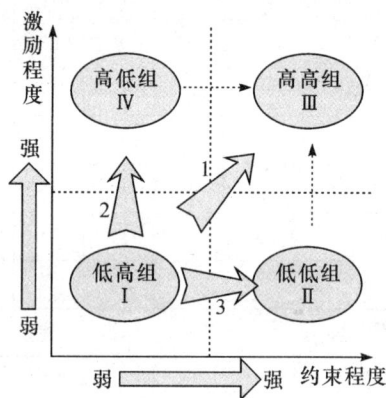

图7.5　28省市激励—约束机制"象限式"模型

从图7.5中可以看出,在激励与约束两个维度上可以将上述四组分置于四个象限中。东部沿海的市场化先行省份位于第Ⅲ象限,激励与约束的程度均较高,各地区在市场化程度与资本市场发达程度上均优于其余三组;西南以及新疆地区由于制度改革落实较慢,各项规章制度较不完善,其资本市场对于企业家的激励与约束程度较低,进而导致经济规模较,区域经济发展落后;中西部地区介于前两者之间,分列Ⅱ、Ⅳ象限。中国目前处于经济转型的重要阶段,经济发展的同时也面临着诸多困难,若要实现途径1的飞跃困难重重,因此途径2和3的演进路径更加符合中国的现状。上述路径无疑需要通过从根本上解决中国制度改革滞后问题来实现,进而促进资本市场完善并增强其对企业家的激励约束机制,提升企业家才能,使得中国的比较优势得以内生性增进。

三、中国资本市场制度改革中影响因素的总结

通过前述分析可知,制度改革的滞后性是致使资本市场交易费用升高的症结所在,进而阻碍了资本市场自身的不断完善对企业家资源拓展的促进作用的发挥。毋庸置疑,虽然在市场化改革的过程中,中国资本市场在发展方面取得了一定的成果,但是与欧美资本市场较完善的国家相比,中国资本市场中仍存在许多问题阻碍了制度改革的顺利进行,主要在于以下方面:

(1)执法监管弊端明显。肖钢(2013)指出,现阶段中国资本市场的各种法律法规多达 1200 件,各类问责条款有 200 个之多,然而其中未被激活的条款数目已达总数目的一半以上。在国家证监会立项查处的案件中,能够有效进行裁决并做出相应处罚的案件年均不超过六成,而涉刑案件有一半以上最终不了了之[1]。中国资本市场一直以来存在过分强调审批制度而弱化有效监管的弊端,这无疑将致使资本市场监管部门的审批权力过大,从而在经济中产生巨大的寻租(rent-seeking)空间。执法监管所暴露出的问题将产生严重的市场扭曲,对资本市场的资源配置效率与约束机制具有负面影响。

(2)退市机制形同虚设。退市制度[2]的有效运行有利于实现上市公司的优胜劣汰,对于企业家资源的拓展能够起到很强的激励效果。但是因为制度不健全,中国资本市场上市公司接近于"零退出"的局面使得退市制度形同虚设。从图 7.6 可以看出,美国、日本、英国、德国等资本市场较发达国家上市公司总数呈波动趋势,尤其是美国的上市公司从 1995 年的 7000 多家降至 2012 年的 4000 多家,而中国的上市公司数目则呈现逐年递增的趋势。从 2001 年开始计算,中国 A 股市场中 5 家企业因违反相关法律法规而被迫退市的只有不足 50 家,仅仅占 A 股上市公司总量的 2%。相比之下,美国每年上市公司的退市率则接近 10%。退市机制的弱化严重影响了资本市场对企业家动态评估的作用,使得资本市场的激励机制大打折扣,若要使资本市场进一步发展,完善的退市机制的建立是当务之急。

(3)"一股独大"现象普遍。由于中国股市成立之初上市的主要是国有企业,这成为了股市中国有股占优的历史根源。随着股市的发展,虽有很多民营企业上市,但其中大多数是家族控制的企业,因此也普遍存在"一股独大"的现

---

[1] 肖钢.监管执法:资本市场健康发展的基石[J].求是,2013,(15):29-31.
[2] 退市制度是指由证券交易所制定的关于上市公司暂停、终止上市等相关机制以及风险警示板、退市公司股份转让服务、退市公司重新上市等退市配套机制的制度性安排。

象。这种情况容易使得大股东利用其自身的占优条件侵蚀中小投资者的利益,从而产生了"隧道效应"(tunneling)[1]。各类非流通股(通常由大股东发行)和流通股(通常由中小股东发行)股东的持股比例与双方彼此的博弈牵制作用对于通过派发现金股利等渠道而产生的"隧道效应"具有显著影响(唐跃军等,2006)。从约束机制的角度来看,这种现象将产生以下两种影响:①股东利益的受损将导致公司管理层利益的纠纷,从而影响经理人的决策以及公司经营的稳定性,从而弱化所有者与经理人之间原本固化的契约效力;②投资者利益的受损会降低投资者的投资热情,诱发"用脚投票"行为的产生,并且导致市场对公司的预期降低,影响企业的发展。

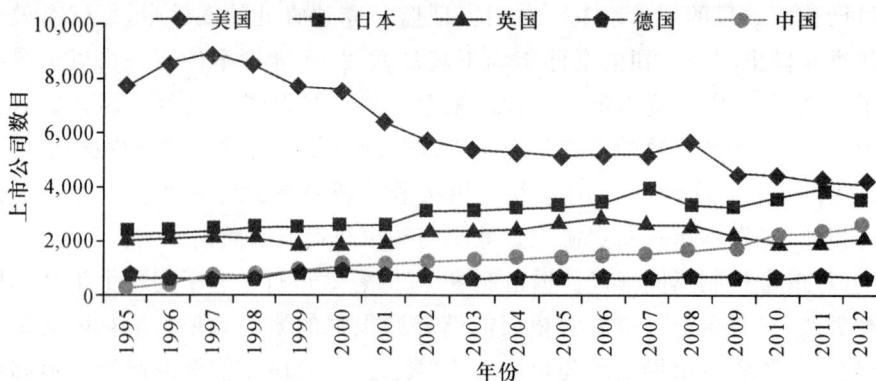

图 7.6　1995—2012 世界主要国家上市公司数目

(4)换手率居高不下。目前中国股市的换手率排名世界第一。高换手率意味着投机现象频繁,这会对资本市场配置资金要素的功能产生极大影响。中国股市流通股年换手率为 8～9 倍,相比较其他资本市场相对完善的国家而言,这个数字已经超出将近 10 倍;美国股市换手率不足 1 倍,日本仅仅为 1.5 倍,韩国、中国香港和台湾地区则均在 1～1.5 倍之间。高换手率的主要原因是没有稳定的内部回报,但在频繁的换手行为中,投资者却依然难以获利,这既产生了时间成本与交易成本,又为资本市场的运行增添了不稳定要素。

------

[1]　2000 年 Johnson 首先用"隧道效应(tunneling)"一词,反映控股股东为满足自身效用,以损害中小股东的利益为代价,转移公司的资产和收益的行为。

参考文献

Young，A. Increasing returns and economic progress [J]. The Economic Journal，
　　1928，38(152)：527-542.

吴建新,钟玲.要素配置非效率与生产率增长——来自中国省际面板数据的证据[J].
　　当代财经,2013(4):14-26.

亚当·斯密. 国民财富性质与原因的研究[M]. 北京:商务印书馆,1972.

杨金鑫.劳动力成本、质量与中国比较优势变迁[D].广州:暨南大学硕士论文,2013.

杨小凯. 发展经济学:超边际与边际分析[M]. 北京:社会科学文献出版社,2003.

张小蒂,曾可昕.企业家资源拓展与中国比较优势内生增进[J].学术月刊,2013(11):
　　75-85.

第八章 实现途径Ⅲ:对外直接投资发展

　　在经济全球化中,中国面临的国际市场竞争日趋激烈,为了迎接这一挑战,中国必须更好地发挥自己的比较优势。但无论是以劳动生产率为差异的比较成本理论,还是以生产要素供给为基础的资源禀赋理论,其比较利益的产生前提均具有静态特征,因而难以化解中国仅凭劳动力等初级要素参与国际分工而可能被"低端锁定"(lock-in)、落入"比较利益陷阱"的问题。新古典范式理论研究对此问题的回应则是产业结构和技术结构的升级,都是经济发展过程中的内生变量,从根本上来说取决于经济要素禀赋结构(相对要素丰裕度)的变化。林毅夫和孙希芳(2003)认为遵循比较优势发展,会使得资本积累的速度加快,要素禀赋结构得到较快的提升,企业为了竞争的需要会根据相对价格的变化调整产业和技术结构,从而实现动态的比较优势。但这一"自然"升级发生的前提是成熟的市场机制和准确的价格信号,及由此导致比较优势从时点上的"静态"可向时期中的动态"自动切换"。而这对于正处于经济转型、发展中的中国来说,这一"静动态"的切换面临着显而易见的信息障碍,在市场不完善的条件下,任何非市场的干预和计划机制都难以根本化解这一障碍。进一步的研究明确提出了动态比较优势的概念(林毅夫和孙希芳,2003),Krugman (1987),Grossman & Helpman (1991)和 Amsden (1989)都使用了"动态比较优势(Dynamic comparative advantage)"这个概念,但没有给出清晰的定义。Redding(1999)则在 Krugman(1987)的基础上,对动态比较优势的概念做了较为明确的解释。但这一学说依然会遇到上述"静动态切换"的信息障碍。实际上,Redding(1999)也承认,要将"动态比较优势"理论转变为实际政策是非常困难的。可见,依据现有的动态比较优势理论仍难以回答下列问题:在要素价格体系扭曲、市场不完善的背景下产业和技术结构能否自动升级? 资本深化、要素禀赋结构提升的关键动力源何在?

　　本研究认为要回答以上问题,避免上述"低端锁定"、顺利实现比较优势演进中"静动态切换"的关键是要化解要素禀赋结构升级过程中的信息障碍,而企业家才能的重要本质内涵为对市场知识与信息作高效率的发现、利用、创造、传播(包括试错)。因此,一国比较优势动态演进的重要动力源是企业家才能的拓展与潜能的发挥,尤其对转型条件下的发展中大国更是如此。在经济全球化的背景下,大力发展对外直接投资,实施"走出去"战略,尤其是从单纯依靠产品"走出去"转换为依靠更有意义的要素"走出去",通过要素的全球配置优化,在更大范围、更广领域和更高层次上参与国际分工,可使企业家配置资源的空间更大,企业家"干中学"的条件更好,进而充分利用国际国内两个市场,在全球范围内获取中国亟须的资源及其供给保障,使得产能富裕产业的商品市场销售份额得到有效扩大,学习和汲取国外的先进技术、管理经验,获取更多的比较利益。对外直接投资实际上是企业家才能拓展和动态比较优势增进通过国际市场加以实现的重要载体和手段,是中国转变经济增长方式、提升开放经济质量的重要途径。

传统的主流对外投资理论形成于西方大型跨国公司大规模成长与扩张时期,因此偏重于分析和解释拥有"垄断优势"的大企业如何走向海外。这些研究较多的关注在两个方面:一是企业本身所具备的条件(企业优势层次);二是东道国的条件(区位优势层次)。而对于母国对企业 OFDI 行为的影响则重视不够,较少将"母国层次"的因素纳入其研究。同时针对发展中国家为什么进行对外投资,如何获取比较利益,如何壮大和发展的问题也并没有给予足够重视。尤其对于作为转型经济条件下发展中大国的中国来说,由于区际经济发展水平的不平衡、制度变迁的进程不平衡、区位资源禀赋差异,中国企业对外直接投资的动因与发达国家和其他发展中国家企业具有明显的差异,传统对外投资理论难以对中国企业对外直接投资作针对性的解释和前瞻性的指导。

综上所述,国内外现有的相关研究尚存在下列缺陷:一方面,难以对中国特有的体制转型和资源禀赋结构条件下的对外直接投资动因及其与动态比较优势增进的互动作清晰的揭示;另一方面,对于企业家才能如何拓展、如何增进动态比较优势等缺乏可行路径上的深入探讨。而本研究尝试弥补这些不足,旨在为促进中国企业家才能的拓展,增进比较利益,获取国际分工中更有利的地位提供有益的思路,因而具有重要的理论价值和现实意义。

第一节　基于区际经济发展差异的中国 OFDI 的动因探析

　　21世纪以来，伴随"引进来"和"走出去"，中国对外直接投资进入快速增长阶段，2003—2009 年中国非金融类对外直接投资年均增速达到 61.6％，这 7 年间非金融类的累计境外投资额占境外投资总额的 85％[1]。截至 2009 年底，中国非金融类对外直接投资累计达到 1998 亿美元，在境外设立企业约 1.3 万家，分布在全球 177 个国家和地区。如图 8.1 所示，中国的 OFDI 自进入 21 世纪以后呈现快速发展，但在全世界海外直接投资总额中所占的份额还有很大的发展空间与增长潜力。根据联合国贸发会议（UNCTAD）《2010 年世界投资报告》显示，2009 年中国对外直接投资净额（流量）565.3 亿美元，占全球当年流量的 5.1％，位居发展中国家（地区）首位，名列全球第五[2]。

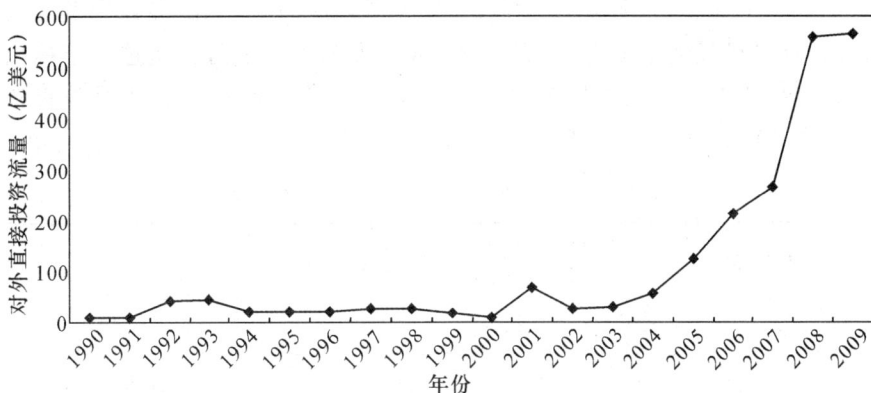

图 8.1　1990—2009 年中国非金融类对外直接投资流量

　　数据来源：1990—2001 年中国对外直接投资数据摘自联合国贸发会议（UNCTAD）各年世界投资报告，2002—2009 年数据来源于中国商务部各年中国对外直接投资统计公报。

　　20 世纪 80 年代初，邓宁提出了投资发展周期理论，认为一国净对外直接投资与该国家的经济发展水平密切相关，随着人均国民收入水平的提高，该国净对外直接投资呈现出规律性的变动。Dunning（1981）将一国的投资发展周

---

　　[1]　根据中国商务部：《2009 年度中国对外直接投资统计公报》整理计算得到。

　　[2]　数据来源：中国商务部：《2009 年度中国对外直接投资统计公报》；联合国贸发会议（UNCTAD）：《2010 年世界投资报告》。

期划分为四个阶段。第一阶段（人均国民收入低于 400 美元），吸收外国直接投资有限，也没有对外直接投资，其净对外直接投资为零或很小的负额。第二阶段（人均国民收入在 400～2000 美元之间），吸收外国直接投资增加，但对外直接投资仍然很少，净对外直接投资为负数且随人均 GNP 的提高其绝对值日益扩大。第三阶段（人均国民收入在 2000～4750 美元之间），对外直接投资大大增加，净对外直接投资仍为负数但绝对值日渐缩小。第四阶段（人均国民收入高于 4750 美元），对外直接投资超过外国直接投资流入，净对外直接投资大于零且不断增大。

改革开放以来，中国企业在招商引资方面已取得长足的进展，但在 OFDI 方面仍明显滞后。根据国家统计局公布的《2010 年国民经济和社会发展统计公报》计算，中国人均 GDP 已达到 4484 美元[1]（人均 GDP 与人均国民收入一般以一定的比例同方向变化），已处于邓宁提出的对外直接投资从第三阶段向第四阶段迈进的状况。中国作为一个转型期的发展中大国，区域之间的发展水平极不平衡、差异明显。事实上，在次国家层面上，中国部分先发展省区的人均 GDP 已经超过 6000 美元的水平（如表 8.1 所示），已超越邓宁提出的对外直接投资发展阶段的临界标准。2009 年广东、浙江、江苏的对外直接投资存量在全国排前三位，分别为 95.5 亿美元、29.6 亿美元和 24.9 亿美元[2]。

表 8.1　部分先发省区相关重要经济指标的比较（2009）

	人均 GDP（美元）	私营企业家丰度（个/万人）	城镇人均可支配收入（元）	农村人均纯收入（元）	人均储蓄额（元）	人均进出口总额（美元）	市场化指数
江苏	6529.7(1)	118.0(1)	20551.7(3)	8003.5(2)	2599.4(3)	4386.1(2)	10.5(3)
浙江	6497.2(2)	109.4(2)	24610(1)	10007.0(1)	3442.7(1)	3624.1(3)	11.3(1)
广东	5997.0(3)	84.3(3)	21574.7(2)	6906.9(3)	3259.1(2)	6340.3(1)	11.0(2)

数据来源：国家统计局：《2010 年中国统计年鉴》；中国商务部：《2009 年度中国对外直接投资统计公报》；樊纲等：《中国市场化指数——各地区市场化相对进程 2009 年报告》。

注：括号中数字为全国排名。排名为该省在 2009 年全国 26 个省区（除去 4 个直辖市和数据不全的西藏以及港澳台地区）中的排序。

---

[1]　根据国家统计局《2010 国民经济和社会发展统计公报》采用年末人民币兑美元汇率计算；若采用购买力评价（PPP）计算方法，根据 IMF 的测算，2009 年中国人均 GDP 为 6567 美元。

[2]　根据商务部最新统计数据显示，2010 年广东、浙江、江苏对外直接投资存量分别已达到 107.4 亿美元、55.8 亿美元、37.0 亿美元，均在全国对外直接投资中名列前茅。

由于邓宁的投资发展周期理论没有考虑到大国区域发展差异、制度转型等因素,对处于转型经济条件下发展中大国的中国来说,其解释力难免有所削弱。因此,本研究根据中国的国情从区际经济发展水平、区位资源禀赋条件、企业家资源丰度、市场有效规模、开放经济发展程度、市场化转型状况六个方面,选择上述"不平衡与差异"中的东部沿海先发省区与全国 26 个省区[1]展开进一步的比较分析,将其 2009 年的人均 OFDI 与人均 GDP、人均耕地、企业家丰度、城镇居民人均可支配收入、农民人均纯收入、人均储蓄、人均进出口总额、市场化指数等进行斯皮尔曼等级相关分析,进而探析中国对外直接投资的动因。

斯皮尔曼(Spearman)等级相关系数公式如下:

$$r_s = 1 - 6 \sum_{i=1}^{n} d_i^2 / n(n^2 - 1)$$

式中 n 表示将两个变量的观测值分别从小到大或从大到小排列,并分别赋予 $1, 2, \cdots, n$ 个等级;d_i 表示一变量观测值的等级与另一变量相应观测值的等级之差。

斯皮尔曼等级相关系数的变化范围为 $-1 \sim +1$,其绝对数值越大,表示这两个变量的相关性越大;其绝对值越小,表示这两个变量的相关性越小。

如表 8.2 数据所示,中国对外直接投资与上述六个方面的斯皮尔曼等级相关系数均呈现显著相关,具体分析如下:

(1)对外直接投资的发展与经济发展水平密切相关。本研究选用人均 GDP 作为衡量经济发展水平的指标来探析其与人均 OFDI 的关系。虽然邓宁的投资发展阶段理论低估了中国目前对外直接投资的发展能力和发展水

表 8.2 OFDI 对全国省区重要经济发展指标的斯皮尔曼等级相关系数(2009)

		人均GDP	企业家丰度	人均耕地	城镇居民人均可支配收入	农民人均纯收入	人均储蓄	人均进出口总额	市场化指数
人均OFDI	N=26	0.567**	0.575**	−0.257	0.447*	0.582**	0.441*	0.529**	0.456*
	N=9	0.667*	0.683*	−0.733*	0.850**	0.783*	0.833**	0.750*	0.800**

注:*、**、*** 分别表示在 0.01、0.05 和 0.10 显著性水平检验显著;东部沿海省区包括(辽宁、河北、山东、江苏、浙江、福建、广东、广西、海南)。

――――――――

〔1〕 本研究根据可比性原则利用全国 26 个省区(除去 4 个直辖市和数据不全的西藏以及港澳台地区)的数据进行分析。

平,但是,中国对外直接投资总体上还是与中国人均 GDP 显著正相关,尤其是先发东部沿海省区的人均 OFDI 与人均 GDP 的该相关系数为 0.667,明显高于全国水平。可见,中国对外直接投资既是经济发展到一定水平的阶段性产物,又是经济发展区域不平衡的体现。

(2)由于中国各地区的资源禀赋差异导致商务成本相差悬殊,促使东部沿海很多省区由于自然资源的约束而形成"倒逼型"对外直接投资。本研究选用人均耕地这一指标来探索自然资源禀赋供给约束对人均 OFDI 的影响。如表 8.2 所示,在全国层面上,人均耕地与人均 OFDI 呈现负的弱相关,而东部沿海地区人均耕地与人均对外直接投资则呈现显著高度负相关,系数为 -0.733。例如,浙江省作为资源小省,历来人多地少,素有"七山一水二分田"之称,其面临着较为严峻的资源禀赋约束条件驱动了其对外直接投资的较快发展。

(3)企业家作为一揽子要素的支配者,是在不确定性市场中利用市场知识与信息谋取"剩余"最大化的主体,主要从事熊彼特意义的创新活动,知识结构一般以"Know how"体现的实践知识为主,因而是推动经济增长主动性资源,可在中国对外直接投资中扮演着重要的角色。本研究采用企业家丰度作为反映企业家资源的指标,其与人均 OFDI 的该等级相关系数显著正相关,全国为 0.575,东部沿海地区为 0.683。这表明一方面企业家丰度的提高可促进中国 OFDI 的发展,另一方面中国 OFDI 的发展又是企业家才能拓展的有效途径,二者之间存在良性互动关系。

(4)依据斯密定理和杨格定理,市场规模(或称之为市场容量)的概念"不是单纯土地面积或人口,而是购买力"[1]。在人口给定的情况下,收入与购买力水平变动方向一致,可以用人均可支配收入来估计测度市场规模的有效扩大。由于人均可支配收入衡量的是地区居民当年可以支配的新增财富,属于流量概念,而体现地区居民购买力的除了当年的新增财富外,还应包括居民已有的财富积累,属于存量概念。鉴于此,我们还选用人均储蓄额这一指标作为地区居民实际购买力的补充变量。在表 8.2 中,无论是城镇居民人均可支配收入、农民人均纯收入还是人均储蓄都与人均 OFDI 呈显著正相关,尤其是东部沿海省区其相关系数分别高达 0.850,0.783 和 0.833。进一步研究发现,在区际存在企业家流动的情况下,则那些受自然资源稀缺导致商务成本偏高

---

〔1〕 杨格在 1928 年论文中使用"market extent"或"market size"意指市场规模或市场容量。

的地区通常会出现企业家净流出较多的情况,由于目前尚无省区 GNP 的统计数据,这将使得以人均可支配收入在替代人均 GNP 衡量地区居民实际购买力时,仍会产生某种估计误差。但本地企业家在区域外创造的财富最终能通过储蓄等指标显示出来,因此用人均储蓄存量指标代替人均可支配收入这一流量指标,将能在一定程度上矫正对居民实际购买力的估计误差。据来自全国 29 个省级浙江商会的不完全统计[1],目前约有 600 万浙商在浙江省外共创办各类企业 26 万多家、各类专业市场 2000 多个,省外浙商在全国投资总规模超 3 万亿元。仅以 2008 年为例,省外"浙江人经济"的销售规模达 1.77 万亿元,是当年浙江省 GDP 的 80%。若考虑浙江企业家外流较多的情况,则前述表 8.1 和表 8.2 中该省的人均 GDP 及企业家丰度均可能存在低估。

(5)开放型经济发展状况通常以贸易、投资等指标来反映,但两者之间既可能存在着互补也可能存在替代的关系。本研究选用人均进出口总额作为反映贸易的指标,来考察其与 OFDI 的关系,从表 8.2 可发现,其与人均 OFDI 显著正相关,全国为 0.529,东部沿海省区为 0.75。这说明从总体上来看,贸易和投资以互补性为主。因此,拓展对外开放的广度和深度,提高开放型经济水平,要把贸易和投资更好地结合起来,这是构建互利共赢、安全高效的开放型经济体系的重要途径,由此可形成经济全球化条件下中国参与国际经济合作与竞争的新优势。

(6)在转型经济条件下,中国的市场化取向体制改革已经历了 30 余年,尤其是在 1992 年社会主义市场经济体制确立以来,已有近 20 年的历程。但是,市场化的进展程度在区际是很不平衡的。就区域而言,特别是在东部沿海省份,市场化已经取得了长足进展。东部沿海地区人均 OFDI 与市场化指数的斯皮尔曼等级相关系数为 0.8,呈显著高度正相关,远大于国家层次的 0.456。这表明就一般意义上的制度转型状况而言,政府应该建立透明、可预期的法律制度和政策体系,化解经济活动中大量存在的显性和隐性的进入壁垒。可以看出,市场化取向的体制改革是促进中国企业进行对外直接投资活动的重要因素,对于推动中国对外直接投资的发展具有重要影响。

通过上述斯皮尔曼等级相关分析可发现,中国现阶段特有的要素资源禀赋结构、所处经济发展阶段、企业家资源丰度、市场有效规模、经济开放程度以及市场化为导向的制度变迁,使中国具有进一步发展对外直接投资的内部动

---

[1]　资料来源:何玲玲,李亚彪."省外浙江"为中国经济平添新活力.新华每日电讯,2011-2-24。

力和条件。应该指出,在这些指标中,起关键作用的是企业家资源。企业家资源具有异质性特点及要素边际报酬递增的生产力属性,在经济生产活动中总是处于发起、配置、操纵、控制其他资源的核心地位,是社会经济发展中最积极、最活跃、最关键的主动性资源。事实上,企业家才能并非局限于"人"的概念,而可以是一个"函数"概念。其特征是,除了对现实中不确定性的判断、把握与承担的能力以外,更重要的是其对市场知识与信息的发现、利用、创造、传播能力。正如米赛斯和后来的奥地利经济学家认为的那样,每个人身上都有对不确定性作出反应的能力(或称之为企业家精神),只不过这种能力(或精神)的大小(或强弱)因人而异。可以说每个人身上都不同程度地拥有企业家才能。改革开放以来,中国的企业家从无到有、由少到多的过程实际上就是社会群体成员中企业家才能"显化"与"强化"的过程。例如,表8.1中所示的浙江省,虽然自然资源稀缺,但是企业家资源丰裕,其在人均可支配收入、人均财富、OFDI等指标上都位居全国前列。因此,企业家资源的拓展与市场化改革所导致的人均收入上升、对外开放加快、市场规模扩大(即由这些指标所表征的分工深化和比较优势动态演进)高度正相关,因而亟须深入研究中国企业家的创造性才能在动态比较优势形成中的重要独特作用与互动机理。

第二节　OFDI发展与企业家才能拓展、动态比较优势增进

亚当·斯密(2003)认为经济主体按比较优势分工是经济增长的源泉,故分工的深化是动态比较优势增进的体现,而这又依赖于市场规模。这一理论中的分工深化虽难以测度,但杨格定理却可为动态比较优势增进提供可测度的途径。杨格(Young,1928)认为,递增报酬的实现依赖劳动分工的演进与市场规模的互动。因此,市场规模与分工程度之间具有互动关系,即市场规模决定分工程度,但市场规模又由分工水平所制约,具体的关系如图8.2所示。

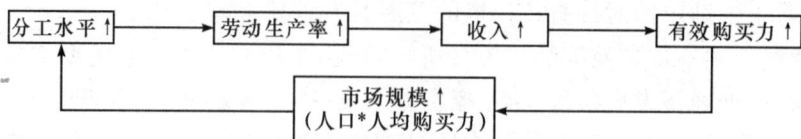

图8.2　市场规模与分工深化的互动机理

在上述互动链中，收入与购买力水平变量与生产函数中的产出变量的变动方向应一致。这意味着该动态机制可产生某种良性循环，使分工水平和市场规模不断增加。迪克西特和斯蒂格利茨（Dixit & Stiglitz，1977）发现，即使两国的初始条件完全相同，没有李嘉图所说的外生比较优势，但如果存在规模经济，则两国可以选择不同的专业，从而内生出（后天的）比较优势，故斯密的分工深化理论比李嘉图的比较成本理论更具有一般性。D-S 模型认为产品多样化与规模经济存在"两难冲突"（即从消费方面考虑，产品的种类越多越好；但从生产方面考虑，产品的种类却是越少越好，因为产品的生产规模越大就意味着成本越低），而市场规模的有效扩大则可折衷此类"两难冲突"。可见，市场规模的有效扩大是比较优势内生性动态演进的重要体现。虽然杨小凯（2003）等较早地将制度、交易效率等变量纳入到比较优势动态演进的分析框架中，但依然难以回答对下列问题：如，这一市场规模扩大、分工深化"演进"中的主体是谁？真实世界中有哪些主要实现途径？

应该指出，企业家资源能通过一揽子要素的配置优化而获得大于单一要素从事经营活动收益之和，在企业的经济生产活动中总是处于发起、配置、操纵、控制其他资源的领导位置，所以企业家资源与其他人力和物质资源相比，在经济活动中总是处于核心地位。但在新古典主义理论中，企业家的作用是静态和被动的，其利润则被视为各生产要素的租金，这反映了该理论强调的是具备完全信息的市场。这种市场会进行一切必要的协调，这使管理和决策变得无足轻重，企业家的作用也变得模糊。笔者认为若从不完全信息视角切入，竞争性市场的动态过程是分散知识与信息的发现、利用、创造、传播的过程，其学习和发现的主体是企业家。应该强调，从市场知识与信息的视角来看，企业家才能的拓展与市场规模的扩大内在的逻辑联系如下：①企业家才能的主要特征之一是对市场知识与信息的发现和利用（即对商机的捕捉）；②企业家的这类行为会创造新的市场知识和信息从而改变其他企业家的知识与信息环境，形成新的更多的商机；③由上述原因会使市场新的知识和信息进一步传播开来；可见，企业家对市场知识信息而言既是发现利用的主角，又是创造传播的源泉。这三个层次合乎逻辑的结果是市场交易更多的发生与市场规模的内生性扩大。这里的"商机"实际上就是新古典范式研究中由市场偏离均衡而提供的获取利润的机会。这些"商机"在被企业家发现之前是潜在的，一旦被企业家捕捉到并采取行动利用起来，这些机会就会消失，同时又产生新的商机。这一过程可以解释经济向均衡运动的趋势，其结果是市场规模的有效扩大。而市场规模的扩大又会使企业家发现、利用、创造、传播的市场知识和信息之来源更丰富,时空进一步扩大,因此,市场规模扩大与企业家才能拓展之间可呈现内生性的良性互动。

因此,企业家才能的内生性拓展会在比较优势动态演进、资源禀赋结构升级、比较利益实际获取中扮演关键角色,其与动态比较优势增进相互螺旋式上升与互动的方向和空间应为市场规模的有效扩大。

通过从国内市场向国外市场的延伸与拓展是中国企业家才能提升及动态比较优势增进的有效实现途径。国际市场是企业家提升素质的另一个有效平台。故今后中国企业家才能拓展与市场规模扩大的重要方向是实现由商品"走出去"向一揽子要素"走出去"(OFDI)转变。应该指出,"走出去"不单纯是外延性的拓展而是具有丰富的内涵,这不仅能让企业在国际市场和国内市场的竞争中实现利益共生,更能开拓企业家的经营视野,提升其经营能力。国际商务往来所形成的比较利益并非仅限于商品或服务买卖中的成本差异或价格差,其实比较利益内涵中一个不易被人们察觉、容易忽略的重要衍生品是以"know-how"为主要知识结构的企业家才能会得到更迅速的提升。通过"走出去"企业家配置要素的时空范围有效扩大,可为其人力资本自我投资和积累提供明确的预期,故可对一国具有国际水准之企业家群的形成提供可持续的有力激励。欧洲诸国早年大批具有国际水准的企业家的涌现及由此导致的海外商贸的发达在很大程度上得益于此。

在 OFDI 领域,它既涉及绿地投资,又涉及并购,交易比一般贸易更加复杂,履约保障也存在着较大的不确定性。因而,交易的成功在很大程度上要靠企业家才能。新贸易理论将规模经济视为贸易发展的一个主要动因,而企业的规模实际上是企业家才能的函数。企业家才能的发挥是企业规模发展的基本前提之一。可见规模经济的重要来源之一是企业家的才能。在国际竞争中某些有利商机的特性往往是稍瞬即逝,作为市场知识、信息的发现、利用、创造、传播主角的企业家重要才能是依靠其敏锐的市场知觉和商业嗅觉对商机予以捕捉。因此,若一国的制度因素能对企业家拥有的特殊人力资本形成提供足够的激励,就可以更快地产生一大批熟谙海外市场的企业家,从而直接影响一国 OFDI 的发展,促进其动态比较优势的增进。

第三节　在 OFDI 中基于企业家资源拓展的动态比较优势特征分析

本研究突破了主流经济学在新古典范式市场主体行为研究中局限于"经济人"假定的窠臼,将企业家创造性潜能的发挥作为一种具有特殊重要性的关键因素纳入中国动态比较优势内生性增进的分析框架。实际上在 OFDI 中只要通过企业家对各种要素的创新性"组合",采取适当的组织形式,就有可能赋予比较优势的动态演进以新的内涵,这种建立在 OFDI 基础上形成的新比较优势可具有以下特色:

(1)双重性。在企业层次,以往的研究通常聚焦在投资主体在东道国环境中由投资行为而形成的优势方面(如垄断优势、内部化优势、区位优势等),而忽视了这一"投资"对于转型经济下的发展中大国进行 OFDI 的企业还不可避免地面临着另一重要领域——国内同行企业之间的竞争。双重性是相对于单一性而言的,指由海外投资经营的"逆向外溢"使企业在与国内厂商博弈时的损益函数发生改变而导致其国内经营绩效发生显著提升的状况。对外直接投资表面上似乎是经营活动的外延性扩张,实际上是企业家经营、配置资源的才能得到提升而引致国内经营绩效的显著提高。实际上,"逆向外溢"效应和企业家"干中学"效应密切相关,现有的动态比较优势研究把"干中学"与以 R&D 为代表的创新作为技术进步的核心内涵而构成比较优势动态演进的动力源,但仅从生产活动中"干中学"只能增加劳动者的经验和熟练程度(以学习曲线体现),而仅从研发活动中"干中学"虽然对技术创新起重要作用,但却容易忽视研发成果与市场需求变化的吻合程度及技术水平与生产成本之间的平衡。笔者认为更重要的是,市场需求作为技术创新的出发点与"试金石",是企业家通过熊彼特式的要素新组合而实现资源配置优化的核心。因此,更具针对性的研究应高度关注作为一揽子要素支配者的企业家的"干中学"。企业家通过对外直接投资可以实现一揽子生产要素的国际流动,拥有一般国内企业所无法比拟的学习环境,故若在海外市场进行一揽子要素配置时能前瞻性地注意到比较优势的可能的双重性,改变市场、资源的原有约束条件态势,使之有利于中国国际分工,则可使中国动态比较优势的增进更显著。例如,现今在中国企业 500 强名列前茅的杭州汽轮动力集团有限公司,2003 年之前企业发展一直处于"温吞水"状态,年销售额徘徊在 3 亿元～4 亿元之间,国际市场几乎被少数跨国集团垄断。2003 年底,杭汽轮在印度市场通过股权置换的方式成立合资公司。杭汽轮通过 OFDI 对成套设备的使用客户提供"全方位系统解决方案"的售后服务,从而有效地扩大了销售市场份额。这一经营模式把服务作为价值链的核心环节予以高度重视,突破了传统单纯依靠销售的"窠臼",在海外市场得到成功运作,进而通过企业家"干中学"将这一模式"逆向外溢"到国内市场。2009 年,杭汽轮的销售收入、利税分别达到 204 亿元、11 亿元[1],近 7 年来年销售收入、利润总额分别增加了 15 倍、11 倍,占领了国际市场 28%、国内市场 80% 的份额,实现了国际、国内两个市场份额的比翼齐飞。

(2)互补协同性。即中国企业海外投资对投资东道国而言,一般拥有国内子公司劳动力成本低廉的优势,而同时对国内的同行竞争者而言,又通常具有海外市场销售渠道、原料采购、技术获取、融资便利等的优势。而这种几乎可同时获得的"双重"优势又是可以互补和协同的。通过开展对外直接投资,并在要素新组合中重视二者的互补与协同,有利于中国企业要素优化配置的时空范围扩大,资源供给保障程度提高,从而优化资源禀赋结构,扩大有效市场规模,获取国外先进技术,使中国企业更好地参与国际分工,矫正国际分工利益扭曲,增进动态比较优势,实现产业结构转型升级。例如,作为国内首家大规模运用并购形式展开对外直接投资的浙江吉利集团控股有限公司,与福特汽车公司签署最终股权收购协议,获得沃尔沃轿车公司 100% 的股权以及相关资产(包括知识产权)。这一"蛇吞象"式的不对称收购,使得被吉利收购后而处于其经营控制下的沃尔沃轿车公司可利用其先进技术与中国广阔的市场、巨大购买力潜力相结合,有效扩大其市场份额,同时充分利用中国丰裕的劳动力资源,降低其生产成本,提高经营绩效。而对于吉利本土企业而言,成功收购沃尔沃,可使吉利拥有对具备国际竞争力的世界知名企业的经营控制,提高自身品牌的知名度、美誉度、忠诚度;通过沃尔沃成熟的全球销售网与吉利在国内的销售网的协同,预期可获得规模经济与范围经济;通过供应链的重组可大幅降低其生产成本;同时在较短时期内可获取对方花费几十年时间投入巨大研发成本而形成的品牌及核心技术,由此可导致上述"双重"比较优势的互补与协同。这对中国企业通过并购形式的 OFDI 快速高效地实现一揽子要素全球的配置优化、获取逆向外溢,实现产业跨越式发展,具有典型示范意义。

(3)内生性。通过 OFDI,中国企业家在市场知识与信息的发现与处理方面会更有效率。其信息来源的渠道更宽,可利用的商机更多,要素重组试错的

---

〔1〕 数据来源:杭州汽轮机股份有限公司 2009 年报。

频率更高。这种由国内市场向国外市场的延伸可使企业家的的才能得到显著提升,由此导致的企业家潜能发挥更充分,又可促使中国企业参与国际市场分工的深度与广度进一步拓展。由此形成的良性互动是内生的。中国企业通过 OFDI 所形成的内生性另一重要体现,是投资国与东道国之间以及投资国企企之间的激励相容。所谓激励相容(incentive compatibility)是指一方预期利益的实现建立在另一方或其他诸方预期利益实现的基础之上,即相关各方的预期利益具有共生性(symbiosis)。当相关各方形成共生利益时,它们之间可具备激励相容的动力基础。因此,利益共生化实际上是激励相容的根本动因。不仅如此,激励相容的相关各方可互相锁定于共生利益之中,由于具备目标函数的激励相容,相关各方的共生利益可动态增强,产生某种正反馈效应(positive feedback effect)。这种内生性十分有利于中国企业国际市场势力的构建,市场势力从规制层面可保障与促进企业家“干中学”动力能力得到持续提升,从而持续提升动态比较利益。

具体来说,在国家层次,无论是采用绿地投资还是并购的形式,中国 OFDI 可在市场开拓、原料采购、技术获取、绕过壁垒等方面获益,同时对东道国而言可在就业增加、贸易促进、财税增收、经济增长等方面获益,这种由中国与东道国之间的优势互补所导致的“利益共生”具有内生性。例如,受资源供应不足制约的企业,通过并购、获得勘探开采权、与当地企业合作开发并完成部分处理,实现了企业与东道国的互利共赢;受贸易壁垒限制的企业,在海外新建或收购加工厂,把部分产业链环节转移至东道国,既符合东道国吸收外资、促进本国相关产业发展的计划,又拓展了海外市场。

在投资国的参与 OFDI 的企业层次,由于中国尚处于市场经济的起步阶段,企业规模普遍偏小,抗风险能力偏弱,企业内分工相对不足,企业 OFDI 通常会遇到规模经济难以获取的瓶颈。中国企业今后的 OFDI 宜采取“企业联合”的方式以企业间分工网络而构成的集聚经济来增强自身的竞争力,即以企业间分工的强化来缓解企业内分工的不足。这在很大程度上可弥补企业因规模较小而导致的企业内分工水平低下带来的消极影响,获得马歇尔式的外部规模经济,提高其抵御风险的能力。

以浙江越美集团有限公司为例,2007 年通过“组团式投资”在尼日利亚建立纺织工业园区,这家纺织工业园区建成投产后,对东道国而言,给尼日利亚当地提供了数千就业岗位,增加了尼日利亚的税收。对母国而言,建立境外工业园区,产业链整体转移还有利于优化国内产业结构,改变国内纺织业低小散状况。对于“走出去”企业而言,则成功绕开东道国贸易壁垒,享受到了当地政府免税优惠政策。企业可以利用欧美国家与非洲各国签订的国际贸易条约，将产品顺利打入欧美市场。应该指出，这不仅有利于企业调整优化自身的产业结构和产品结构，促进企业转型升级，缓解国内资源及环境压力，也有利于在全球范围内进行战略性布局，突破贸易壁垒，开拓更大的国际市场空间。同时，通过"企业联合"方式的 OFDI 可以降低企业对外投资的风险，加强企业间分工协作，提升其经营绩效。2000 年，越美集团年销售收入不足 4000 万元，到 2008 年，已达 22 亿元，平均每年增长 65％以上，销售利润大幅提高。2000年企业的销售平均利润率不到 5％，通过"走出去"，使得一揽子要素配置优化，提高交易效率，形成国家层次、企业层次的利益共生，当年企业的平均利润就达到 40％（钱建民，2009）。

中国企业通过 OFDI 形成的动态比较优势，可通过企业家才能的拓展与潜能的充分发挥、动力能力的持续提升而具有上述"双重性"、"互补协同性"、"内生性"，因而是可持续的。

第四节　结论与政策含义

（1）目前，中国经济发展水平已超越邓宁提出的对外直接投资起飞的临界标准，但作为转型经济条件下的发展中大国，中国亟须展开 OFDI 的前瞻性理论研究。本研究从区际经济发展水平、资源禀赋条件、企业家资源丰度、市场规模、开放经济发展程度、市场化转型状况六个方面来探索中国对外直接投资的动因。研究发现，将企业家资源拓展这一特殊稀缺要素的引入，是中国通过对外直接投资改善国际分工地位、避免"低端锁定"、获取更多比较利益的捷径。中国改革开放 30 余年来的历史表明，市场化取向的经济体制改革是激活、甄别、筛选、拓展企业家才能的关键，而对外直接投资则是促进企业家才能充分发挥的重要途径。

（2）大力发展对外直接投资，更好地利用国内外的资源和市场，拓展海外商务，从表象上看，这似乎是市场规模的外延性拓展，但从本质上看对外直接投资还具有能使企业家才能内生性拓展的更深内涵。市场规模的有效扩大标志着分工的深化、效率的提升，而且可为企业家才能的发挥提供更宽广的信息渠道，使其能以更多的机会发现、利用市场的知识、信息及更大的获利空间，这必然导致企业家才能的内生性拓展。因此，通过国内市场向国外市场的延伸是提升市场规模、拓展企业家资源、促进分工深化、增进动态比较优势的有效途径和明智选择。

(3)实现对外直接投资的可持续发展，不仅是要注意中外之间、参与 OF-DI 的企企之间的协同、互利共赢，而且还需构建中国政企之间的协同。政府应努力构建与完善中国企业对外直接投资的政策支持体系、法律保障体系、境外商务服务体系。通过中国驻外使领馆为中国相关企业提供所需的商务咨询服务、加强对境外投资企业的管理和指导，努力与投资目的国签订双边保护协定、充分发挥行业协会的作用，降低企业经营风险，为中国企业的对外直接投资创造更良好的环境。

参考文献

Aghion P. and Howitt P. Endogenous Growth Theory[M]. Cambridge：The MIT Press，1998. 中译本：阿吉翁，霍依特. 内生增长理论[M]. 北京：北京大学出版社，2004.

Amsden，A. Asia's：Next Giant：South Korea and Late Industrialization[M]. New York：Oxford University Press，1989.

Dixit，A. K. and Stiglitz，J. E. Monopolistic competition and optimum product diversity：The american economic review[J]. 1977，67(3)：297-308.

Baumol，W. J.，Panzar，J. C. and Willig，R. D. Contestable Markets and the Theory of Industry Structure[M]. New York：Harcourt Brace Jovanovich，1982.

Dunning J. H. International Production and Multinational Enterprise[M]. London：George Allen & Unwin，1981.

Grossman G. and Helpman E. Quality ladders in the theory of growth[J]. Review of Economic Studies，1991(58)：43-61.

Knight，F. H. Risk，Uncertainty and Profit[M]. New York：Harper and Row，1965.

Kor，Y. Y. and Mahoney，J. T. How dynamic management and governance of resource deployments influence firm-level performance[J]. Strategic Management Journal，2005(26)：489-496.

Krugman P. The narrow moving band，the Dutch disease，and the competitive consequences of Mrs. Thatcher：Notes on trade in the presence of dynamic scale economies[J]. Journal of Development Economics，1987(27)：41-55.

Lucas，R. E. Marking a miracle[J]. Econometrics，1993，61(2)：251-272.

Redding S. Dynamic comparative advantage and the welfare effects of trade[J]. Oxford Economic Papers，1999(77)：15-39.

Yang，X. and Ng Y. K. Specialization and Economic[M]. North-Holland，1993.

Young，A. Increasing returns and economic progress［J］. The Economic Journal，1928，38（152）：527-542.

Young，A. Learning by doing and dynamic effects of international trade［J］. Journal of Political Economy，1991（106）：369-406.

［美］格罗斯曼，赫尔普曼. 全球经济中的创新与增长［M］. 何帆，等，译. 北京：中国人民大学出版社，2003.

［英］卡森. 企业家：一种经济理论［M］. 马丁·罗伯特森出版社，1982.

［美］科兹纳. 洞察力，机会和利润［M］. 芝加哥大学出版社，1979.

林毅夫，孙希方. 经济发展的比较优势战略理论——兼评＜对中国外贸战略与贸易政策的评论＞［J］. 国际经济评论，2003（6）：12-18.

［美］钱德勒. 看得见的手——美国企业的管理革命［M］. 重武，译. 北京：商务印书馆，1987.

钱建民. 坚持"走出去"战略、构建"浙式"跨国公司［J］. 政策瞭望，2009（1）：45-46.

［法］萨伊. 政治经济学概论［M］. 陈福生，陈振骅，译. 北京：商务印书馆，1963.

［美］约瑟夫·熊彼特. 经济发展理论——对于利润、资本、信贷和经济周期的考察［M］. 何畏，等，译. 北京：商务印书馆，1997.

［英］亚当·斯密. 国民财富性质与原因的研究［M］. 北京：商务印书馆，1972.

杨小凯. 发展经济学：超边际与边际分析［M］. 北京：社会科学文献出版社，2003.

张维迎. 企业的企业家——契约理论［M］. 上海：上海三联书店，人海人民出版社，1995.

张小蒂，李晓钟. 对中国长三角地区全要素生产率的估算及分析［J］. 管理世界，2005（11）：59-65.

张小蒂，李晓钟. 转型时期中国民营企业家人力资本特殊性及成长特征分析［J］. 中国工业经济，2008（5）：129-138.

张小蒂，王永齐. 融资成本、企业家形成与内生产业集聚：一般分析框架及基于中国不同区域的比较分析［J］. 世界经济，2009（9）：15-26.

张小蒂，赵榄. "干中学"、企业家人力资本与中国动态比较优势［J］. 浙江大学学报（人文社会科学版），2009（4）：73-81.

张小蒂，赵榄. 企业家人力资本结构与地区居民富裕程度差异研究［J］. 中国工业经济，2009（12）：16-25.

张小蒂，朱勤. 论全球价值链中中国企业创新与市场势力构建的良性互动［J］. 中国工业经济，2007（5）：30-38.

周其仁. 市场里的企业：一个人力资本与非人力资本的特别合约［J］. 经济研究，1996（6）：71-80.

下篇

中国动态比较优势增进实现途径的典型案例

第九章 典型案例Ⅰ:以绍兴纺织产业集群为例

改革开放以来,中国企业规模普遍较小,企业内分工程度相对较低,从而导致自主创新能力不足,市场竞争力较弱。大批民营中小企业采用企业间分工网络而构成的集群经济来增强自身竞争力,由此形成以马歇尔外部经济为特征的集群经济。马歇尔外部经济指当整个产业集群的产出扩大时,集群内各企业的平均生产成本下降。在这过程中,集群内要素的共享对外部经济的形成起重要作用(马歇尔,2005)。在转型经济中的中国,马歇尔外部经济体现在以下几个方面:①生产力的集聚促进要素边际收益递增;②要素在区域内的集约使用降低交易费用;③基于地缘、业缘、人缘的信息可有效传导;④技术与管理知识的外溢;⑤社会专业化分工体系的配套与支撑。

然而,随集群的发展,其创新会遇到制约瓶颈。中国产业集群以中小企业为主,它们大多以廉价劳动力和自然资源为比较优势参与全球价值链分工,缺乏对高附加值环节的控制,导致创新能力和经验积累不足,在比较利益分配上处于不利地位,而研发所需的较高投入构成中小企业自主创新的过高门槛。由于技术要素的易逝性、专用性及难以度量测定的特点,技术产品的交易双方往往存在较大的信息不对称,使仅具有有限理性的买卖双方较难达成交易(张小蒂和王焕祥,2004)。在集群内信息可迅速且"低成本"外溢的情况下,企业倾向于采取免费搭便车(Free-ride)的模仿策略,使得研发成果具有了非排他性和非竞争性(Arrow, 1962),率先创新的企业往往因激励机制扭曲而放弃创新努力,使得整个集群的创新水平渐趋萎缩,由此构成的"囚徒困境"会使集群的外部经济由早期的"升"转为"降"。显然,市场失灵(Market failure)正是这一"困境"的症结所在,它导致集群内部产品雷同、交易费用上升、要素共享程度下降,使得集群的产业发展可能被"低端锁定"。可见,集群能否"逆转"外部经济的下降趋势,使其由"降"转"升"? 如何实现这一"逆转",并使集群外部经济持续增进? 其机理与途径何在? 这是中国产业集群目前面临的紧迫问题。

　　应该指出,由于产业集群内企业间分工在效率导向下的分布通常会符合产业链环节配置的要求,故对上述"逆转"机理与途径的研究可通过产业链治理的思路展开,即从"链"的上下游"环节内"与"环节间"等层次来构建集群的要素共享平台,提升要素在集群内的共享程度,从而增进集群外部经济。在这方面,浙江绍兴纺织产业集群的成功实践可提供具有重要借鉴意义的实例。

第一节　浙江绍兴纺织集群基于产业链治理的外部经济增进

　　浙江省绍兴市纺织产业集群[1]的典型性主要体现在以下几个方面:①具有以民富为特色的较高经济发展水平。2011年浙江省的城镇居民人均可支配收入居全国各省区首位,绍兴市城镇居民人均可支配收入名列浙江省地级市前茅。②企业间分工程度较高,集群属于"原生型"集群[2]。绍兴的中小企业比重达96.7%,它们在当地乡镇企业的基础上自然发展而成,符合"马歇尔外部经济"以市场机制为背景的前提条件,因而依据 Markusen(1996)的集群分类理论可称为马歇尔式产业集群。③产业优势突出。该市所属绍兴县纺织集群、诸暨袜业集群、嵊州领带集群均已入选"全国县域产业集群竞争力百强"。绍兴纺织业在生产规模、市场销量、设备先进性等方面处于全国领先地位,并创造了化纤原料产量、织布产量、纺织品成交量等多项全国第一,其生产的纺织面料和印染产品分别占全国市场份额的25%和30%。2010年,绍兴规模以上纺织企业的工业总产值占全市规模以上总产值的比重达41%。④专业市场发达,产销兼具,已具备产业链雏形。

　　然而,绍兴纺织业也曾一度陷入模仿盛行、同质化竞争严重的"囚徒困境",导致在市场需求不断变化和技术日新月异的情况下竞争优势难以为继。绍兴的万人专利授权量在1999—2005年连续6年里一直在年均1~2项的低水平徘徊,创新能力的发展几乎处于停滞状态。正是通过对产业链的治理,使

---

　　[1] 绍兴市由市区及上虞市、诸暨市、嵊州市、绍兴县及新昌县等组成。本书所指的绍兴纺织集群是绍兴市范围内的所有广义上的纺织企业,含纺织业,纺织服装、鞋帽制造业,化学纤维制造业及纺织机械制造业四类。
　　[2] 按照产业集群形成的驱动力量,中国产业集群可分为"原生型"和"嵌入型"两类,前者主要由受当地工商业传统影响并结合地区要素禀赋的民营企业发展而成;后者主要由外商直接投资或产业转移驱动而产生。

集群竞争力因马歇尔外部经济增进而不断提升。近年来,中国的传统比较优势行业陷入了"低端锁定"的僵局,是否能转型升级一直有较多疑问。因而从产业链治理的新视角揭示绍兴纺织集群外部经济的变化规律和逆转机理,对于中国产业集群的竞争力提升和比较优势增进具有重要启示。

对于产业集群而言,产业链是群内企业间基于一定的技术经济关系形成以上、中、下游环节构成的"链"式关联形态。在实际经济运行中,产业链无论是环节内,还是环节间,都存在大量交易活动,且随着技术的发展,这些交易的复杂程度也在不断提高。这使探寻降低产业链环节内与环节间交易费用为重要目标的产业链治理成了化解上述"囚徒困境"的关键切入点。绍兴纺织业集群产业链治理的重要内涵是通过构建集群的要素共享平台来调整、优化产业链各节点之间的协同关系,降低交易费用,培育共生利益,提升要素共享程度,形成"企企"之间与"政企"之间两个层次的激励相容,从而增进集群的外部经济。绍兴纺织集群的产业链治理举措具体如下。

一、产业链治理Ⅰ:上游构建以各相关方"激励相容"为特征的共享技术平台

研究表明,技术创新具有极强的正外部性,其社会收益率约为私人收益率的 3 倍(张小蒂和朱勤,2007),因而技术创新是集群外部经济增进的重要途径。然而对于中小企业而言,较高的研发风险投入使其难以独立创新;倘若吸取企业外部的研发成果,技术要素具有的特殊属性决定其载体无论是人还是物,都会因信息不对称而具有较高交易费用,从而导致市场失灵。共享技术平台的构建正是致力于降低技术创新相关的交易费用,实现集群外部经济的增进。绍兴纺织集群在进行产业链上游研发环节的治理时,主要有以下三种平台类型:研究机构、交易场所、纺机园区。典型代表分别为:浙江省现代纺织工业研究院(简称浙纺院)、创意产业基地和齐贤纺机工业园。它们分别在研发成果的形成、流转与应用层次对集群的外部经济增进起到了重要的作用。

(1)研发成果形成层次。集群共享技术平台的构建,对技术人力资本拥有方与货币资本拥有方之间交易费用降低及共生利益形成的促进作用,主要体现在:①在两类主体之间建立沟通纽带,使双方通过重复博弈降低信息的非对称性。目前,绍兴市已建有技术研发与服务中心多个,以其中的佼佼者——浙纺院为例,它于 2006 年由民营的绍兴轻纺科技中心联合若干省内大学共同出资成立。②以灵活的形式促进人才"柔性"流动,即通过市场买"脑袋",使集群企业的人才来源渠道拓宽,人才的层次提高。如浙纺院为保持创新能力居于行业领先水平,在国内外招纳领军人才,其研发团队中有很大一部分为来自高

校院所的兼职专家,还包括多名从国外引进的国际知名技术人才,并聘请院士担任技术首席专家,以及建立了博士后工作站。同时,浙纺院与国内外多家高校院所广泛合作,通过内外部创新资源的集成共享,实现创新和服务能力的提升。③在人才的供求双方中都引入竞争机制,使双方的"利益边界"趋于合理,由此导致技术人力资本拥有方与货币资本拥有方的预期明晰,交易费用降低。经短短几年的发展,浙纺院已形成覆盖绍兴市 4/5 纺织企业的从研发、中试到产业化的"一条龙"创新服务体系。④增强对专业技术人才激励的针对性和有效性,即将研发报酬的"事前"与"事后","固定"与"浮动"结合起来,使其激励机制具有某种"二元化"结构的特点,这对专业技术人才潜能的发挥可起到有效激励,由此导致技术研发的绩效大幅提升[1]。具体表现在对关键共性技术的研发突破和专利授权量的不断增加。近年来浙纺院以产学研结合的方式为企业解决了多项共性技术难题。

(2)研发成果流转层次。共享技术平台的构建,对设计或专利等研发成果的供给方与需求方之间交易费用降低及共生利益形成的促进作用,主要体现在:①吸引研发成果供求双方集聚,通过重复博弈使其机会主义倾向减弱。②在重复博弈中大量、连续、竞争的交易使研发成果的"价格"趋于合理,既可补偿创新方包括沉没成本在内的较高研发投入,又可避免技术要素相关交易中垄断"暴利"的出现,由此引致研发成果供求双方的交易费用降低。③为便于对客户需求做出迅速反应,研发成果提供方往往采取研发与销售一体化的经营模式,使研发成果的技术先进程度与研发成本获得较好的平衡,且与市场需求的吻合度增强,针对性提高,从而提高研发效率,减少误研发。④各创意企业的集聚,加速了研发成果在其提供方之间的有效传播与利用,使研发成果需求方选择面拓宽,所购研发成果的"性价比"提高,由此引致研发成果供求双方的共生利益增进。自 2008 年以来,绍兴构建并不断优化位于中国轻纺城创意产业基地(含创意大厦、科创大厦及 F5 创意园)等技术交易场所,通过提供研发成果展示和销售平台,吸引大量从事纺织、服装设计及纺织软件开发的企业和技术人才集聚。

(3)研发成果应用层次。对于集群研发环节的整体绩效而言,研发成果不

---

〔1〕 这种激励机制在绍兴纺织集群的共享技术平台中被普遍采用,使专业技术人才与企业之间实现利益共享与风险共担,通常称之为"下保底,上不封顶","下保底"意味着研发投入方的某种风险投资,"上不封顶"则意味着专业技术拥有方的报酬还要视其提供研发成果受市场需求检验的结果而定。

仅形成和流转层次很重要,应用层次的作用也不可忽视。常言道:"工欲善其事,必先利其器",纺织品的创新与畅销,与相关纺机设备的技术先进性密不可分。纺机设备作为纺织企业所共同使用的固定资产,是无形技术与有形资本的结合体。通过提升共性技术在同类设备上的应用效率,可使先进技术在集群内的共享面拓宽,共享程度提升。然而纺机的研发与生产具有较高的进入"门槛",且资产专用性强,沉没成本较大;其研发与生产工艺较复杂,往往需多家相关企业的协同攻关才能成功。与单个企业单独地"试错"相比,多家企业在"试错"上的分工协作可使先进技术成果转化为生产力的效率提升。共享技术平台的构建,对于先进技术应用于同类设备的各合作方之间交易费用降低及共生利益形成的促进作用,主要体现在:①促进企业以共担风险、共享利益的方式在技术、工艺改进中协同攻关,使各合作方的研发风险投入降低,研发成果的应用效率由于企业间专业化分工深化而增进;②促进集群内默会知识在合作企业间的学习交流,使可共享的经验积累得更快;③"嵌入"先进技术的纺机通过集中生产和交易,其应用层次的"性价比"得到提升。

共享技术平台从上述三层次使得研发各相关方之间的交易费用降低,从而有效化解了以市场失灵为特征的创新瓶颈障碍;通过产业链治理与共享平台的构建,使研发成果的形成、流转与应用层次各相关方之间的共生利益得到培育,主要表现在研发成果的提供方研发效率获得大幅提升,研发成果的需求方基于成果的"性价比"提升,其"使用者剩余"也获得增进,从而使"企企"间实现技术创新的"激励相容"与集群的外部经济增进。

二、产业链治理Ⅱ:下游构建以销售规模内生性扩大为特征的共享市场平台

市场规模的扩大可使集群内中间投入品的利用效率提升,同时也是企业分工深化与比较优势增进的重要体现(亚当·斯密,2003),可见市场规模的扩大是实现集群外部经济增进的另一重要途径。共享市场平台的构建,可实现市场规模的内生性扩大。它主要从销售渠道拓展、定价策略优化和洼地经济形成等方面促进销售规模的扩大。

(1)网下市场与网上市场互补发展。随着竞争的加剧,传统网下市场的局限性日益明显,需通过传统网下业态向新型网上业态的延伸以实现市场规模的拓展。新型网上业态的优势在于:它在信息检索、商品浏览、价格比较、订单处理、用户反馈等环节具有较高效率,从而使需求方的选择范围扩大,流通渠道的便利度与效费比大幅提升;能突破集群地域局限与实物交易约束,使交易的形式与内容更加丰富。绍兴纺织集群从2007年底开始网上交易市场的运

营,现已形成中纺交易网、全球轻纺原料网和网上轻纺城"三足鼎立"的局面。其中前两大电商平台主要开展纺织类产品的挂牌交易与现货中远期交易,通过集中竞价决定市场价格,使价格预期更为明确、合理。仅中纺交易网就有逾900 亿元的年成交额,已超过传统网下市场——中国轻纺城的交易规模。网上轻纺城则致力于强化绍兴纺织业在 B2B 在线交易市场的优势,它构建了全国首个网上市场信用"体检"平台,通过建立"主体准入"实名制、商户信用信息征集、评估、查询和披露机制,优化了网上信用环境,降低了交易费用,使市场参与各方预期明晰化,从而促进了他们之间的重复合作博弈。

尽管新型网上市场优势明显,但传统网下市场也有自身的优势:购买方可获得对商品的可触摸性等直观体验;通过面对面沟通,增进供求双方人格化信息的了解程度,基于相互信任更易于达成交易继而实现重复博弈;对于使用程序较复杂且内含丰富默会知识的产品,销售方通过提供现场使用指导和产品维护不仅可使购买方对商品的了解深化,还可使产品的附加值增加,服务要素比例提高,从而获得某种非价格竞争优势。绍兴纺织业的网下销售渠道以纺织品交易市场为主,典型代表为中国轻纺城,其主要为经营户提供销售摊位和物流仓储等配套服务。它通过将商品按类别分区域展示,强化了销售方的集聚优势,在满足购买方多样性偏好的同时,节约其"货比三家"的搜寻成本。

(2)适度利润率的价格竞争策略。统计表明,2000—2010 年绍兴纺织业的年均利润率处于较低水平,低于浙江及全国的这一水平;与此同时,绍兴纺织业的利润总额却在不断上升中。这在一定程度反映出绍兴纺织业在集群发展的初期阶段,通过适度降低利润率,使利润基,即销售份额扩大,从而提升了总利润;在其议价能力不断增强的前提下,坚持采取适度利润率的定价策略,以较高性价比形成对购买者的"锁入效应"(Lock-in Effect),进而由利润基不断扩大而获取总利润的动态上升。对于厂商而言,保持适度商品利润率的"予",是与其在市场份额不断上升中的"取"相联系的,这正与"拉弗曲线"[1]原理相一致,从而使产业集群在销售环节的盈利能力和控制能力获得提升。

(3)洼地经济效应。共享市场平台通过以上两个层面的业态创新,促进了集群销售规模有效扩大。销售规模的扩大可缓解规模生产与消费者多样化偏

[1]　拉弗曲线由美国经济学家拉弗提出,也是供应学派减税政策主张的主要依据,基本原理为:理论上存在一个最佳税率(或适度税率),由于税收＝税率×税基,当税率保持在最佳税率以上时,由此导致的税基损失会使得税收不升反降;故将过高税率调整为适度税率会使税收不降反升。其原理也可应用于总利润与利润率及利润基的关系。

好间的两难冲突,同时实现生产方的规模经济和销售方的范围经济。网上网下市场的优势互补及适度利润率导向下所致的"薄利多销"可产生某种"洼地经济效应",吸引人流、物流、商流、信息流在利益驱动下向平台处汇聚,使集聚经济的诸多优势获得强化。从销售渠道的利用效率视角来看,共享的销售渠道作为集群的基础设施投入,所提供配套服务越完善,渠道使用费用越低,就越能吸引更多的交易主体在此集聚,销售渠道的利用效率就越高。自2006年以来,绍兴中国轻纺城通过严控营业房租金,严禁炒作和规范转让等方式,使专业市场的渠道费用及其预期波动风险降低,从而增强对交易主体的集聚力。从动态价值来看,销售渠道作为重要的固定资产,同时具有资本增殖的特性。在给定渠道费用的前提下,销售额越大,渠道的利用效率越高,共享平台市场价值的动态估值也可获大幅提升,从而增强对其投入的激励,这一螺旋上升的趋势具有正反馈的特征,正是集群市场规模内生性扩大的机理所在。因而共享市场平台的构建使集群市场平台的共享面拓宽,集群的外部经济获得增进。

三、产业链治理Ⅲ:基于上下游"环节间"协同互动的外部经济增进

在价值链的"微笑曲线"中,附加值主要产生于研发和销售两环节,似乎其中任何单一环节均可独自攀升价值高端。而从产业链治理的视角来看,其研发与销售两环节并非孤立存在,而是相互影响,紧密相连的,因而集群外部经济增进具备综合统筹的特征。仅重视研发和销售两端是不够的,还必须高度重视产业链上下游"环节间"的协同互动。

(1)产业链上下游"环节间"的内在逻辑联系。上游的研发与下游的销售环节具有紧密的内在逻辑联系。从产业链上游研发环节的视角来看,销售规模的扩大不仅需要良好的市场营销来提高产品知名度,更需要持续的技术创新和品质优化来提升产品美誉度,这显然有赖于上游研发体系的有效支撑。绍兴纺织集群长期集中于纺织面料的研发和生产,由此积累了较强的技术优势。然而面料的附加价值有限,"恨布不成衣"曾是绍兴纺织业的一大遗憾,为提高价值构成,绍兴近年来致力于发展服装家纺业,通过在既有的技术优势中融入更新颖多元化的设计元素,使每单位产品附加值及其种类显著增加,消费者的选择面进一步拓宽。

从产业链下游销售环节的视角来看,上下游之间的逻辑联系还体现在以下四个层次:①对销售环节的有效控制可适时掌握消费者偏好的变化,使研发得到及时改进和优化,从而降低研发的市场风险;对市场需求的适时跟进,使市场规模有效扩大,实现研发成果从实验室样品到畅销产品的"惊险一跳"。

②研发成果的成功商品化,使企业经营绩效改善,资本要素积累加快,从而为上游的研发提供可持续的盈利机制、动力机制与再投入保障机制。③下游销售规模的扩大可更好地分摊上游的研发费用,使平均研发成本随着市场规模的扩大而降低,从而增强对企业技术创新的激励。④需求的变化使产品差异要求不断提高,产品差异层次的提升使技术、设计等高级要素在商品价值构成中的份额不断增加,从而使原以廉价劳动等初级要素为主要价值的要素密集度发生逆转,商务流程得以优化再造。基于此,绍兴纺织业正改变以劳动力密集和环境污染为代价参与竞争的格局,而朝着产业结构的更高级层次转型升级。

(2)共享要素平台使"环节间"协同性加强。产业链上游与下游治理的核心在于共享技术平台和共享市场平台的构建,而要实现上下游之间的协同互动应将共享的单一要素平台向共享的综合要素平台延伸。共享要素平台的构建是马歇尔外部经济形成的关键纽带,它使各要素相关方的交易费用降低,"企企"间共生利益形成。共享要素平台除了技术和市场等因素外,还包括金融、物流、仓储、管理咨询等生产和服务要素,这些要素的充足供应和协同配合,可促进此类平台的高效运转,从而不仅使产品的附加价值增加,还可有效打通贸易与投资、外贸与内贸、网上与网下交易等传统壁垒,使产业链各"环节间"的协同互补程度加强。例如,通过物流环节的发展可促进产业链的纵向整合。如绍兴市嵊州领带集群,其领带产量占全球市场的近一半。然而占其总成本70%以上的原材料桑蚕丝,却有95%需从外地采购,原料采供环节控制权的缺失使企业经营很被动。为此,集群中的几家龙头企业组建了若干家物流公司,通过统筹采购及赴云南、四川设立桑蚕基地等方式,获得了较强的市场议价能力,大幅降低了企业的经营成本。从产业链治理的视角看,这种纵向整合使上游的治理并不仅仅局限在研发环节,也延伸至原料采购、物流、仓储等多个环节。

从总体上看,以共享要素平台构建为核心的产业链治理,可降低交易费用,化解市场失灵,培育共生利益,形成激励相容,从而提高了要素在集群内的共享程度,共享内涵不断丰富,使集群外部经济增进。

第二节　进一步研究:"外部经济"增进的可持续性分析

上述研究表明通过产业链治理可促进集群外部经济增进,那么上述增进是否具有可持续性?通过对绍兴纺织集群的进一步研究发现,从"内生性"的视角来看，其外部经济的可持续性可体现在以下两个方面。

一、"政企"间形成"激励相容"

马歇尔等学者在研究集群外部经济时以市场机制成熟，交易费用忽略不计作为暗含前提，因而在其理论范式下集群共享要素可由市场主体，即企业来提供。然而中国作为转型经济背景下的发展中大国，其市场机制尚不完善，故地方政府是产业集群发展不可或缺的解释变量和重要主体[1]，其"顺市场导向[2]"政策（Pro-market policy）在化解市场失灵、促进集群外部经济增进方面具有重要作用。因此，集群共享要素的提供渠道应该拓展，提供主体除企业外，还应包括政府，因为政府所提供的公共品也是集群内重要的共享要素。要使中国集群外部经济持续增进，不仅"企企"之间，"政企"之间也应实现"激励相容"。"企企"间"激励相容"的实现机理已在前文中述及，"政企"间"激励相容"的实现途径可体现在以下两个层次。

（1）政府所提供的公共品对集群企业发展的促进作用。政府通过公共品的提供，给集群外部经济的增进创造了良好的制度环境，成为群内企业转型升级的重要推动力。政府"顺市场导向"政策的切入部位处于产业链的某个环节，但其影响和作用会沿着产业链的各个节点传递到整个集群的产业链，具体体现在以下三个层次。①从产业链上游切入，提供公共品。政府通过土地批租、财税扶持、人才引进等政策举措促进研发环节共享技术平台的构建。政府对土地批租权的合理使用，能优化生产力的空间布局，加速产业链治理的进程；以财税政策适度补贴企业进行技术创新所面临的高额沉没成本和溢出效应，能激励其创新积极性，使企业创新活动所带来的社会收益率提升，促进集群外部经济增进（林毅夫和孙希芳，2003）。例如，绍兴县政府通过给予浙纺院一定的财政补贴并无偿提供办公用房，促进其充分发挥公共技术平台的职能；它通过对轻纺城创意产业基地中的优秀创意企业和设计师进行奖励扶持，强化其技术创新的示范和带动效应。绍兴市政府通过给予获纺机专利授权企业其研发费用150%的补贴作为奖励，激励了企业进行技术创新的热情。②从产业链中游环节切入，提供公共品。政府通过园区规划促进制造环节污染的

---

〔1〕 "地方政府对产业集群的形成与发展可起到关键作用，其中一个重要作用体现在提供基础设施方面"，见林毅夫2012年7月21日"CCER/CMRC中国经济观察"报告会上发言。

〔2〕 "顺市场导向"是指政府的引导、调控与服务职能与市场运行方向相一致，并通过一系列政策法规促进市场机制在配置资源方面的作用提升。

集中治理和节能减排措施有效实施,大幅削减了集群中因环境污染问题而引起的负外部性,也促进了基础设施和资源利用效率的提升,推动产业的集约化发展。例如,绍兴市政府通过实施"零土地"技改[1]和提高亩均投资强度,促使企业进行集约生产和技术革新。绍兴县政府则将八成印染企业集聚到新滨海工业区,并对迁入企业设置装备、环保等方面的较高标准,通过集中的能源供给和污染治理,倒逼企业进行节能减排和转型升级,力图5年内将新滨海工业区升级为"中国绿色印染研发基地",使全县的落后产能、污水排放及印染产业用地均减少1/3,印染每米布的附加值大幅提高。③从产业链下游环节切入,提供公共品。政府通过销售环节对知识产权保护体系的完善及执行力度的加强提升企业进行自主创新的内生性动力。在纺织品创新中,设计元素作为一种直观的创意成果极易在流转和应用中被模仿,使产品的差异空间迅速缩小。政府通过加强商标、版权、专利及商业秘密等知识产权的保护力度,以维护集群内创新企业的利益。位于中国轻纺城内的知识产权保护工作办公室成立于2008年底,是由浙江省"品牌指导站"、绍兴县花样登记管理保护办公室和轻纺城知识产权保护促进中心共同组成的集指导、创建、保护三位一体的产权管理机构。2011年,该管理机构出台国内首个专业市场知识产权保护意见,开展知识产权保护与纺织品质量监督的工作,形成了"政府监管、行业自律、司法支持"的三级联动机制。它还开创了全国跨省实施纺织品市场版权保护与合作的先河,牵头联合全国纺织品龙头市场,在国内率先建立了跨区域版权保护"协作联合体",从而有效遏制了"搭便车"行为的发生,推动了绍兴纺织集群中创意产业和共享要素平台的发展。

(2)集群企业发展对政府实现政策目标的促进作用。与此同时,集群企业的转型升级对政府实现政策目标的促进作用主要体现在:集群在政府的政策引导下实现传统产业的转型升级及其市场竞争力的提升,从而有助于政府实现其充分就业、经济增长、结构优化、科学发展、生态环保、节能减排等经济与社会发展的政策目标。因此政府与集群企业间呈现良性互动的关系,基于"政企"间的"激励相容",集群的外部经济增进具有可持续性。

---

[1] "零土地"技改是指为克服土地要素制约,鼓励企业通过技术改造将原有用地与新规划好、符合科学发展的土地进行置换,使企业的生产力布局更加集约化,而导致土地零投入下扩大经营规模、提升效率。

二、市场规模扩大与企业家才能拓展间的良性互动

产业集聚实质上是企业家的集聚。政府政策的出发点与落脚点都在于为企业发展创造良好环境，这是因为企业才是产业链治理与外部经济增进的核心。实证研究发现，产业集聚的过程实际上是基于马歇尔外部经济形成过程中，企业家才能不断显现和拓展的过程以及由此引发的一系列制度激励。集群市场规模扩大与企业家才能拓展之间的良性互动主要体现在以下两个方面：①从不完全信息视角来看，两者高度关联。企业家才能的主要特征是对市场信息进行高效发掘、处理和利用，即对商机的捕获；而企业家的这类行为会创造新的市场信息，从而改变集群内其他企业家的信息环境，形成更多的商机；上述原因会使新的市场信息进一步传播开来，其结果是市场规模的有效扩大（张小蒂和贾钰哲，2012a）。市场规模的扩大使企业家发现、利用、创造、传播的市场信息来源更加丰富，空间更大，其才能可得到进一步拓展。②从"干中学"的视角来看，两者高度关联。与其他人力和物质资本相比，企业家才能的特殊性在于其能通过一揽子要素的优化配置而获得大于各单一要素从事经营活动的收益之和，其熊彼特意义上的创新可促进产业链各环节治理绩效的提升；其知识以"Know how"为主，因而企业家才能主要基于"干中学"而获得内生性拓展，这能改善其经营绩效，并通过产业链上各企业的协同互动使集群的整体经营绩效提升，市场规模得以有效扩大。市场规模的扩大可促进企业分工进一步深化，从而使企业家才能基于"干中学"而内生性拓展。

可见，集群市场规模扩大与企业家才能拓展间具有内生的良性互动关系。企业家作为产业链治理的核心主体，其才能的拓展可使得集群的要素共享面有效扩大，共享程度提升，使社会收益率提升，外部经济获得可持续增进。对于企业家而言，其经营努力后所获取的合理回报及其保障是其才能培育与发挥的主要动力源泉。在转型中的中国，市场化主导制度变迁的重要特征之一就是产权界定日益明晰、合理，因而深化以市场化为取向的体制改革是中国企业家才能内生性拓展的根本动力源（张小蒂和贾钰哲，2012b）。

第三节 对集群外部经济增进的实证分析

集群外部经济的增进不仅体现在市场规模的扩大，也体现在技术和效率等方面，是综合生产力水平提升的表现，这与全要素生产率的内涵一致，因

而不妨用全要素生产率来估计集群外部经济的变化状况。

一、纺织业的全要素生产率估算

选用"索洛剩余"法估算纺织业全要素生产率(TFP)。从长期来看,资本、劳动等生产要素促进经济外延型增长时受边际收益递减规律的制约,TFP 因能促进集约化发展而具有边际收益递增的特点,因而 TFP 的增长状况可用来估计集群通过产业链治理所获得的综合绩效及外部经济增进状况。运用对数形式的规模报酬不变 C-D 生产函数估算纺织业发展中资本要素的弹性值,样本数据为绍兴市及全国纺织产业[1] 1994—2010 年的时序数据,数据来源于《绍兴统计年鉴》和《中国统计年鉴》。分别采用纺织产业的工业总产值、从业人员平均数和固定资产净值估计 Y,K 和 L,其中,固定资产净值=固定资产原值—累计折旧。序列 Y_t 具有很强的时间趋势,因而在模型中加入时间变量 T 加以描述。考虑到投入要素对产出的影响具有一定的时滞效应,而将投入要素做滞后一期处理,同时控制了模型的内生性问题。回归模型为:

$$\ln(Y_t/L_{t-1}) = \ln A_{t-1} + \beta \ln(K_{t-1}/L_{t-1}) + \eta T + \varepsilon_t \tag{9.1}$$

运用 OLS 法对方程(9.1)进行回归分析,回归结果见表 9.1。基于 β 值求得绍兴及全国纺织产业自 1994—2010 年劳动、资本、TFP 对纺织业的年均增长率及其贡献份额(见表 9.2)。从结果来看,绍兴纺织业的 TFP 增长率及贡献份额均明显高于全国水平,表明通过产业链的治理,绍兴纺织业外部经济的增进速率明显提升;外延型扩大再生产方式对绍兴纺织业的贡献力度已明显减弱,全要素生产率成为推动产业发展的重要变量。这在一定程度上反映出传统产业通过对产业链的治理,可获得外部经济水平的明显提升,从而实现产业的转型升级和比较优势增进,获得盈利能力和市场竞争力的不断增强。

表 9.1　1994—2010 年绍兴、全国绍兴业的生产函数回归结果

		β	常数项	η	adj. R^2	F 值	$D\text{-}W$ 值
$\ln(Y_t/L_{t-1})$	绍兴	0.607* (9.338)	−1.161* (−12.484)	0.074* (9.250)	0.986	465.171	1.902
	全国	0.822* (7.541)	−0.898* (−19.522)	0.070* (17.500)	0.967	188.122	1.800

注:*、** 分别表示在 0.01 和 0.05 的显著性水平下通过检验,括号内为 t 值。

---

[1]　含纺织业、纺织服装鞋帽制造业、纺织服装专用设备制造业、化学纤维制造业。

表 9.2 1994—2010 年绍兴、全国纺织业中劳动、资本、TFP 对纺织业产出增长的年均贡献份额

地区	年均增长率（%）	劳动投入（%）		资本投入（%）		全要素生产率		
		年均增长	贡献份额	年均增长	贡献份额	均值	增长率（%）	贡献份额（%）
绍兴	18.16	2.14	5.49	14.90	58.06	0.6719	9.20	36.46
全国	17.05	10.08	9.89	9.67	70.38	0.8359	7.39	19.74

　　绍兴纺织业 1999—2010 年 TFP 增长率的变化情况如图 9.1 所示。其中,2008 年和 2009 年的索洛余值因受金融危机等宏观因素的干扰过大而未能真实反应 TFP 水平,因而被视为奇异点未列出。图中 A 点到 B 点的上升表明,在市场取向的改革开放初期,绍兴的民营纺织企业开始大量形成并集聚,产业的 TFP 增长率提升。然而从 2003 年开始,TFP 增长率却呈下降趋势,直到 2005 年达到最低点。这一阶段企业纷纷采取"搭便车"的模仿策略,集群创新陷入"囚徒困境",使得外部经济"由升转降",TFP 增长率随之下降。从 C 点到 D 点的上升趋势表明,从 2006 年开始,绍兴纺织集群开始重视并实施共享技术平台的构建,如浙纺院、创意大厦的建立大多在这一时期,使各相关方的创新交易费用降低,共生利益形成,"企企"间基于"激励相容"而实现重复、合作博弈,从而实现集群外部经济的"由降反升",因而 1999—2010 年绍兴纺织业的 TFP 增长率如图 9.1 所示,呈现了"N"型曲线的变化规律。以上分析表明,产业集群的 TFP 增长率与其外部经济效应的变化趋势基本一致,TFP 的变动状况可在一定程度上反映该集群外部经济的变化规律。

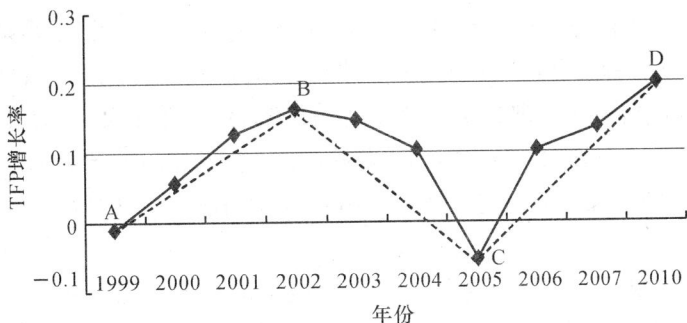

图 9.1 1999—2010 年绍兴纺织业 TFP 增长率的变化情况
资料来源：作者整理。

二、产业链治理绩效与集群外部经济的 GMM 估计

为验证绍兴纺织集群产业链的治理是否有利于外部经济的增进,构建如下的联立方程模型:

$$上游: tfp^u = \alpha_1 techni + \alpha_2 patent + \alpha_3 machine + \alpha_4 transp + \varepsilon \tag{9.2}$$

$$下游: tfp^d = \beta_1 market + \beta_2 return + \beta_3 entrep + \beta_4 transp + \varepsilon \tag{9.3}$$

$$上下游协同: tfp^u = tfp^d \tag{9.4}$$

其中,tfp^u 表示集群上游的外部经济,tfp^d 表示集群下游的外部经济。由于上下游协同互补,且集群外部经济具备综合统筹的特征,因而上下游的外部经济满足如(9.4)所示的等式关系。tfp 的大小以绍兴纺织集群的全要素生产率测度。

(1)解释变量的选取。①产业链上游研究环节治理绩效。在上游研发环节主要从研发成果的形成、流转和应用层次对产业链进行治理,从而使得交易费用降低,共生利益形成。以纺织专业技术人才($techni$)的数量估计在研发成果形成层次中,技术人力资本拥有方与货币资本拥有方之间的治理绩效,限于数据的可得性,本研究以绍兴市城镇以上单位专业技术人员数测度 $techni$;以万人专利授权量($patent$)估计在研发成果流转层次中,研发成果的供需双方之间的治理绩效;以纺机设备的总产值($machine$)估计在研发成果应用层次中,先进技术应用于同类设备的各合作方之间的治理绩效。②产业链下游销售环节治理绩效。下游销售环节主要基于网上网下互补、定价策略优化和洼地经济形成等层次对产业链进行治理。以商品交易市场成交额($market$)估计销售渠道拓展的状况;以纺织业的利润总额($return$)估计定价策略优化的绩效;以绍兴私营企业和个体工商户总数($entrep$)估计洼地经济效应的大小。③上下游环节间的治理绩效。为简化模型,本研究主要以全社会货运量($transp$)估计上下游环节间的治理绩效,且由于环节间的治理绩效可影响上下游各环节的外部经济增进,因而 $transp$ 在方程(9.2)和(9.3)中均为解释变量。

(2)工具变量的选取。为避免计量模型中部分变量可能由于逆向因果关系而导致内生性问题,使得回归结果不可靠,结合数据实际特点,考虑采用两步法系统 GMM 估计法来对上述(9.2)和(9.3)的联立方程进行回归分析。值得注意的是,企业家和政府作为产业链治理的主体,主要通过实施并不断优化产业链的治理举措进而促进集群外部经济的可持续增进,因而在估计每个回归参数时,除了以该方程不包含的先决变量和滞后一期的解释变量作为工具

变量外,还应选取能较好测度企业家才能丰度和政府治理绩效的相关指标为工具变量。企业家才能的丰度(ea)具有数量和绩效两个考察层次,不妨称之为丰度 1 和丰度 2。本研究采用每万人中纺织企业数来估计企业家丰度 1(ea_1),数据来源于《绍兴统计年鉴》。在估计企业家丰度 2(ea_2)时,选用纺织产业中上市公司的年末总市值,原因在于:一方面,各企业家才能具有异质性特点,行业内龙头企业由于生产力处于领先水平,其发展往往能带动行业整体生产力的提升,因而其经营动态能较好地代表行业发展方向;另一方面,企业家的经营努力需经市场的甄别、筛选和检验以事后的观测值来估计,企业在资本市场的市值可作为企业家才能、努力及未来经营潜力的动态评估信息流。行业内典型上市公司的市值能较全面、系统、综合地反映该行业企业家的一揽子要素优化配置能力,且具有较好的显示度(张小蒂和贾钰哲,2011)。因此,本研究利用国泰安数据库中 1994—2010 年 A 股市场上绍兴市共 6 家纺织业上市公司的年末市值来测度 ea_2。与此同时,"政企"间"激励相容"的主要实现路径为政府实施"顺市场导向"政策,促进市场机制的有效运行和日臻完善。地区的市场化进程可在一定程度上体现当地"政企"的"激励相容"状况,因而选用市场化指数(mi)对其进行估计(樊纲等,2011)。绍兴市的市场化程度暂无公开数据,而其市场化进程与浙江省的整体进程较为一致,因而用浙江省的市场化指数作为替代指标。运用 Spearman 等级相关法计算出在绍兴纺织集群中,ea_1、ea_2、mi 与 tfp 的相关系数分别为 0.986、0.860 和 0.972,且均以 0.01 的置信度通过双侧检验,表明纺织业的外部经济增进与企业家才能拓展及市场化程度提升之间呈良性互动关系。

分别以 ea_1 和 ea_2 作为工具变量对上述联立方程模型进行 GMM 估计,从回归结果来看(见表 9.3),各模型的拟合优度均较高,且各解释变量对集群外部经济增进具有显著的促进作用。其中,专业技术人才($techni$)对集群外部经济增进的弹性系数较大,表明通过促进人才的"柔性"流动和激励机制的改进,可使得集群的外部经济及市场竞争力大幅提升;绍兴纺织业利润总额($return$)的提升对 tfp 具有显著的正向影响,表明由定价策略优化所导致的集群利润总额提高可增强集群企业的盈利能力和创新动力,从而促进集群外部经济的提升。

表 9.3　1994—2010 年绍兴纺织产业链治理绩效与集群外部经济的 GMM 估计结果

	方程(9.2)		方程(9.3)	
	以 ea_1 为工具变量	以 ea_2 为工具变量	以 ea_1 为工具变量	以 ea_2 为工具变量
techni	0.262*(6.917)	0.261*(6.615)		
patent	0.033***(1.738)	0.024***(1.674)		
machine	0.507*(25.223)	0.530**(13.441)		
market			0.342*(16.631)	0.355*(21.573)
return			0.452*(18.822)	0.351*(19.112)
entrep			0.068*(4.213)	0.155*(4.810)
transp	0.356*(29.754)	0.347*(41.494)	0.229*(43.427)	0.222*(25.777)
adj. R^2	0.9464	0.9300	0.9397	0.9254

注:*、**、*** 分别表示在 0.01、0.05、0.1 的显著性水平下通过检验,括号内为 t 值。

三、集群"外部经济"增进可持续性的实证分析

为进一步分析绍兴纺织集群中企业家才能与市场化程度对产业链研发与销售环节治理绩效提升的影响,建立如下的回归模型:

$$\ln patent = \gamma_1 + \gamma_2 \ln ea + \gamma_3 \ln mi + \varepsilon \tag{9.6}$$

$$\ln market = \eta_1 + \eta_2 \ln ea + \eta_3 \ln mi + \varepsilon \tag{9.7}$$

运用 LS 法对上述模型进行回归分析,从表 9.4 的回归结果来看,无论以 ea_1 还是 ea_2 测度企业家丰度,模型及各指标均显著性通过检验,且企业家才能与市场化程度的提升对万人专利授权数(*patent*)和交易市场成交额(*market*)的增加有显著的促进作用。

表 9.4　1994—2010 年绍兴纺织业企业家才能、市场化程度与研发、

销售环节治理绩效的 LS 估计结果

	方程(9.6)		方程(9.7)	
常数项	−16.171*(−4.029)	−6.680*(−4.557)	2.844***(1.736)	3.766*(5.778)
$\ln ea_1$	1.421***(1.450)		0.670*(7.094)	
$\ln ea_2$		0.698**(2.928)		0.164***(1.547)
$\ln mi$	3.160**(2.205)	3.170**(4.020)	0.843**(2.630)	1.260**(3.593)
adj. R^2	0.9110	0.9360	0.8430	0.8897

注:*、**、*** 分别表示在 0.01、0.05、0.1 的显著性水平下通过检验,括号内为 t 值。

随着要素共享面的扩大，企业家才能的拓展将促进区域整体市场规模的有效扩大，这可通过回归分析加以验证。市场规模[1]可以人均可支配收入、人均 GDP、人均储蓄额与人均消费品零售额四项指标来估计，其中前两项指标为具有流量性质的收入估计指标，人均储蓄则是具有存量性质的财富估计指标，它们均能反映当地居民的潜在购买力；而人均消费品零售额则是对居民购买力的直接体现。以绍兴市私营企业数和所有上市公司的年末总市值估计前述企业家丰度 ea_1 和 ea_2。表 9.5 为 1999—2010 年绍兴企业家丰度与市场规模扩大之间的回归结果。可以看到，企业家才能拓展对四项市场规模估计指标的扩大均起到显著的促进作用，表明绍兴企业家才能的拓展能从生产和分配环节促进人均产出、收入和储蓄的增加，从而使居民即期或远期的购买力水平增强，使市场规模有效扩大。结果显示，企业家才能拓展对于人均储蓄（y_3）的影响程度要显著高于收入的影响程度，这表明财富指标可更好地反映市场规模的大小，从而体现出市场规模扩大与企业家才能扩展间良性互动的状况。

表 9.5　1999—2010 年绍兴企业家才能与市场规模扩大的回归结果

	y_1	y_2	y_3	y_4		y_1	y_2	y_3	y_4
ea_1	0.802* (24.616)	0.865* (23.879)	0.917* (13.626)	0.820* (11.505)	ea_2	0.565* (5.292)	0.613* (5.399)	0.694* (7.044)	0.632* (7.433)
常数项	0.083* (4.987)	0.001* (0.077)	−0.045* (−1.363)	−0.016* (−0.448)	常数项	0.310* (7.969)	0.245* (5.934)	0.120* (5.558)	0.201* (6.501)
R^2	0.985	0.984	0.954	0.936	R^2	0.757	0.764	0.846	0.860
F 值	605.927	570.187	185.676	132.373	F 值	28.000	29.153	49.611	55.255

注：①因变量 y_1、y_2、y_3 和 y_4 分别代表人均可支配收入（城镇可支配收入与农村纯收入按城乡人口数的加权平均）、人均 GDP、人均储蓄额和人均消费品零售额；② * 表示在 0.01 的显著性水平下通过检验，括号内为 t 值。

第四节　结论与启示

（1）外部经济通常被认为是形成集群竞争力的重要源泉，但却鲜有文献揭

---

〔1〕　杨格（Young，1928）将市场规模与分工程度相互联系，认为市场规模不是单纯的面积或人口，而是购买力

示其变化规律及形成机理,相关计量尚属空白。过往的研究表明,在集群发展过程中,由于企业间分工深化对企业内分工不足的有效替代及技术与管理知识的外溢,集群的外部经济通常呈上升态势,这极易形成集群外部经济只升不降的认识误区。对浙江绍兴纺织集群的研究发现,当集群的模仿创新达到一定程度后,率先创新企业的研发动力就会因群内众多企业的"搭便车"而受到严重削弱,从而使集群的创新陷入某种"囚徒困境",此类市场失灵会导致外部经济由"升"转"降"。但通过产业链治理,可有效提升要素在集群内的共享程度,化解市场失灵对创新的瓶颈制约,使集群的外部经济由"降"转"升"获得"逆转"。这一"N"型的逆转机理通过全要素生产率 TFP 的估计等测度已得到初步验证。

(2)根据马歇尔外部经济的定义,从集群内的总产出增加到各企业的平均成本下降之间存在着传导过程。这一传导过程中的交易费用高低是影响集群外部经济升降的关键因素,故通过要素共享平台的构建来降低交易费用,是集群外部经济实现前述"逆转"并持续增进的可行途径。与外部经济变动的一般内涵不同,在真实世界中产业集群外部经济增进的重要条件是群内各相关主体之间交易费用的降低和共生利益的形成。而以共享要素平台构建为核心的产业链治理则是促进该条件实现的关键。这包括产业链上游环节共享技术平台的构建、产业链下游环节共享市场平台的构建以及二者的协同互动。研究表明,对于集群而言,要素的共享面越宽,共享程度越高,其外部经济的增进越显著。

(3)应该强调,外溢(spillover)是集群外部经济变化的重要因素。从上述集群外部经济变化的状况来看,似乎"成也外溢,败也外溢"。对绍兴纺织业集群的研究表明,只有集群创新方,尤其是企业家创新的成本能够通过交易获得有效"补偿"时,外溢才能使外部经济增进。而当这一"补偿"前提条件因交易费用过高而未能满足时,则创新方的激励会受到扭曲,由"搭便车"动机造成的"过度外溢"则会形成市场失灵,交易活动受"失灵"影响引起的骤降会使正常的外溢减少,从而导致集群外部经济下降。可见,"成败"转换的关键在于要素的交易状态与市场配置要素的效率,其中,知识产权的有效保护是重要的制度条件,市场机制则可通过集群内创新各相关方利益边界的明晰化来使上述"补偿"得以合理实现。而无论是"成"还是"败",上述外溢状况的影响因素都会在集群内沿着产业链传导、放大。故从产业链治理切入,通过共享要素平台的构建,可使集群各相关方重复博弈、预期明晰,从而形成激励相容,化解市场失灵,降低交易费用。这是使外溢影响由"败"转"成",促进集群外部经济增进的有效途径。

（4）从产业链上游研发环节来看，由于知识、技术要素的特殊属性，其载体，无论是人还是物，都会因信息不对称而具有较高的交易费用，故难以运用市场机制对其优化配置。在集群内单个企业规模较小、研究能力较弱的背景下，集群共享技术平台的构建，可在技术人力资本拥有方与货币资本拥有方之间、设计或专利等研发成果的供求方之间以及先进技术应用于同类设备的各协作方之间有效降低交易费用，培育共生利益，从而使产业集群在研发成果的形成、流转、应用层次化解市场失灵，使产业集群提升研发效率，增进外部经济，获取更高的社会收益率。

（5）从产业链下游销售环节来看，集群共享市场平台的构建，通过传统网下业态向新型网上业态的延伸及适度降低利润率、扩大利润基、提升总利润的定价策略，可有效扩大销售额与市场份额，由此形成某种"洼地经济效应"，可使人流、物流、资金流等向平台处汇聚，区域内基础设施利用效率大幅提升。在给定渠道费用的前提下，销售额越大，渠道的效率越高，共享市场平台价值的动态估值可获大幅提升，从而增强对其再投入的激励，进一步促进销售额上升与市场规模扩大，从而增进集群的外部经济。这一螺旋上升的趋势具有正反馈的特征，正是集群市场规模内生性扩大的机理所在。

（6）集群市场规模扩大与外部经济增进的内生机制还体现在以下三个层次：①产业链上下游的上述治理之间是协同互补的，即产业链的治理必须从整体、统筹的视角来配置集群内的一揽子生产要素，使集群内各企业的商务流程优化符合产业链各环节协同互补的要求。②集群内不仅"企企"之间，"政企"之间也是激励相容的。政府在集群外部经济增进中是不可或缺的重要主体，这对于转型中的中国，尤其如此。其"顺市场导向"的政策举措从本质上而言，作为政府提供的公共品，是一类集群内企业可共享的重要要素。③就企业家人力资本的特殊属性而言，无论是市场信息的利用效率，还是其提升才能的"干中学"途径，都显示市场规模扩大与企业家才能拓展是良性互动的。上述三个层次的"内生性"表明，基于产业链治理的集群外部经济增进是可持续的，从这一视角看，浙江绍兴纺织集群可为中国产业集群提升竞争力、传统产业转型升级、更好地发挥比较优势提供有益思路，它不仅具有典型价值，而且具有普适意义。

参考文献

Arrow, K. J. The economic implications of learning by doing[J]. Review of Economics Studies,1962,29(3):155-173.

Markusen, A. Sticky places in slippery space:A typology of industrial districts[J]. Economic Geography,1996(72):293-313.

Young, A. A. Increasing returns and economic process[J]. The Economic Journal, 1928, 38(152):527-542.

樊纲,王小鲁,朱恒鹏.中国市场化指数[M].北京:经济科学出版社,2011.

林毅夫,孙希芳.经济发展的比较优势战略理论[J].国际经济评论,2003(6):12-18.

[美]马歇尔.经济学原理(上)[M].朱志泰,译.北京:商务印书馆,2005.

亚当 · 斯密.国民财富性质与原因的研究[M].北京:商务印书馆,1972.

张小蒂,贾钰哲.全球化中基于企业家创新的市场势力构建研究——以中国汽车产业为例[J].中国工业经济,2011(12):143-152.

张小蒂,贾钰哲.中国动态比较优势增进的机理与途径——基于企业家资源拓展的视角[J].学术月刊,2012(5):77-85.

张小蒂,王焕祥.国际投资与跨国公司[M].杭州:浙江大学出版社,2004.

张小蒂,朱勤.论全球价值链中中国企业创新与市场势力构建的良性互动[J].中国工业经济,2007(5):30-38.

第十章　典型案例Ⅱ:以义乌产业集群为例

改革开放以来,剩余经济已逐渐成为中国市场经济的常态。在买方市场条件下,市场规模能否可持续扩大成了关注的焦点。亚当·斯密(Smith,2003)最早揭示经济主体按比较优势分工是经济增长的源泉,故分工深化是比较优势增进的体现,而这恰恰依赖于市场规模的扩大。上述理论中的分工深化虽难以测度,但杨格定理却可为动态比较优势增进提供可测度的途径[1]。杨格(Young,1928)认为市场规模与分工深化的互动可导致要素报酬的递增。这一互动机制可概括为"市场规模扩大→分工深化→劳动生产率↑→收入↑→购买力↑→市场规模进一步扩大"。可见,市场规模的内生性扩大是分工深化与比较优势增进的重要体现(杨小凯,2003)。上述比较优势理论虽具有动态和内生的特征,但对于实现市场规模内生性扩大的主体却需进一步明确。

企业家是实现市场规模扩大与分工深化良性互动的关键主体(张小蒂和贾钰哲,2012)。与其他人力和物质资本相比,企业家才能主要体现在可对一揽子要素的配置实现优化(熊彼特,1997)。从不完全信息视角来看,企业家的主要才能在于发现与利用市场信息,即对商机的捕获;从这一过程中形成的市场信息会拓宽其他企业家的信息来源渠道,导致更多的商机形成,其结果是交易机会增加和市场规模扩大(Kirzner,2000)。而市场规模的扩大会使企业家获得的市场信息来源更丰富,其才能由此会获得提升。因而企业家才能提升与市场规模扩大之间可呈良性互动关系。Lucas(1993)强调通过"干中学"能积累人力资本和技术,进而不断强化初始的比较优势。由于企业家才能以

---

〔1〕　杨格在1928年的论文中使用"market size"或"market extent",意指市场规模或市场容量,并认为"市场规模不是单纯的面积或人口,而是购买力"。由于购买力水平与生产函数中的产出变量的变动方向相一致,因而可用GDP、可支配收入、财富、销售额等指标来估计市场规模。

"Know how"知识为主,故"干中学"是其才能提升的主要途径。其中,"干"的状况影响"学"的效率,进而影响其才能"提升"的程度。可见,企业家"干中学"绩效的增进可作为企业家才能提升与市场规模内生性扩大之间的关键纽带。

目前中国企业普遍规模偏小,它们主要以产业集群的形式参与市场竞争,通过企业间分工对企业内分工的有效替代和马歇尔外部经济的发挥实现要素报酬递增(张小蒂和贾钰哲,2012)。然而这些集群大多以简单劳动等初级要素为比较优势,缺乏对高端价值环节的驾驭,由此形成基于"干中学"企业家才能提升的瓶颈约束。而市场渠道[1]作为企业家实现产品从生产到销售"惊险一跳"的重要环节,其拓宽与优化可通过降低市场进入壁垒以及优化信息环境而成为企业家"干中学"绩效增进的有效途径,这对中国企业改变在市场竞争与国际分工中可能被低端锁定的局面,增进比较利益至关重要。在这方面,浙江省义乌集群的成功实践可提供有益的思路。

第一节　浙江义乌产业集群基于企业家才能提升的市场规模扩大

浙江省义乌市产业集群的典型性主要体现在:①民富特色显著,义乌历年的人均收入名列全国县级市前茅。②集群以销售环节为核心,行业优势突出。经过 30 多年的发展,义乌集群形成了"买全球货,卖全球货"的格局,成为国际性的工业消费品流通、展示和信息中心。2012 年,义乌商品交易市场总成交额达到 759 亿元,连续 22 年居全国同类市场首位,进一步巩固了"全球最大的小商品市场"[2]地位。③依托专业市场发展,形成专业市场共享式的销售和信息网络优势。义乌集群的发展在很大程度上取决于市场渠道的功能发挥与业态升级。企业家通过以商品交易市场为核心的渠道拓宽与优化促进了集群内商贸、制造、科技、金融、物流等各环节的迅速发展,从而使企业家"干中学"绩效不断增进。其中,渠道拓宽与优化主要包含渠道细分、渠道配置和渠道延伸三个层次,它们相互影响和促进,共同推动该集群市场竞争力的攀升。

---

〔1〕 市场渠道是指商品或服务从生产者向消费者转移过程所经历的具体通道和媒介。
〔2〕 联合国、世界银行、摩根士丹利等世界权威机构联合发布的《震惊全球的中国数字》报告称"义乌为全球最大的小商品批发市场"。

一、渠道细分

渠道细分主要指内涵的细分，即通过产品种类的丰富、要素密集度的优化和适度利润率的形成使渠道内销售产品的竞争力提升，市场规模不断扩大。

(1)终端产品层次的渠道细分。消费者需求包括消费偏好和支付能力，其中偏好具有多样性、易变性等特征。消费偏好的变化使产品差异方面的要求不断提高，供货商通过提供种类丰富、更新及时的产品，可使供需吻合度增强，销售额上升。义乌企业的生产经营主要以款多量少、设计主导、更新灵敏、供应高效为特征，在使消费者需求不断增加的同时，也促进了商品库存与供应效率的不断优化。据统计，2006 年时，义乌市场共经营 41 个行业，1900 个大类的 40 余万种商品，而目前其经营已涉及 4202 个大类的 170 余万种商品，商品种类约占全国商品种类的 80%，涵盖全球商品种类的 65%。

(2)中间品(Intermediate Goods)层次的渠道细分。不断加剧的市场竞争会形成产业链上纵向压价的空间，产业链各环节内企业为提升或巩固自身的议价能力，则会将竞争领域渗透到较为隐蔽的中间品层次。中间品是用于制造最终产品的物品和服务，不仅包括禀赋性资源、半成品和机器设备等有形生产资料，更包含技术、金融、组织、物流等无形的高级要素(周国红和陆立军，2007)。后者可大幅提升企业的盈利空间，使投入到渠道中其他要素的激励得到增强，诸要素的协同程度提高，因而在价值链构成中占有重要地位。

•技术要素。企业家致力于产品创新会促使技术、设计等高级要素在产品组成的要素份额中替代廉价劳动力和自然资源等初级要素，从而使产品的要素构成得以优化。义乌集群所供应的产品以工业消费品为主，实用新型的设计是其主要技术构成，设计要素具有新颖、丰富且易变的特征。生产商基于与销售商之间的关联，可提高厂商的市场需求敏感度，使产品与消费者偏好的吻合度提升，由此导致研发的市场风险递减，技术创新的试错成功率提高。对市场需求的适时跟进，使市场规模有效扩大，集群内企业的经营绩效改善，资本积累加快，生产商基于盈利能力的增强而获得可持续的技术创新动力和再投入保障。与此同时，设计元素作为一种直观的创意成果，其创新的社会收益率远高于个人收益率，极易在商务流程中外溢。义乌集群在提升自身研发能力的同时，充分利用共享市场平台的技术溢出效应，增强消化、吸收能力，使其创新效率得到增进。近年来义乌新产品产值在其工业总产值中所占比重不断上升(见表 10.1)，这在一定程度反映出以产品差异化为主导的销售策略使义乌集群的产品更新加速。2011 年义乌市万人专利授权量为 41 项，而浙江及全国的这一数值为 27.2 项和 6.6 项,表明销售环节与生产、研发环节的协同互动促进了企业家"干中学"绩效的增进。

表 10.1　2005—2011 年义乌新产品产值及其在工业总产值中所占比重

	2005 年	2006 年	2007 年	2008 年	2009 年	2010 年	2011 年
新产品产值(亿元)	105.35	168.91	234.67	338.76	442.85	678.65	804.35
新产品产值/工业总产值(%)	4.19	4.85	5.42	6.95	9.11	11.65	12.60

资料来源:《义乌统计年鉴》(2006—2012 年)。

•服务要素。以物流为例,市场渠道的拓宽与优化影响着物流业的发展,而物流系统的成本和效率又在很大程度上决定了集群有效辐射市场区域的大小。正是在两者相互依存、相互增强的作用机制下,义乌形成了高效、便捷的海陆空交通运输网络,使其具有了物流的低成本优势,并吸引邻近省市的货物到义乌中转。而在义乌物流业发展受到物流企业数量多而规模小的瓶颈约束时,其龙头企业通过联合重组及先进科技的运用,实现了资源整合及业务流程的优化再造,使各方的物流成本降低,从而进一步拓展了义乌市场的发展空间。2012 年国际知名财经媒体《福布斯》对中国所有县级市进行竞争力测评,结果显示义乌市的客运和货运能力[1]均列各县级市中第一。

渠道的细分不断挖掘着购买方的潜在需求和企业家进行要素优化配置的潜力,尤其是由渠道细分导致的商品性价比提升使得参与交易的人数日益增加,各经营主体的销售份额有效扩大。在 2008 年之前,义乌中国小商品城[2]内每商户的年均成交额一直在 70 万元左右徘徊,而在 2008 年后,随着渠道内涵的不断细分,其成交额呈明显上升趋势,2010 年达到 103 万元。渠道的细分使得要素密集度优化,产品附加值不断增加,而供需双方基于大量、连续、竞争的交易,则使商品价格趋于合理,由此使产品的利润率处于一个适当的区间,这能促使产品的性价比提升,从而对购买方的"锁入效应"增强。对于义乌集群而言,总体利润率虽有所下降,但与此同时,利润基的扩大却能使总利润额不断上升。可见义乌集群在利润率方面的降低与总利润方面的上升二者之

---

　〔1〕　客运指数和货运指数均由铁路、公路、水运和航空四种运输方式的总运量及人均运量加权计算而得。

　〔2〕　依据新兴贸易理论,由于中国小商品城的市场成交额占到义乌市场总成交额的 76%,且其经营绩效处于行业领先水平,发展往往能带动行业整体平均效率的提升,因而本书选取中国小商品城作为义乌商品交易市场的典型代表加以分析。

间是相互关联的，这类似于"拉弗曲线"的机理，从而间接迂回地使集群在销售环节上的盈利能力增强。由此导致的市场销售规模扩大不仅有助于实现生产方的规模经济，也有助于提升销售方的范围经济。

产品要素密集度的优化使义乌集群内的分工日益深化，而由适度利润率所形成的"价格洼地"则使义乌集群的市场规模不断扩大。基于市场规模扩大与分工深化的良性互动，规模报酬递增效应愈加显著，由此可产生某种"洼地经济效应"，吸引人流、物流、商流、信息流、资金流内生地向集群所在地聚集，使集群的马歇尔外部经济得到显著提升。

二、渠道配置

集群的共享市场平台具有较强的正外部性。通常，渠道使用方面的"性价比"越高，所提供的配套服务越完善，就越能使更多的渠道使用主体进入，更多的交易发生，渠道的利用效率自然也就越高。而在有限的渠道资源约束下，市场渠道的使用方，即产品销售商在市场竞争中优胜劣汰，使渠道资源在需求层面的配置效率不断上升，其主要机理如下：在生产经营效率、品种多样性、产品质量和品牌竞争力等方面具有比较优势的企业家选择进入义乌市场后，必须克服一定的沉没成本，即租赁和使用市场渠道所支付的摊位和装修等费用，以获得基于技术溢出、信息有效传导、范围经济与专业化分工等方面的"干中学"绩效增进和市场份额扩大；在市场检验下低效率的销售商因沉没成本大于其经营利润而退出市场，渠道资源由低效率销售商流向高效率销售商；经市场不断甄选和激励而产生的高效率销售商获得学习能力和资源配置效率的不断提升，其市场份额扩大，边际成本下降，要素实际报酬增加；由于渠道"价格"可动态地反映渠道资源的相对稀缺性，因而此时渠道利用效率的提高使其市场动态估值大幅提升，摊位租金随之上涨，这不仅使渠道供给方进行再投入的激励增强，同时基于进入门槛的提高而优选出经营效率更高的企业来使用该渠道资源，这一螺旋上升的趋势具有正反馈特征，从而使义乌市场渠道结构不断优化。

作为市场渠道的供给方，即拥有和经营市场渠道的企业也可获得资源配置效率的提升。从时间维度来看，市场渠道的所有者基于"干中学"而获得一揽子要素优化配置能力的提升，使渠道经营的边际成本降低，渠道资源在供给层面的配置效率优化。以中国小商品城为例，其营业成本与营业收入的比值随着企业家"干中学"的深化而呈不断下降的趋势（见图10.1），这在形式上与"学习曲线"相一致，但其内涵已从一般劳动技能通过"干中学"所获得增进上升到企业家一揽子要素配置能力提升的层次,显而易见,后者比前者更深刻。
从空间维度来看,各渠道供给方为提高渠道利用效率会在配套服务质量和渠
道效费比等方面展开激烈竞争,从而使各市场渠道的使用价格趋于合理,此时
低效率的渠道资源逐渐萎缩退出市场,而高效率渠道资源则获得市场规模的
不断扩大。义乌中国小商品城2002—2011年市场经营收入与该市场内总成
交额的比值[1]如图10.2所示,可以看到,在2007年之前该比值一直呈明显
的上升趋势,这在一定程度反映出该时期小商品城渠道资源的稀缺程度较高,
处于供不应求状态;而从2007年开始,随着电子商务的快速发展及各地商品
交易市场的不断增加[2],该比值则逐渐趋于稳态,表明渠道资源供给的增加
及渠道之间竞争的加剧有效缓解了渠道资源的稀缺状态,使小商品城的单位
使用费下降,"性价比"提升,渠道使用方由此获得更大的盈利空间和"使用者
剩余"。

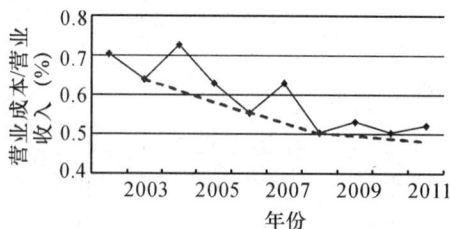

图10.1 小商品城企业家"干中学"的"学习曲线"

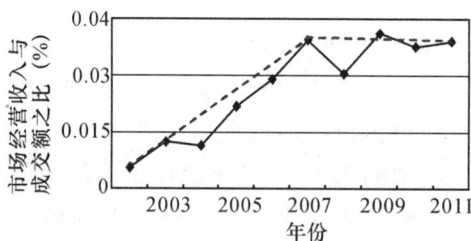

图10.2 小商品城的市场经营收入与市场成交额之比

---

〔1〕 市场经营收入主要来源于渠道供给方向渠道使用方所收取的摊位使用费,因而可
作为摊位租金的估计指标,市场经营收入与市场总成交额的比值可用以反映市场渠道单位使
用费的变化状况。

〔2〕 根据国家统计数据显示,2011年全国年成交额亿元及以上的商品交易市场共5075
个,摊位333.5万个,经营面积达2.62亿平方米,其中,浙江省的商品交易市场数量与交易规
模均居全国各省区第一。

三、渠道延伸

随着市场竞争的加剧,传统商务模式下的运营成本不断上升,化解该问题的有效途径在于构建基于互联网的第三方交易平台,把传统市场延伸至电子商务市场。新型网上业态的优势在于:它在信息检索和订单处理等方面具有较高效率,使需求方的搜寻成本降低,交易效率增进;可降低经营主体参与市场竞争的进入门槛,使市场渠道的效费比大幅提升;通过将众多小规模订单按一定标准整合为大规模订单后寻求适合的生产商与物流商,使产业链上各环节的生产成本和交易费用获得节约,有利于集群内规模经济的实现;搜索引擎的应用不仅可使交易突破地域与实物局限,使产品的市场需求面拓宽,向更广阔的国际市场延伸,还可使各商品信息从海量资讯中被快速检索发现,在满足消费者多样化偏好的同时,也为供货商的产品差异化策略提供可持续的再投入保障,进一步从技术维度上缓解规模生产与消费者多样性偏好间的"两难冲突"。而传统网下市场的优势在于:供需双方通过面对面沟通增进人格化信息的了解,基于相互信任更易于实现重复博弈;购买方可获得对商品的直观体验,且对于含丰富默会知识的产品,销售方通过提供现场使用指导可使产品的服务要素比重提升,附加值增加,从而形成非价格竞争优势(张小蒂和曾可昕,2012)。传统商务与电子商务的结合,不仅使供需双方交易方式的选择多元化,交易效率基于各渠道业态内及业态间竞争与协同互动而提高,同时使市场信息的传导更加迅速,从而倒逼企业家不断提高发现和利用商机的效率,使其"干中学"绩效进一步增进。

近年来义乌市进出口贸易迅速发展,其外贸额一直呈较快的增长趋势,尤其在 2008 年以来金融危机等宏观经济波动的影响下,义乌的外贸业务反而获得更为迅速的增长。其主要原因在于,企业家基于市场渠道的延伸及时发现与利用中国与发达国间的"重叠需求"[1],有效把握与驾驭了宏观经济周期的变化。出口贸易方面,近年来发达国家因金融与财政等危机而出现消费重心下移,而中国的经济却保持快速发展,此消彼长的结果促使这一重叠需求空间迅速扩大,这实际上为中国的出口贸易发展提供了机遇。义乌企业家通过以下方式较好地捕捉到此商机:广泛运用电子商务平台使国内贸易突破地域局限向全球价值链演进与拓展;通过新兴市场开拓、市场细分以及目标市场的准

---

[1] "重叠需求理论"由瑞典经济学家林德提出,根据该理论,富国中有收入较低的群体,而穷国中亦有收入较高的群体,故这两类国家的市场中存在着相似重叠的需求空间。

确定位不断挖掘和满足消费者的多样化需求；基于"出口中学"而获得技术溢出与信息网络的共享，从而使企业家的资源配置效率增进，创新能力提升。新世纪以来，义乌市历年的出口额持续上升。同时，义乌企业家通过研判经济周期峰谷值的变动趋势，于低谷时在国外新建或并购多家商品交易市场，从而以较低的成本使义乌市场渠道的信息和销售网络优势在空间上获得延伸，为国内供货商进行海外投资和经营打下良好的基础。在进口贸易方面，随着中国人均收入水平的提高，国际高端产品的市场需求面不断拓宽。对此，义乌通过设立进口商品馆和进口商品免税区，并制定允许境外自然人取得个体工商户资格和对外贸易经营权等优惠措施，吸引国外企业家及商品向义乌汇聚，使进口贸易的渠道便利度提升，进口商品的价格大幅降低。其中，成立于 2008 年的进口商品馆，已引进来自 130 多个国家和地区的经营主体 150 余家，经营 20 余个大类的约 4.5 万种特色商品，年交易额达数十亿元。正是基于市场渠道的延伸，义乌中国小商品城的市场规模持续上升，并在 2007 年后加速上升，尤其自全球经济遭遇寒潮的 2008 年以来，其总成交额不降反升，总成交额从 2008 年的 382 亿元上升到 2012 年的 580 亿元。

第二节　义乌集群中企业家才能提升与市场规模扩大的实证

一、义乌市生产函数的回归分析

运用对数形式的 C-D 生产函数估算 1998—2011 年义乌市的资本、劳动及企业家才能在义乌地区产出增长中的弹性系数。考虑到时滞效应，将投入要素做滞后一期处理。回归模型为：

$$\ln Y_t = \ln A + \alpha \ln L_{t-1} + \beta \ln K_{t-1} + \gamma \ln E_{t-1} + u_t$$

其中，以义乌实际 GDP 值估计产出（Y），劳动投入（L）用义乌市历年的城镇劳动人员实际总报酬衡量，以更好地反映劳动人员的贡献程度。以固定资产存量值衡量义乌市历年的资本投入（K），并采用永续盘存法对其进行估计。样本数据均来自于 1999—2012 年《义乌统计年鉴》与《金华统计年鉴》。企业家人力资本的丰度可从数量和绩效两个维度予以考察，分别将其称为丰度 1 和丰度 2。企业家丰度 1（E_a）采用义乌市每万人中民营企业数来估计。此外，将企业异质性假定引入，选用义乌市的浪莎股份与小商品城两家上市公司的年末总市值来测度企业家丰度 2(E_b),其原因在于,龙头企业往往在整个集群的生产效率提升中起到主导作用,故其经营状况对整个集群的发展趋势有一定的典型代表性;同时,企业家的商务才能必须通过市场实际运行的甄别、筛选后所得到的事后绩效来反映,企业的股市市值可作为企业家商务才能的动态考察指标,故企业在资本市场的市值信息可以用来综合反映企业家创新与要素优化配置的状况。

从回归结果(表 10.2)来看,不考虑企业家才能的回归模型(1)中,$\ln K$ 与 $\ln L$ 标准化弹性系数分别为 0.552 和 0.449,表明相较于劳动投入,物质资本对产出增长的推动作用更大,但此处的劳动投入并未细分成一般劳动投入与企业家投入,因而其对以民营企业家才能不断激活、显化和提升为主要特色的义乌集群解释力不够。分析回归模型(2)和(3)的结果发现:纳入企业家才能变量后,模型的拟合程度更好,且变量 $\ln E_a$ 和 $\ln E_b$ 均通过 t 检验,这表明企业家才能提升对市场规模的内生性扩大具有明显的促进作用;$\ln E_a$ 和 $\ln E_b$ 的标准化系数均大于 $\ln L$ 的标准化系数,表明在义乌集群的发展中,企业家才能对经济增长的贡献份额要大于一般劳动投入。

表 10.2　1998—2011 年义乌市生产函数的 OLS 回归结果

变量	不考虑企业家 (1)		以 E_a 估算企业家才能 (2)		以 E_b 估算企业家才能 (3)	
	回归系数	标准化系数	回归系数	标准化系数	回归系数	标准化系数
常数项	0.746 (0.697)		2.593* (4.433)			
$\ln K$	0.629* (4.412)	0.552	0.534* (7.921)	0.460	0.517* (3.581)	0.419
$\ln L$	0.366* (3586)	0.449	0.149* (2.327)	0.183	0.247** (2.340)	0.274
$\ln E$			0.248* (5.746)	0.361	0.091** (2.630)	0.308
adj. R^2	0.992		0.999		0.996	

注:*、** 分别表示在 0.01、0.05 的显著性水平下通过检验,括号内为 t 值。

二、企业家才能提升与市场规模扩大的回归分析

紧接着进一步考察企业家才能提升对义乌市场规模扩大的促进作用。对市场规模的考察指标在具体计量上可以采用两类指标,其一为流量性质的收入估计指标,如人均 GDP(Y_1)、人均可支配收入(Y_2)、人均消费品零售额

(Y_3);其二为具有存量性质的财富估计指标,如人均储蓄额(Y_4),这两类指标都可用于估计社会购买力,包括潜在的购买力。基于义乌市企业家才能与市场规模的回归结果(表 10.3)可知,被解释变量市场规模与解释变量企业家才能之间高度正相关,后者对前者的扩大有显著的促进作用。通过人均产出、收入、消费、储蓄的计量估计表明,企业家才能的提升可促进市场规模有效扩大。

表 10.3　1998—2011 年义乌市企业家才能与市场规模的回归结果

	$\ln Y_1$	$\ln Y_2$	$\ln Y_3$	$\ln Y_4$		$\ln Y_1$	$\ln Y_2$	$\ln Y_3$	$\ln Y_4$
$\ln E_a$	0.784* (18.181)	0.657* (16.577)	0.971* (9.867)	1.090* (17.585)	$\ln E_b$	0.436* (11.652)	0.365* (10.939)	0.563* (11.729)	0.616* (14.188)
常数项	3.714* (−4.014)	3.532* (10.194)	−8.160* (−9.477)	−8.241* (−15.196)	常数项	3.721** (6.334)	3.548* (6.779)	−8.504* (−11.284)	−8.371* (−12.288)
R^2	0.962	0.955	0.881	0.960	R^2	0.912	0.901	0.913	0.939

注:*、** 分别表示在 0.01、0.05 的显著性水平下通过检验,括号内为 t 值。

三、渠道拓宽与优化和企业家才能提升的关系

渠道拓宽与优化所引致的企业家"干中学"绩效增进,是否能促进企业家才能的提升? 本研究将选取中国小商品城为典型代表,分别从该渠道资源的供给方和使用方视角切入,对渠道拓宽与优化所引致的"干中学"绩效增进和企业家才能提升间的关系进行实证分析。

(1)被解释变量的选取。基于数据的可得性,以义乌中国小商品城 2002—2011 年年末市值(e_s)来测度渠道供给方的企业家丰度,以小商品城内商户数(e_d)来估计渠道使用方的企业家丰度。

(2)解释变量的选取。以 2002—2011 年小商品城的的利润总额($profit$)、小商品城营业收入与营业成本之比($inperco$)及其市场成交额($turnover$)来估计渠道拓宽与优化所导致的渠道供给方企业家"干中学"绩效变化状况。以 2002—2011 年义乌市新产品产值率($newrate$)、小商品城的市场摊位租金($rent$)及其市场成交额($turnover$)来估计渠道拓宽与优化所导致的渠道使用方企业家"干中学"绩效变化状况。

(3)分析方法和工具变量的选取。运用传统普通最小二乘回归法得到的估计参数可能是有偏和非一致的,因而拟用广义矩估计法(GMM)对上述模型进行分析。为反映渠道供需双方企业家之间的相互影响,在估计模型(10.1)时,以其滞后一期的解释变量和 e_d 作为工具变量,在估计模型(10.2)

时，以其滞后一期的解释变量和 e_s 作为工具变量。回归结果如下：

$$\ln e_s = 1.088^* \ln profit + 0.083^* \ln inperco + 0.342^{**} \ln turnover \qquad (10.1)$$
$$(30.867) \qquad\qquad (2.921) \qquad\qquad (3.270)$$
$$\text{adj.} R^2 = 0.918$$

$$\ln e_d = 1.315^* \ln newrate + 0.524^* \ln rent + 0.300^* \ln turnover^{[1]} \qquad (10.2)$$
$$(338.113) \qquad\qquad (161.042) \qquad\qquad (171.411)$$
$$\text{adj.} R^2 = 0.940$$

从结果来看，各模型的拟合优度较高，且解释变量对企业家丰度的提升均有显著的促进作用。比较各模型中的弹性系数发现，利润总额的增长对渠道供给方企业家才能提升的影响较大，原因在于企业家努力经营后所获取的合理回报是其才能发挥的主要动力源泉；而新产品产值率的增加对渠道使用方企业家才能提升的影响较大，表明产品的及时更新与高效供应可使企业家的组织要素更高级化，对一揽子要素优化配置的能力提升。

第三节　结论与启示

从亚当·斯密的比较优势理论等过往的研究中可以看到，市场规模可作为分工深化与比较优势增进的重要体现，而实现市场规模内生性扩大的关键主体是企业家。对义乌集群的研究表明，企业家以"Know how"的知识为主，"干中学"是其才能提升的根本途径。基于此"提升"的集群市场规模有效扩大具有内生性，这可体现在以下几个方面：

（1）要素配置主体重塑，即以渠道拓宽与优化为主要途径的"干中学"可通过动力增强与能力提升两个层次来使要素配置主体企业家获得重塑。从动力视角看，渠道细分、配置与延伸使企业家获得信息的来源更丰富，有利于其发现和捕捉更多商机，由此可导致市场利润的显著增加及渠道增殖收益的持续上升，这给予企业家进一步拓宽与优化市场渠道以有效激励。同时，市场规模的扩大又可缓冲生产方追求规模经济与消费方追求品种多样化之间的冲突，为供货商的产品差异化策略提供可持续的再投入保障。从能力视角看，渠道拓宽与优化使企业家面临的商务环境改善、学习领域更加多元，从而使其市场敏感度增强，能更加迅速地捕捉渠道资源的相对稀缺性及消费者偏好等方面

---

〔1〕 $*$、** 分别表示在 0.01、0.05 的显著性水平下通过检验，括号内为 t 值。

的调整动态,使得要素组合创新的试错成功率提高,供需各方的吻合度增强,企业家得以更快地积累商务才能。

(2)基于上述"重塑"的商品要素密集度逆转与优化。通常"小商品"被认为是劳动(要素)密集型产品,但随着企业家主体"干中学"后才能的提升,商品价值构成中技术、设计、金融、物流、营销、管理、服务等高级要素的份额不断增加,并更多地替代了原先简单劳动等初级要素,从而使传统商品的要素密集度发生逆转与优化,投入到渠道中更多高级要素的激励得以增强,诸要素的协同度提高、配置优化。应该指出,这一过程的发生具有隐蔽的特点,往往易被人们所忽视。但要素密集度的逆转与优化恰恰是义乌市场规模内生性扩大的关键,它使义乌整体商务结构与流程得以优化再造,可使集群对价值链高附加值环节的控制力增强,从而获取更多的比较利益,导致企业家优化配置资源的动力与能力不断增加,其"干中学"绩效由此获得内生性增进。

(3)作为企业家"干中学"重要途径的渠道拓宽与优化具有整体性,其渠道细分、配置与延伸三个层次之间具有相互影响和促进的关系。渠道细分使要素密集度优化,供需吻合度增强,商品性价比提升,从而使渠道配置时的价格信号能更准确、及时地反映渠道资源的相对稀缺性,渠道配置效率提高,企业家进行再投入的激励增强。随着竞争的加剧,当传统业态下的渠道配置受到运营成本和交易费用不断上升等制约时,企业家会通过渠道延伸探寻新的业态和发展空间,使交易效率提升,市场需求面扩大,渠道的细分与配置进一步深化。由此导致的"洼地经济效应"可吸引人流、物流、商流、资金流、信息流在利益驱动下源源不断地向集群内汇聚。

(4)市场渠道的拓宽与优化可不断提高集群内要素的共享程度,其结果是使企业家之间分工的网络优势更加显著,集群内马歇尔外部经济可获增进。集群内的优秀企业家往往会以其卓有成效的"干中学"对群内的其他企业家产生示范效应,形成创新外溢,由此使集群内企业家商务才能显著提升,导致市场规模的进一步内生性扩大。

上述几个方面的"内生性"表明,基于企业家才能提升的市场规模扩大具有长期趋势性,因而是可持续的。从这一视角来看,浙江义乌集群基于企业家才能提升的市场规模内生性扩大可为中国传统产业以及企业集群避免低端锁定、实现转型升级、增进外部经济、发挥比较优势、获取更多的比较利益提供有益的思路。

参考文献

Kirzner，I. M. The Driving Force of the Market：Essays in Austrian Economics[M]. New York and London：Routledge Publish Press，2000.

Lucas，R. E. Mmarking a miracle[J]. Econometrics，1993，61(2)，251-272.

Young，A. Increasing returns and economic progress[J]. The Economic Journal，1928，38 (152)：527-542.

[美]约瑟夫·熊彼特. 经济发展理论——对于利润、资本、信贷和经济周期的考察[M]. 何畏，等，译. 北京：商务印书馆，1997.

[英]亚当·斯密. 国民财富性质与原因的研究[M]. 唐日松，等，译. 北京：商务印书馆，2003.

杨小凯. 发展经济学：超边际与边际分析[M]. 北京：社会科学文献出版社，2003.

张小蒂，贾钰哲. 中国动态比较优势增进的机理与途径——基于企业家资源拓展的视角[J]. 学术月刊，2012(5)：77-85.

张小蒂，曾可昕. 基于产业链治理的集群外部经济增进研究——以浙江绍兴集群为例[J]. 中国工业经济，2012(10)：148-160.

周国红，陆立军. "义乌商圈"国际化拓展的影响因素及其战略选择——基于6363份问卷调查与分析[J]. 财贸经济，2007(3)：106-111.

第十一章　典型案例Ⅲ:中国港口效率 测度及提升研究

随着国际分工深化和经济全球化长足发展,港口效率提升日益成为比较优势动态增进的重要突破口。当今国际分工以生产要素流动与重组为基础,分工对象深入到产品内部的工序和环节,并根据各个生产阶段的要素密集度在全球范围内进行要素配置。要素、产品加速流动引致物流成本、交易费用激增,比较优势动态增进所产生的收益可能被抵消。对于物流网络尚不完善、交易费用较高、处于发展中大国的中国而言,尤为显著。中国欲实现动态比较优势的增进,亟须提高贸易的物流效率。而港口在全球物流网络中占据重要地位,其经济效率的提升对于中国比较优势动态增进无疑具有重要意义。

作为衡量经济绩效的重要指标,港口效率(Port efficiency)可反映港口资源配置的有效与否,是其投入产出能力、竞争能力和经营管理水平的总体反映(庞瑞芝,2006)。近年来相关研究多从技术效率、配置效率、规模效率、成本效率等不同角度,对港口效率展开分类界定与评价(Tongzon,2001;庞瑞芝和李占平,2005),并在内涵分析的基础上,对港口效率进行实证测度与定量评估。其中,数据包络分析(Data Envelopment Analysis,DEA)是近年来港口效率测度常用的非参数方法(Barros & Athanassiou,2004)。

上述关于港口效率的研究,大多囿于港口自身运营状况进行解释和实证。而现有关于港口效率与对外贸易、开放经济关系的研究则主要借助引力模型,从运输费用、贸易便利化等方面进行考察[1]。随着港口功能及资源分布发生深刻变化,港口效率不仅取决于单个港口内部运营效率,还会受到港口与其他港口之间、港口与腹地之间多层次经济联系及其效率的影响。鉴于此,若从港口内部运营、港口之间、港口与腹地三个层次进行研究,则可更好地体现港口

---

[1] 相关研究可参见:姜集闯.基于港口的中国外贸便利化研究.浙江大学硕士学位论文,2006;杨雯雯.基于港口效率的贸易比较利益增进研究.浙江大学硕士学位论文,2010。

效率内涵的全貌;通过运用 DEA 方法,对上述三个层次的中国港口效率作实证测度,可为中国港口效率的提升作有针对性的探索[1]。

第一节　港口效率内涵体系的三个重要层次

全球生产网络的形成不仅要求港口规模迅速扩张以满足需求,更要求港口在功能上从狭义的"港口资源"向广义的"港口经济"演进,以满足国际分工深化的需要。相应地,港口的功能沿着"节点—扩展—专业化—区域化"的过程演进(Notteboom & Rodrigue,2005),不断拓展活动的地理空间和经济空间,逐渐从单纯的海陆运输连接演变为集转接、运输、生产、加工、服务、金融等生产服务于一体的多功能中心(邓娟,2011)。可以认为,港口在当今国际贸易中的角色正从简单的"运输枢纽中心"、"加工装卸中心"向高级"物流中心"、"资源配置平台"迅速演变,港口资源亦呈网络状系统布局,其内部不同层次间相互作用、彼此影响,从竞争到联合,从而产生单一层次所不具备的新功能。对港口效率内涵的解释,亟须突破单个港口效率的狭义局限,本书立足于港口功能的演进,从以下三个层次解析港口效率的内涵体系。

1. 港口效率 I:港口内部运营效率

将港口效率 I 定义为单个港口内部的运营效率(Operative Efficiency of Ports),这是港口效率内涵体系的基础。在某一港口的运营过程中,各种投入要素相对于该港口产出能力的利用率,即可反映该港口内部的运营效率。

2. 港口效率 II:港口与港口之间的联网效率

在港口内部的运营效率基础上,港口与港口之间经济联系的效率,也是港口效率内涵体系的重要组成部分。本书将港口效率 II 定义为港口与港口之间的联网效率(Network Configuration Efficiency of Ports),即在某一港口与其他港口的经济联系中,各种投入要素相对于该港口产出能力的利用率。根据港口与其他港口经济联系的不同,可将"其他港口"划分为三种主要类型,即同一港口群内港口、其他港口群港口、贸易对象港口。相应地,港口效率 II 的具体内涵包括:港口—同一港口群内港口的联网效率、港口—其他港口群港口的联网效率、港口—贸易对象港口的联网效率。其中,港口与同一港口群内港口

---

〔1〕 本书以沿海港口为研究对象,不包括内河港口,但所研究的内容及结论也适合内河港口。

之间的经济联系,正日益成为当今港口之间经济联系的重要组成部分。港口群是港口功能和规模发展到一定阶段的产物[1],目前中国已形成环渤海、长江三角洲、东南沿海、珠江三角洲和西南沿海等五大主要沿海港口群。

3. 港口效率Ⅲ:港口对腹地经济的"辐射"效率

在单个港口内部运营效率、港口与港口之间联网效率的基础上,港口与腹地之间经济联系的效率,同样是港口效率的重要组成内容。本书将港口效率Ⅲ定义为港口对腹地(Hinterland)经济的"辐射"效率(Radiant Efficiency of Ports to Hinterland)。在港口与腹地的经济联系中,各种投入要素相对于该港口产出能力的利用率,即可反映该港口对腹地经济的辐射效率。港口腹地是指港口集散旅客、进出口货物所及的合理地区范围,即为港口提供经常的、稳定的客货源并且经该港口运输比较经济合理的城市及其地区。其中,通过各种运输工具可以直达的即为直接腹地,由港口吞吐但需经另一地点中转才能到达的则为间接腹地。"港口—腹地"是一个具有内在必然联系的特殊经济地域系统,其运动发展的具体实践从客观上要求港口与腹地要有高度的协同性、整合度和一体化(郎宇和黎鹏,2005)

总之,依据港口实现其功能过程中所发生的三种主要经济联系,可将港口效率分解为单个港口的内部运营效率、港口与港口之间的联网效率、港口对腹地经济的"辐射"效率,从而构成了港口效率内涵体系的三个重要层次(图11.1)。就整个港口效率体系而言,上述三个层次是不可分割的整体,相互联系、彼此制约,其中任何一个层次的不足都会成为整个港口系统效率提升的阻碍因素。

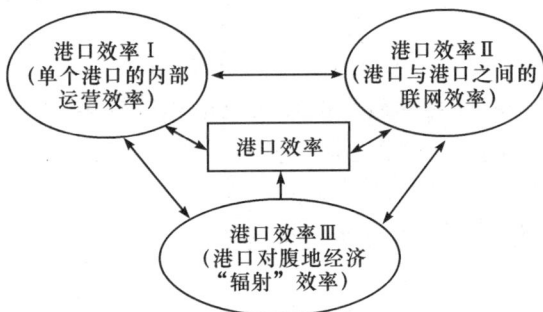

图 11.1 港口效率内涵体系的三个重要层次

[1] 从表面上看,地理位置相近、或具有相同腹地区域的港口,较易形成港口群。实际上,港口群的形成和发展需建立在群内港口高度互补、合作的基础之上,亦会受群内港口业务发展现状、港口间运输关系、主要货类运输的经济合理性、区域经济发展状况及特点等众多因素的影响。

第二节　中国港口效率的 DEA 测度

采用近年来港口效率测度研究中常用的 DEA 方法,基于中国沿海主要港口的投入、产出数据,对港口效率进行测度,其结果可判断各港口在上述三个层次上是否为 DEA 有效,亦可研究无效成因及效率改进的方向和程度。

一、基本模型设定

将每一个待评价的港口视作一个决策单元。设有 n 个 DMU,记为:

$$DMU_j, \quad 1 \leqslant j \leqslant n$$

每个 DMU 都有 m 种类型的输入(或投入,即资源的耗费)以及 s 种类型的输出(或产出,即工作的成效),将 DMU_j 的输入、输出向量记为:

$$x_j = (x_{1j}, x_{2j}, \cdots, x_{mj})^\mathrm{T}, y_j = (y_{1j}, y_{2j}, \cdots, y_{sj})^\mathrm{T}, j = 1, 2, \cdots, n$$

以 v_i, u_r 表示第 i 种类型输入和第 r 种类型输出的一种度量,v 和 u 称之为权系数,即:

$$v = (v_1, v_2, \cdots, v_i, \cdots, v_m)^\mathrm{T}, u = (u_1, u_2, \cdots, u_r, \cdots, u_s)^\mathrm{T}$$

对于每一个 DMU,效率评价指数为:

$$h_j = \frac{u^\mathrm{T} y_j}{v^\mathrm{T} x_j} = \frac{\sum_{r=1}^{s} u_r y_{rj}}{\sum_{i=1}^{m} v_i x_{ij}}, \quad j = 1, 2, \cdots, n$$

将第 j_0 个 DMU 记为 DMU_{j_0},其投入、产出分别为 X_0、Y_0。一般而言,h_{j_0} 越大,表明 DMU_{j_0} 能够用相对较少的投入取得相对较多的产出,即效率越高。因此,对的效率评价问题,实际上是判断在 n 个 DMU 中相对来说是否为最优,或当尽可能的变化权重时的最大值是多少。于是以第 j 个 DMU 的效率指数为目标、以所有 DMU 的效率指数为约束,可构建如下最优化模型,即 C^2R 模型(魏权龄和岳明,1989)。

$$\begin{cases} \max h_{j_0} = \dfrac{u^\mathrm{T} y_{j_0}}{v^\mathrm{T} x_{j_0}} \\ s.t. \quad h_j = \dfrac{u^\mathrm{T} y_j}{v^\mathrm{T} x_j} \leqslant 1, \ j = 1, 2, \cdots, n \end{cases}$$

通过 Charnes-Cooper 变化,可转化为相应的线性规划模型。进而,引入松弛变量 s^-(与投入相对应)和 s^+(与产出相对应),可建立如下一个带有非阿

基米德得无穷小量 ε 的 C^2R 模型：

$$(D_\varepsilon)\begin{cases} \min[\theta - \varepsilon(e_1^T s^- + e_2^T s^+)] \\ s.t. \displaystyle\sum_{j=1}^n \lambda_j x_j + s^- = \theta x_0 \\ \displaystyle\sum_{j=1}^n \lambda_j y_j - s^+ = y_0 \\ \lambda_j \geqslant 0, \quad j=1,2,\cdots,n \\ s^+ \geqslant 0, \quad s^- \geqslant 0 \end{cases}$$

为 DEA 有效的充要条件是 (D_ε) 的最优值 $\theta^* = 1$，并且对于每个最优解 $\lambda^* = (\lambda_1^*, \cdots, \lambda_n^*)$，都有 $s^{+*} = 0, s^{-*} = 0$。此时，在 n 个评价对象中，投入的基础上产出，达到了最优。换言之，当且 $s^{+*} = 0, s^{-*} = 0$ 时，为 DEA 有效。而当 $\theta^* < 1$ 时，为非 DEA 有效。此外，若为 DEA 有效，可通过投影（Projection）的方法，改进一个非 DEA 有效的决策单元。实际上，在 DEA 相对有效面上的投影，提供了将转变为 DEA 有效而必须在输入、输出方面达到的目标，因而可为改进非 DEA 有效提供一个可行的方案。

二、指标选取及数据说明

(1)港口效率Ⅰ的投入、产出指标。一般而言，可从资本、劳动、土地、员工数等角度反映某一港口的投入。其中，资本投入指标主要包括泊位数量、码头长度、起重机数量等。相比之下，单一港口的产出指标则以货物或集装箱吞吐量、港口利润等指标表征。基于数据的可获得性，并参照现有研究中常见的港口投入、产出指标，本书以泊位数量、码头长度反映某一港口的投入，以货物吞吐量表征某一港口的产出。

(2)港口效率Ⅱ的投入、产出指标。在港口与其他任何一种类型港口的经济联系中，最基本的投入要素当属港口之间的航线、班轮数量，而通过这些航线、班轮所实现的货物吞吐量、贸易规模等，则可视作基本的产出指标。因此，本书以港口与同一港口群内其他港口之间的班轮数量、港口与其他港口群港口之间的班轮数量、港口与主要贸易对象港口之间的班轮数量等指标，分别反映港口与其他相应港口之间经济联系的投入，以外贸货物吞吐量表征港口与港口之间经济联系的产出。

(3)港口效率Ⅲ的投入、产出指标。在港口与腹地的经济联系中，最基本的投入当属港口与腹地区域之间的通达性建设，这可从港口及其所在腹地区域的集疏运系统[1]建设中得以体现。集疏运系统中各种运输基础设施的数量和规模,即可视为港口与腹地之间通达性建设的投入,其中既包括港口与腹地之间铁路、公路、水运等运输基础设施的里程数,亦可通过这些运输方式所运输的货物数量得以反映。随着这些投入要素的使用,港口完成的货物吞吐量、腹地区域实现的贸易额、腹地区域的经济增长等指标,均可反映港口与腹地经济联系中的产出。因此,本书以港口与腹地之间铁路、公路、水运货物的周转量反映港口—腹地经济联系的投入,以外贸货物吞吐量、腹地区域贸易额、腹地区域 GDP 表征港口与腹地经济联系的产出(表 11.1)。

表 11.1　港口效率的投入、产出指标

港口效率	指标		
港口效率 I (单个港口的内部运营效率)	投入 X	1	泊位数量
		2	码头长度
	产出 Y		货物吞吐量
港口效率 II (港口与港口之间的联网效率)	投入 X	1	港口与主要贸易对象港口之间的班轮数量
		2	港口与同一港口群内其他港口之间的班轮数量
		3	港口与其他港口群港口之间的班轮数量
	产出 Y		外贸货物吞吐量
港口效率 III (港口对腹地经济的"辐射"效率)	投入 X	1	港口—腹地铁路货物周转量
		2	港口—腹地公路货物周转量
		3	港口—腹地水运货物周转量
	产出 Y	1	港口外贸货物吞吐量
		2	腹地区域贸易额
		3	腹地区域 GDP

注:考虑数据、资料的可获性,以及 DEA 评估与实证研究中样本容量的大小,确定上述指标。

　　根据以上投入、产出指标,基于数据获取的可能,选取中国规模以上主要沿海港口、港口群、腹地相关数据进行测度。具体说明如下:

―――――――――

[1]　所谓集疏运,指由铁路车辆、汽车、转运船舶或其他运输工具将货物从腹地集中到港口交船舶运出或将船舶运进港口的货物疏散到腹地的运输。

（1）所选取的上海、宁波—舟山、天津等16个中国港口的货物吞吐量约占全国沿海港口总吞吐量的80%，其中大多数港口在中国对外贸易中扮演重要角色，约占全国外贸货物吞吐量的76%。选取这些港口作为样本，对研究中国港口效率具有典型意义。

（2）在中国交通运输部划分沿海港口群的基础上，进一步将环渤海港口群细分为辽宁（以大连和营口港为主）、津冀（以天津和秦皇岛港为主）和山东（以青岛、烟台、日照港为主）港口群，再加上长三角（以上海、连云港、宁波—舟山港为主）、珠三角（以广州、深圳、汕头港为主）、西南（以湛江、北部湾、海口港为主）港口群，共计6个沿海港口群，以此为基础测度港口与港口之间的联网效率。

（3）为了便于比较，仅测度港口对直接腹地[1]的"辐射"效率。同时，受数据可获性制约，本书难以获得各个港口与其腹地之间铁路、公路、水运里程及运输货物数量等方面的数据。在此类数据不可获得的情况下，选取铁路、公路、水运货物周转量三项指标，大致反映"港口—腹地"经济系统的通达性建设及有关投入。由于腹地区域内的货物周转量[2]指标可综合体现运输距离与运输数量两方面的信息，因而在数据缺失的情况下，以此大致估计港口与腹地经济系统的通达性以及此类通达性建设所发生的投入，不失为一种可行方案。

三、测度结果

选取中国规模以上沿海主要港口、港口群、腹地等相关数据，采用DEA Solver软件对港口效率Ⅰ、Ⅱ、Ⅲ进行测度，中国主要港口的DEA有效性如表11.2所示。

表 11.2　中国主要港口的 DEA 有效性

主要港口群	主要港口	港口效率Ⅰ[a]		港口效率Ⅱ[a]		港口效率Ⅱ[b]
		港口	港口群[c]	港口	港口群	
长三角	宁波—舟山	1	0.9040	1	1	1
	上海	0.8576		1		
	连云港	0.6050		0.5204		

---

[1]　本书以港口所在的行政区域作为港口的直接腹地。

[2]　货物周转量是指在一定时期内，由各种运输工具运送的货物数量与其相应运输距离的乘积之总和，即货物周转量 = $\sum$（货物运输量 × 运输距离）。其中，"运输距离"按发出地与到达地之间的最短距离计算。参见《中国统计年鉴 2010》。

（续表）

主要港口群	主要港口	港口效率 I [a]		港口效率 II [a]		港口效率 II [b]
		港口	港口群 [c]	港口	港口群	
山东	青岛	1	0.9008	1	1	0.9690
	日照	1		1		
	烟台	0.5019		0.3084		
津冀	天津	1	0.9875	0.9396	0.6928	1
	秦皇岛	0.9685		0.1747		
珠三角	广州	0.7871	0.6618	0.5550	0.5231	1
	深圳	0.4980		0.5678		
	汕头	0.2142		0.0684		
辽宁	营口	0.9273	0.7654	0.2654	0.3646	0.4383
	大连	0.6606		0.4356		
西南	海口	0.7574	0.4324	0.0125	1	0.5739
	湛江	0.4596		0.4616		
	北部湾	0.2304		0.4580		

数据来源:《中国统计年鉴 2010》;《中国交通年鉴 2010》;《中国港口统计年鉴 2010》;锦程物流网班轮航线数据库（http://shipping. jctrans. com/SeaRoutes/index. html）;交通运输部（2006）。

注:表内所列数字为 θ 值,描述决策单元的总体效率,数值为 1,表示该决策单元为 DEA 有效;数值越接近于 1,表示该决策单元的效率越高。a 考虑到固定规模报酬假定偏离现实,基于可变规模报酬假定采用 BCC 模型,所示效率为纯技术效率。b 观测结果显示"港口—腹地"决策单元大多呈固定规模报酬情况,故采用 CCR 模型,所示效率并非纯技术效率,而是总体效率。c 为便于三层效率的比较分析,以港口货物吞吐量所占比重计算加权平均值。本表仅列出主要沿海港口的效率测度结果,详细测度结果及具体计算过程可向作者索取。

根据上述测度结果,可知:

（1）就港口效率 I 而言,在待测度的 16 个规模以上沿海港口中,仅有宁波—舟山、青岛、日照、天津四个港口的测度结果满足 $\theta=1$ 且 $s^-=0$, $s^+=0$,即相对于其他港口而言是 DEA 有效的。除此之外,中国大多数港口为非 DEA 有效,但各港口偏离 DEA 有效的程度有所差异。其中,上海、秦皇岛、营口等港口的 θ 值与 DEA 有效的偏离较小,接近 DEA 有效。相比之下,其他港口不仅是非 DEA 有效,且偏离 DEA 有效较远。

（2）就港口效率 II 而言,在待测度的 16 个规模以上沿海港口、6 大港口群中，津冀、珠三角、辽宁三大沿海港口群均未达到 DEA 有效，其中，辽宁沿海港口群的非 DEA 有效性尤为明显，其值仅为 0.3646，与 DEA 有效的偏离程度较为显著。相比之下，长三角、山东、西南等沿海港口群的测度结果满足 $\theta=1$ 且 $s^-=0,s^+=0$，即相对于其他港口群及港口而言是 DEA 有效的。进一步分析港口效率Ⅱ的测度结果，可发现港口群的相对有效性与群内各港口的相对效率之间，存在密切关系，主要表现在：①港口群内主导性港口的相对效率会对港口群的相对效率产生决定性影响，这在山东、长三角港口群中表现明显。②倘若港口群整体上为非 DEA 有效，则群内各港口在与各种不同类型港口的经济联系中往往也处于非 DEA 有效的状态。这在辽宁、津冀港口群及其群内港口上表现明显。③尽管港口群内各港口在港口效率层面上为非 DEA 有效，但在发展规模相对同步、港口主营业务方式较为一致的情况下，以港口群形式参与各种类型的港口经济联系仍有实现 DEA 有效的可能。这在西南港口群及群内港口上表现明显，亦可从辽宁、津冀等港口群的反例中得到佐证。

(3)就港口效率Ⅲ而言，在待测度的 6 个规模以上沿海"港口—腹地"经济联系中，长三角、津冀、珠三角"港口—腹地"的评估结果满足 $\theta=1$ 且 $s^-=0$，$s^+=0$，即相对于其他"港口—腹地"而言是 DEA 有效的；山东"港口—腹地"的值高于 0.9，接近 DEA 有效；辽宁、西南沿海港口与其腹地的经济联系则呈现非 DEA 有效的状态，其中辽宁"港口—腹地"的值约为 0.4383，偏离 DEA 有效较远。

(4)就整体效率而言，在所测度的 6 个区域内港口群中，Ⅰ、Ⅱ、Ⅲ层次平均值最高的是长三角(0.976)，其次是山东(0.9675)，最低的是辽宁(0.4584)，西南次低(0.5047)。测度结果显示，中国沿海港口效率表现为高(长三角、山东)、中(津冀、珠三角)、低(西南、辽宁)三组。同时，测度结果表明仅长三角实现了港口效率的逐层提升，具体表现为：①港口群内主要港口自身运营效率较高，成为整个港口效率体系的坚实基础。②群内主要港口之间的经济联系具有效率，可弥补个别港口本身运营效率的缺陷，通过协同效应提升港口之间的联网效率。③港口群与经济较发达腹地之间的经济联系具有效率，则进一步提高了整体效率。而其他港口群则并未完全实现港口效率的逐层提升，其中辽宁、西南港口群甚至出现了不同层次效率递减的情况。

四、投影及无效成因探索：X 非效率

在有效性测度基础上，可通过各个决策单元在 DEA 相对有效面上的投影情况了解港口在各层次上偏离有效的程度及原因,这既为港口各层次向 DEA 有效改进指明方向,也为进一步分析非 DEA 有效的根源提供了实证依据[1]。本书以三层效率都不同程度偏离 DEA 有效的辽宁沿海港口(表 11.2)为例,测算了产出导向目标下三个层次的投影情况(表 11.3)。

表 11.3 港口效率的 DEA 测度结果:投影(以辽宁沿海港口为例)

港口效率Ⅰ:港口	指标	原值	投影	增量	货物周转量增幅(%)
大连	X_1	221	221	0.00	0.00
	X_2	37195	34102	−3092.85	−8.32
	Y_1	27203	41179	13976.68	51.38
营口	X_1	55	46	−8.78	−15.96
	X_2	11476	11476	0.00	0.00
	Y_1	17603	18983	1379.50	7.84
港口效率Ⅱ:港口群/港口	指标	原值	投影	增量	货物周转量增幅(%)
辽宁	X_1	28340	28340	0	0.00
	X_2	0	0	0	0.00
	X_3	4680	2157	−2523.42	−53.92
	Y_1	13219	36255	23036.31	174.27
大连	X_1	27560	27560	0	0
	X_2	52	11	−40.98	−78.81
	X_3	4420	1562	−2857.59	−64.65
	Y_1	9778	22450	12671.77	129.59
营口	X_1	780	780	0	0
	X_2	104	0	−104.00	−100.00
	X_3	104	47	−56.96	−54.77
	Y_1	3441	12965	9523.76	276.77

[1] 在产出导向目标下,各个决策单元的投影情况表示在至少不增加某种投入(可减少投入)的情况下,某种产出最大应增加至多少,才能达到 DEA 有效。其他港口效率的投影结果可向作者索取。

（续表）

港口效率Ⅲ：港口—腹地	指标	原值	投影	增量	货物周转量增幅（％）
辽宁	X_1	1307	341	−965.74	−73.91
	X_2	1550	1550	0	0
	X_3	4897	4897	0	0
	Y_1	13219	30158	16939.22	128.14
	Y_2	629	6064	5435.06	863.61
	Y_3	15212	41471	26258.92	172.61

数据来源：同表 11.2。

测度三个层次的投影情况均显示，应缩减某种投入并尽可能扩大产出，方可使各层次新的投入、产出组合实现 DEA 有效。以辽宁沿海港口效率Ⅲ的投影结果为例，将第一种投入即铁路货物周转量减少 73.91％，保持第二、三种投入即公路和水运货物周转量不变；同时，以外贸货物吞吐量表示的年产出能力最大应达到 30158 万吨，比现有水平提高 128.14％；以腹地贸易额表示的年产出能力最大应达到 6064 亿美元，比现有水平提高 863.61％；以腹地 GDP 表示的年产出能力最大应达到 41471 亿元，比现有水平提高 172.61％。此时，新的投入、产出组合将达到 DEA 有效。换言之，非 DEA 有效的原因，一方面在于各层次投入存在不同程度的拥挤和浪费，另一方面则在于各层次产出的不足。

上述"投入拥挤"和"产出不足"的情况在中国大多数非 DEA 有效的港口中都不同程度地存在。作为一个涵盖单个港口、港口与其他港口、港口与腹地等多层面投入、产出因素综合作用、由点及面的效率体系，港口效率在理论上应具有逐层提升的潜力，但实证结果却并非完全如此。比如，辽宁沿海各主要港口的营运效率并不低，但由于群内港口之间的联网效率较低，更加之缺乏足够发达的腹地经济支撑，导致港口对腹地的"辐射"效率较低，甚至整体上出现了效率层层减弱的迹象。又如，西南港口群内港口之间的有效联系虽然能够弥补单个港口效率的不足，但由于腹地经济不够发达，仍然难以产生有效的港口—腹地经济联系，进而影响整体效率。而珠三角港口则从相反的角度提供了例证：在效率Ⅰ和Ⅱ皆不高的情况下却因为较为发达的腹地经济进而实现了较高的效率Ⅲ。可见，港口与其经济腹地之间的有效联系与腹地经济规模以及发达程度密切相关。这一观点可通过进一步的实证分析获得验证：以各港口群效率Ⅲ的测度结果并结合各港口群所占的货物吞吐量份额,可大致估算所测度港口与腹地经济的关联绩效,该指标与相应腹地区域的市场规模、市场化程度[1]的斯皮尔曼等级相关系数皆为 0.83(张小蒂和姚瑶,2012)。这表明港口效率与腹地市场规模及市场化程度之间,存在高度正相关性。实际上,充分发挥港口效率与腹地市场规模、市场化进程之间的正向关联作用,将有助于非 DEA 有效的港口—腹地扩大产出,进而实现效率提升。

辽宁、西南等沿海港口受制于腹地经济发展规模及水平难以实现港口与其经济腹地之间的有效联系,造成产出的不足,进而偏离 DEA 有效。而对于中国大多数港口而言,港口体系内部的某些原因导致现有资源不能被充分利用,进而形成各层次不同程度的投入—产出低效则更具普遍性。近年来中国港口规模不断扩大,却始终伴随盈利能力低、运输服务贸易逆差扩大等问题,也表明低效率并不一定与技术水平、资金投入等因素有关,中国港口的非DEA 有效更大程度上是受组织内部产权制度、市场竞争状况等因素影响的 X非效率[2]。已有研究表明,产权不明晰或者结构不完善导致企业效率低下在中国是一个非常突出的问题[3],对于港口业而言尤为明显。港口是一国的特殊战略资源,港口业具有自然垄断特征,因此为了有效利用稀缺资源、获取规模经济收益,各国政府往往对港口投资和经营进行直接干预,形成较为单一的要素配置主体,并由此对港口体系内部的 X 非效率产生显著影响(匡海波和李和忠,2009)。在本书测度港口效率的基础上,进一步分析同时期各区域港口上市公司的股权结构,有以下发现[4]:①各港口上市公司第一大控股东几乎都是国有法人或国家性质,单户持股比例都在 40%以上。②各港口上市公司前 10 大股东中,国有性质股东平均持股比例接近 58%,而非公经济性质股

---

[1] 借鉴"杨格定理"中用购买力度量市场有效规模的方法并做了扩展,测算指标包括人均 GDP、城镇居民人均可支配收入、人均股票市值等。用"市场化指数"表示市场化程度,各腹地区域以人均 GDP 作权重估算。市场化指数数据来源于:樊纲,王小鲁,朱恒鹏.中国市场化指数/各地区市场化相对进程 2011 年报告.经济科学出版社,2011。

[2] 参见莱宾斯坦的 X-效率理论。该理论认为企业并非完全理性的"整体"和具有充分的效率,由于内部原因而没有充分利用现有资源或获得机会。这种非市场配置的内部无效率受企业雇员的工作动机、企业产权、市场竞争程度、市场结构等未知因素影响,故称 X 非效率。相关研究可参见:Leinbensein H. Allocative efficiency VS 'X-efficiency'. American Economic Review,1966(6):392-415。

[3] 相关研究参见:齐艺莹.国有资本效率论.经济科学出版社,2005。

[4] 数据来源于港口上市公司年报。非公经济性质的股东主要包括境内非国有法人、境内自然人、外资股东以及境外法人等。

东持股比例仅为 10.19％。③DEA 测度结果将中国沿海港口效率划分为高
（长三角、山东）、中（津冀、珠三角）低（西南、辽宁）三组水平，相应地，各区域港
口上市企业中非公经济性质股东的持股比例也呈现由高到低的状况，分别对
应为 14.45％、10.54％、5.59％，其中长三角最高，为 15.1％，辽宁最低，仅为
1.1％。显然，港口体系的 X 非效率与股权结构、要素配置主体产权状况等因
素密切相关。

　　上述分析表明，中国主要港口偏离 DEA 有效的主要原因在于港口体系
中因股权结构扭曲而导致的 X 非效率。这不仅使其内部投入－产出低效的
情况更为严重，还影响到港口资源的有效配置，进而造成投入要素使用的低效
率。以港口企业密集使用的投入要素——资本为例，可对此作进一步的验证。
根据同期上市公司年报数据计算中国主要上市港口的经济增加值（Economic
Value Added，简称 EVA），并以 EVA 与其资本规模进行比较，可估计企业运
营过程中的资本使用效率[1]。计算结果显示，中国港口上市公司的 EVA 与
其总资本的比值并不高，平均值仅为 0.08；即使是港口上市企业中 EVA 数值
排名第一的上港集团，其 EVA 与总资本的比值也仅为 0.14，表明上港集团总
资本所产生的经济增加值仅为其资本规模的 14％，而营口港、北海港资本投
入所产生的经济增加值则更低，分别为其资本规模的 5％、2％。可见，中国港
口上市公司对资本要素的配置与使用效率普遍较低。不仅如此，对上述港口
上市公司的 EVA 与相应的港口效率作相关性检验，二者斯皮尔曼等级相关
系数高达 0.74[2]。中国港口上市公司资本配置与使用的低效率，与中国规
模以上主要港口的 X 非效率之间，显然存在高度正相关性。

　　综上所述，DEA 测度结果显示，中国主要港口、港口群、港口与腹地经济
联系在不同程度上呈现非 DEA 有效。投影结果则从"投入拥挤"和"产出不
足"两方面分析偏离 DEA 有效的程度和原因。除腹地市场规模、市场化程度
等因素制约港口整体效率提升外，由于股权结构扭曲，在整个港口体系中普遍
存在较为严重的 X 非效率，更是导致非 DEA 有效的主要原因。显然，X 非效
率已经严重影响到中国港口资源的有效利用，因而亟须进一步分析制约中国
港口效率提升的主要障碍及其化解路径。

---

〔1〕　港口上市公司 EVA 计算结果可向作者索取。
〔2〕　在5％水平下显著。鉴于港口群数据与港口上市公司数据的口径难以统一，此处仅
计算港口效率Ⅰ与相应港口上市公司 EVA 的斯皮尔曼等级相关系数。

第三节　中国港口效率提升障碍及其化解路径

中国自 2001 年以来的港口管理体制改革虽然一定程度上改善了港口投资经营主体单一的问题,也确实起到了激发地方活力、促进港口建设大发展的作用。但是,在体制转型过程中,制度变迁的路径依赖以及利益关系的固化,一方面没有解决"最终委托人缺位"、"内部人控制"等产权结构方面的问题,另一方面往往导致市场扭曲以及不公平竞争,形成无形的进入壁垒,X 非效率损失极大,并由此阻碍中国港口在实现其功能的各种经济联系中整体效率的提高。具体表现在以下几方面:

(1)目前中国绝大多数港口企业是国有控股股东"一股独大",即使是已经实行股份制改革的港口上市企业,实际也多为国有法人或国家控股。这样的股权结构在资本积累和要素动员方面能发挥积极作用,但却因为缺乏内部激励难以调动员工积极性,产生委托代理问题;而体制改革的滞后则使企业内部机构臃肿、信息严重不对称,进而造成港口相关经营活动系统性低效率[1]。

(2)地方政府与国有港口企业之间的利益关系,虽然可以使国有港口企业免受外部竞争者的冲击,但也束缚了国有港口企业自主开发市场和进行投融资的自由。地方政府为了支持本地经济发展,争相投入、重复建设,甚至恶性竞争,造成资源浪费。更严重的是,以行政区域划分人为地割裂港口之间的联系,国有港口企业投融资行为则受地方政府目标左右,难以通过股权形式建立更有效率的港口群以及港口网络体系,进而阻碍港口效率Ⅱ("联网"效率)、港口效率Ⅲ("辐射"效率)的提升。

(3)由于缺少市场有效竞争机制的约束,国有港口企业作为要素配置主体,在港口资源配置过程中增加投入却并不关心能否带来产出的增加,造成资源浪费、配置低效率。而另一方面,因利益关系固化产生的无形壁垒与港口自然垄断特性相结合,形成"双重垄断",阻碍民营企业的进入。X-效率理论认为,企业家才能在减少 X 非效率方面有着重要作用,或是进入低效率企业直

---

〔1〕　研究表明,无论是以净资产回报率(ROE),还是以全要素生产率(TFP)来衡量,国有企业的效率都明显低于民营企业。如:2007 年,国有企业的 ROE 略高于 15%,民营企业则为 23%;过去 30 年国有企业 TFP 年均增长约 1.5%,而民营企则业是 4.5%。参见:康怡. 国有部门民营化改革越早越好. 经济观察报,2012 年 11 月 5 日第 13 版。

接发生影响，或是作为竞争对手间接产生影响。但是进入壁垒的存在导致这种作用难以发挥。港口内部、港口之间以及港口群之间缺少足够的竞争强度，因而造成效率损失。

如上所述，在中国港口体制转型过程中，形成了以政府、国有企业为要素配置主体的较为单一的产权结构；国有港口企业与地方政府的特殊关系形成无形壁垒，再加上港口产业本身的自然垄断特征，阻碍了民营企业的进入，市场缺乏有效竞争，导致中国主要港口 X 非效率普遍存在。显然，进一步深化港口管理体制改革，实现要素配置主体"多元化"，消除进入壁垒，保持市场可竞争性，即便在港口市场结构呈现自然垄断特征的情况下，仍然有可能实现效率提升。具体而言：

(1)进一步深化产权制度改革，重塑港口要素配置主体。在一定的产权结构中，要素配置主体的行为特征是由其对自身利益最大化的追求和外部制约共同决定的。产权拥有的剩余索取权是决定要素配置主体努力程度的激励因素，进而决定了企业的效率。一般来讲，民营企业能克服国有企业低效率的弊端，职责明确，真正实现政企分开；作为要素配置主体，其行为受利润可能性驱动，在成本控制和顾客导向方面具有更强的约束力和激励因子[1]。因此，民营企业应成为主要的港口要素配置主体。然而，这并不意味着政府完全放开管制，也不是将国有企业变成私人企业，而是改革过去要素配置主体较为单一的产权结构，重塑以民营企业为主的"多元化"要素配置主体。

(2)化解中国港口效率提升障碍的关键在于消除无形的进入壁垒，确保市场的自由进出，形成鲍莫尔意义上的"可竞争"市场结构。良好的生产效率和技术效率等市场绩效在寡头市场、甚至独家垄断市场也是可以实现的，但其前提是保持市场进出的完全自由。在此前提下，包括自然垄断在内的高度集中的市场结构也是可以和效率并存的(夏大慰，2002)。对港口产业来讲，许多港口在一定的区域范围内存在垄断，但只要这些港口处于高度竞争的要素市场环境中，即使潜在进入者面临着比较高的初始成本要求，这些区域内的垄断企业仍然面临有效的外部竞争，只能制定竞争性价格，并且不断提高效率。

(3)实现中国港口整体效率内生性提升应以相关各方之间的"激励相容"(Incentive Compatibility)为原则。相关各方的利益共生是"激励相容"的基础和动因。首先是政企之间的"激励相容"。在港口管理体制的制度变迁中地方

---

〔1〕 参见：李楠.港口民营化改革的理论与政策研究.北京交通大学博士学位论文，2007。

政府与港口企业之间存在共生利益,但这种利益的实现不应以扭曲市场机制为代价,而应由政府提供公共服务,创造良好的市场准入环境。港口产业具有自然垄断的特征,进入者面临较高的初始成本,地方政府若能为民营资本的进入创造良好的投资环境、提供融资担保等,则可帮助民营港口企业克服进入"门槛"。其次是各港口企业之间通过互相参股获得"激励相容"。现代港口资源多呈网络状布局,具有较强的正外部性,由此形成了各港口企业之间的共生利益。所谓"激励相容",正是相关各方预期利益具有共生性的一种制度安排。反过来,激励相容的相关各方由于具备相同的目标函数,互相"锁定"于共生利益之中,使共生利益动态增强,产生某种正反馈效应。

第四节　结论与启示

(1)港口对于一国或地区参与国际分工的重要性毋庸置疑,以往局限于表层港口运营状况的研究,主要运用引力模型等工具从运输费用、贸易便利化等视角考察港口在一国对外贸易中的作用。随着港口功能的演进,港口成为整个经济体系中实现资源配置的关键枢纽,需全方位地从港口内部运营、港口之间、港口与腹地三个层面进行解析。这有利于更全面、深刻地揭示港口效率内涵体系,从而对港口效率的提升途径进行有针对性的探索。

(2)运用 DEA 方法对中国主要港口三个层次效率进行测度,结果显示中国沿海港口整体效率可分为高(长三角、山东)、中(津冀、珠三角)、低(西南、辽宁)三组,其中仅长三角实现了港口效率的逐层提升。投影结果进一步显示,中国港口非 DEA 有效更大程度上是由于港口体系内部因素而导致现有资源未能被充分利用的 X 非效率,其与经济体制转型背景中国港口企业产权结构以及市场状况密切相关。

(3)中国港口 X 非效率的主要因素在于以政府、国有企业为要素配置主体的较为单一的股权结构,以及无形的进入壁垒和扭曲的市场机制,再加上港口的自然垄断特征,更加阻碍了民营企业的进入。要使中国港口体系的整体效率得到提升,亟须进一步深化体制改革,重塑以民营企业为主的"多元化"要素配置主体,消除进入壁垒,构建"可竞争"的市场结构。其意义在于:①民营资本的进入既拓宽了资金来源渠道,又可发挥企业家在减少 X 非效率方面的重要作用;既有利于"优胜劣汰"市场机制的形成和完善,又有利于企业家"干中学"能力的提升。②潜在的进入者以及"可竞争"的外部市场环境,可对国有港口企业形成"倒逼"机制,迫使其提高效率。

(4)以民营企业为主的"多元化"要素配置主体中,政府也是实现港口效率提升不可或缺的主体,政企之间"激励相容",抑弊扬利,降低潜在竞争者的进入"门槛",有利于创造"可竞争"的市场环境,其作用在转型经济中尤为显著。港口"企企"之间则以股权为纽带构建港口网络,"激励相容"、协同互动,可实现三个层次港口效率的整体提升,且该效率提升是内生、可持续的。

参考文献

Barros, C. P. and Athanassiou, M. Efficiency in European seaports with DEA:evidence from Greece and Portugal[J]. Maritime Economics and Logistics,2004(6):122-140.

Notteboom, T. and Rodrigue, J. P. Port regionalization:towards a new phase in port development[J]. Maritime Policy and Management,2005(3):297-313.

Tongzon, J. Efficiency measurement of selected Australian and other international ports using data envelopment analysis[J]. Transportation Research (Part A),2001(35):113-128.

邓娟. 基于功能演进的港口效率内涵解析及实证研究[J]. 河北大学学报(哲学社会科学版),2011(6):100-106.

匡海波,李和忠. 中国港口 X-效率测度[J]. 系统工程理论与实践,2009(2):1-9.

郎宇,黎鹏. 论港口与腹地经济一体化的几个理论问题[J]. 经济地理,2005(11):767-774.

庞瑞芝. 中国主要沿海港口的动态效率评价[J]. 经济研究,2006(6):92-100.

庞瑞芝,李占平. 港口绩效评价与分析探讨[J]. 港口经济,2005(5):43-44.

魏权龄,岳明. DEA 概论与 C^2R 模型——数据包络分析(一)[J]. 系统工程理论与实践,1989(1):58-69.

夏大慰. 产业组织:竞争与规制[M]. 上海:上海财经大学出版社,2002.

张小蒂,姚瑶. 企业家人力资本拓展对比较优势增进的影响研究——基于中国省级面板数据的经验分析[J]. 浙江大学学报(人文社会科学版),2012(10):1-13.

第十二章　典型案例Ⅳ:以电子商务发展为例

　　在经济全球化进程中,市场竞争日趋激烈,企业为了满足消费者的多样性偏好纷纷采取差异化竞争的策略,而这又会受到追求规模经济目标的制约。一般而言,生产者为了获得规模经济,往往希望产品种类越少越好,而追求效用最大化的消费者则希望产品种类越多越好。这一两难冲突的缓解须借助于市场规模的有效扩大(Dixit & Stiglitz,1977)。在经济现实中,总体上市场规模的扩大还意味着社会分工的深化。亚当·斯密(2003)最早揭示了经济主体按比较优势分工是经济增长的源泉,即分工深化是比较优势增进的基石。随着分工的深化,市场交易规模会越来越大,其扩大与分工深化的互动可导致要素报酬的递增(Young,1928)。杨小凯(2003)则更强调后天努力而获得的比较优势,即通过分工而形成的生产率差异是社会经济效率的源泉。他认为分工深化可促进学习效率提升及工具的发明与使用,从而使生产率提高,比较优势获得内生增进。其中,作为一揽子要素优化配置者的企业家,是推动市场规模扩大与比较优势内生增进的关键主体(张小蒂和贾钰哲,2012)。因而市场规模既可体现企业家才能提升的状况,又可反映比较优势增进的水平,可谓连接二者的重要纽带(张小蒂和曾可昕,2013)。企业家才能的提升还能促进经济效率的显著提升,并导致以下三类协同,即企业家创新与技术创新协同,创新与创业协同,微观生产效率与宏观动态效率协同,这是比较优势可持续增进的重要驱动源(张小蒂和曾可昕,2014)。由此可推断,若某一产业能与上述"协同"趋势保持一致,则其以企业家才能内生提升为标志的持续发展是可以期待的。

　　从中国经济发展的现实来看,近年来电子商务的发展十分迅速,是最具活力的市场领域。2013年中国GDP增速为7.7%,社会消费品零售总额同比增长13.1%,与此同时,中国电子商务交易规模达10.2万亿元,同比增长29.9%。2014年上半年,电子商务交易额的同比增速更是达到45.3%。据毕马威最近的分析报告称,预计到 2020 年中国电子商务产业规模将大于美英日德法等 5 国电子商务规模的总和(张小蒂和曾可昕,2014)。电子商务的迅速发展极大地促进了中国社会生产力与居民消费潜力的提升,推动着市场规模的扩大,同时也促使企业家配置资源的商务领域不断拓展。那么中国电子商务何以获得如此快速的发展,这一发展是否具有可持续性?这正成为人们关注的热点,亟待从理论层次对此予以深入探讨。通过以市场规模扩大为切入点对中国电子商务发展进行研究,不仅可验证企业家才能提升与动态比较优势增进的良性互动关系,还可在对中国电子商务快速发展进行解析的基础上,对该行业的可持续发展提出前瞻性的建议,因而具有理论价值与现实意义。

第一节　中国电子商务的发展状况

2013 年中国电子商务市场中,B2B 与网络零售(含 B2C 与 C2C)各占比 80.4％与 17.6％。其中,B2B 交易额达 8.2 万亿元,同比增长 31.2％;网络零售交易规模为 1.9 万亿元,同比增长 42.8％(中国电子商务研究中心,2014)。其增速远高于同期第三产业增加值 8.3％的增长率与批发零售业增加值 10.3％的增长率。B2B 是中国电子商务中历史最长、发展相对完善的商业模式,其服务企业通过构建网上交易平台以吸引产业链各环节企业,尤其是中小企业聚集。平台使用方一方面基于网络信息的便利传播与获取而捕捉更多商机,较快达成交易,使交易费用下降,市场规模扩大;另一方面可通过深化平台内的企业间分工,即加强企业间要素共享与战略合作而获得技术与信息知识外溢及边际收益递增,从而使供应链与价值链获得动态优化整合,企业家才能内生拓展。近年来中国 B2B 快速发展,2007—2013 年交易额年均增速为 24.7％。其平台提供方与使用方企业也在不断增加,2013 年中国 B2B 服务企业(即网站)1.2 万家,其通过提供信息、监督、融资等服务而获得营收约 205 亿元,同比增长 28％;使用第三方电子商务平台的中小企业已达 1900 万家(包括同一企业在不同平台注册),同比增长 11.8％[1]。

---

[1]　然而据麦肯锡全球研究院于 2014 年 7 月发布的报告《中国的数字化转型:互联网对生产力与增长的影响》(www.mckinsey.com/mgi)中指出,目前中国中小企业运营中互联网使用率只有 20％～25％,远低于美国的 72％～85％,这表明电子商务在中国企业中尚有较大的拓展空间,今后更多的中小企业可通过电商平台寻求市场规模拓展与资源优化整合。

近年来网络零售市场的发展则更为迅速,中国已超过美国成为世界上最大的网络零售市场。网络零售在社会消费品零售总额中所占比重日益提高,2013年该比值已达8.04%,表明网购已成为日益重要的社会消费方式。截至2013年,实际运营的B2C、C2C等服务企业(即网站)约2.93万家,同比增长17.8%。其中,在C2C等平台开设的个人网店有约1122万家[1],同比减少17.8%。网络零售市场由于进入门槛低,所涉及产品丰富,吸引着大量创业者进入。该市场的激烈竞争导致优胜劣汰、资源优化整合的速度加快,零售商在产品多样化、性价比、市场快速反应、售后服务等方面竞争力的不断提高是其可持续发展的关键。大量创业者往往利用C2C平台获得经验与资本的初始积累,而后进入B2C市场以更好地升级其产品品质、服务与品牌形象,企业家才能也在更复杂的"干中学"中获得了某种非常规的加速上升,对不确定市场的预测与驾驭能力随之不断增强。与此同时,日益充分的市场竞争及不断丰富的产品种类导致消费者剩余增加,从而吸引着更多消费者进入网购市场,使其对网购的信任与依赖程度日益增强。截至2013年底,国内网购用户已达3.12亿人,同比增长26.3%。此外,随着信息技术发展与移动端设备的普及,移动电子商务市场更是飞速发展。2013年中国已拥有逾3.8亿人的移动电子商务用户,2008—2013年该市场规模年均增速达232.12%。随着网购监管及物流配送体系的日趋完善,网络零售市场还将获得进一步快速发展。

第二节   企业家要素配置才能提升是电子商务快速发展的重要基础

企业家主要通过"干中学"使自身的人力资本与经验知识积累,其以默会知识为主的才能提升可促进诸要素的升级并引致生产率上升,从而使市场规模扩大和比较优势内生增进。因而电子商务的快速发展是以企业家要素配置才能不断提升为重要基础的,这一"提升"对电子商务快速发展的促进作用主要体现在以下几个方面。

---

[1] 截至2013年11月底,全国共有个体工商户4400.41万户,占中国市场主体总量的70%以上,这一数值未包含个体网店。若统计在内,意味着全国有近20%的个体工商户是通过电子商务平台销售产品。

一、物流领域的要素配置优化

物流体系的不断完善缩短了供需各方的距离,使电商企业的有效辐射范围扩大,其销售可突破地域局限而向国内外其他地区拓展。这在给企业带来更多商机的同时,也使其面临的竞争更为激烈,由此导致的降价压力推动着供应链的整合优化。与此同时,物流系统的高效运作使购买方的选择面拓宽,可更好地满足消费者的多样性偏好。当环境、交通与时间等因素被纳入采购成本中考虑时,便捷高效的物流配送促使人们更倾向于选择电子商务方式进行采购以节约成本。2013 年中国物流完成快递业务量 91.9 亿件,业务规模居世界第二,近 5 年平均增长率达 43.5%。然而,作为物流系统关键环节的仓储,却在中国的发展相对滞后。据估计,中国只有不到 20%的仓库拥有现代化的跟踪系统和零售技术,其人均自动化现代仓库面积也仅相当于美国的 1/3[1]。仓储设施的落后及物流效率的不足使得中国的物流成本约为美国的两倍,由此削弱了中国电子商务的赢利能力,这也表明了中国电子商务的发展还处于早期,在物流领域尚有很大的发展空间。

对此中国企业家在电子商务的物流领域,对要素配置优化作了多种创新性尝试,其中较具典型意义的是,突破了单纯依靠第三方物流导致成本高企的窠臼,通过构建分阶段自主物流体系,以进一步激活电子商务市场潜力。以京东商城为例,其物流系统包括仓储、干支线运输、配送三阶段。京东大量购入主要交通枢纽城市的郊区土地建立仓储中心,并以此为依托在全国多城市构建物流中心[2],在这一阶段通过批量采购可获取价格优势。对于跨区域的干线运输,京东采用自营与第三方物流相结合的方式,其中自营干线运输可大幅提升各区域之间的调拨速度,减少运输的差错率和意外损失。京东不断构建与完善其自营配送体系,以实现货物在"最后一公里"的自主配送[3]。借助这一阶段物流系统可实现货物快速送达,迅速及时地获知诸用户的消费体验及其偏好等重要商务信息,并及时提供售后服务,这为其进一步捕捉商机与拓展市场创造了重要条件。与此同时,京东正致力于发展零售业 O2O(线下到线

---

〔1〕 详见:中国电子商务热潮急需物流升级支撑.环球时报,2014-5-13。

〔2〕 截至 2013 年底,京东已在全国创建 82 个仓储中心,总面积约 130 万平方米,并以此为依托在 34 个城市建立物流中心。其自营配送体系已覆盖 130 个城市。

〔3〕 目前京东 72%的订单已实现自主配送。其 CEO 刘强东于 2014 年初表示,将在 3 年之内于 500 至 800 个城市实现自行配送,使自建物流覆盖超过 95%的订单。

上），与大量线下销售商合作以实现订单更快送达，由此构建线上线下业态协同互补、相互融合的新型市场格局。京东还向其平台第三方商家与合作企业开放自营物流服务，以增强销售平台对参与卖家的锁定，获得电商平台与物流配送的规模经济。此外，其城郊仓储用地也将随着城市化和工业化的发展而获得升值，为其带来长期增值空间和可靠的融资依据。随着企业家在物流领域要素配置才能的不断提升，先进的信息技术与传统优势资源可获得更好地协同与整合，这一"鼠标加水泥"优化组合后的新型运作模式使企业的自身禀赋与物流的不同阶段相匹配，从而降低交易费用，提高物流效率，实现了要素配置的优化。

二、金融领域的要素配置优化

电子商务中买卖双方商品与货款的交换开始在时空上分离，这一"分离"极易因信息不对称而引发道德风险，使双方交易陷于某种"囚徒困境"，从而损失大量潜在的交易可能性，这对于信用体系尚不健全的中国尤甚。阿里巴巴集团的企业家率先引入支付宝则有效化解了这一障碍。它以作为第三方的阿里巴巴企业信誉为基础，"无偿"为买卖双方提供监督、担保、资金托管等独立的第三方中介服务，实际上是在三方间构建可信的契约保障，有效化解了电子商务中交易双方因缺乏信任而裹足不前的"囚徒困境"，使支付环节的交易费用大幅降低，促进各方长期合作博弈的形成与展开。

正是由于上述支付方式的创新使金融领域的要素配置得到优化，并对电子商务的市场规模迅速拓展形成有力支撑。部分电子商务企业及金融机构开始以互联网为载体进行金融产品及其运作方式的创新，这使得金融体系的交易信息更加透明、风险控制能力提高，资金供求双方的规模扩大，其搜寻、谈判、履约的成本有效降低。大型电子商务企业利用其平台优势将业务从产品向金融领域延伸，以便于资本拥有方将其资金在支付清算与金融理财间灵活转换，资本使用方可更便捷地获得融资支持，使电子商务和金融业务相互促进、协同发展，其平台的用户规模进一步扩大。由于电子商务企业可以较便利的获取有关交易信用的信息，从而可为融资各方提供信用评价审核、金融中介、公开监督、担保等服务。随着未来金融监督体系的完善及传统金融领域的改革深化，电子商务企业还可向金融产品开发、交易融资及小额存贷款等金融主体性业务领域拓展。这正在一定程度上改变中国以银行借贷为主体的传统金融格局，促使利率市场化进程加速，将金融支持惠及更多中小企业。截至2014年第一季度，"余额宝"已拥有客户8100万户，其资金规模达5412.8亿元。可以看到,电子商务的较快发展促使企业家对金融领域要素进行配置优化的动力与能力不断增强,并使中小企业的融资效率提升,从而进一步拓展了电子商务的市场潜力。

三、信息领域的要素配置优化

由企业家创新导致的要素配置才能提升,在推动电子商务快速发展的同时,也使商务信息资讯大量涌现。在此基础上,云计算、搜索引擎等技术的发展与运用,使市场信息被发现、传输、编码与利用的效率大幅提升,有效信息的获取成本降低,使通常隐蔽在大数据内的具有商业价值的信息可被迅速提炼与显化,从而促进了企业家要素配置才能的显著提升(舍恩伯格和库克耶,2013)。尤其是搜索引擎在电子商务中的应用,不仅可使交易突破地域与实物局限,向更广阔的市场延伸,产品的市场需求面由此拓宽,还使各商品信息从海量资讯中被迅速检索发现,在满足消费者多样化偏好的同时,也为供给方的产品差异化策略提供了实现途径,这种"大海捞针"的有效实现机制不仅使得从技术上缓解规模生产与消费者多样性偏好间的"两难冲突"成为可能,而且可使大批小微企业的产品差异化竞争格局得以形成,从而降低了交易费用,推动了分工的进一步深化。

对消费者而言,其通过电子商务平台可快速实现信息检索、商品浏览、价格比较、订单处理与用户反馈等,消费的便利度与效费比不断提升。对企业家而言,信息领域的要素配置优化使其商务创新与技术创新更紧密地融为一体:市场需求动态的即时获取,促进企业不断发展与自身禀赋及市场需求相匹配的相对先进适宜技术,使研发效率提升;同时也改变其原有的以供给方为主导而进行研发、生产与营销的传统商业模式,市场需求成为供应链各环节企业进行分工协作与要素优化配置的重要导向,使得整个产业链的运行效率大幅提升;企业可基于诸客户过往消费、商品检索与使用评价等信息而开展更有效的研发与营销,在增强产品与市场需求间吻合度的同时,还能充分挖掘需求方参与产品研发的价值,使其用户体验与品牌忠诚度提升,由此可使企业家创新与技术创新更为协同。

四、一揽子要素的配置优化

企业家对一揽子要素优化配置的才能提升的重要体现在其对组织形态所作的效率导向型创新性选择上。中国电子商务企业的典型组织形态主要有平台型与自营型两类。平台型电商的典型代表是阿里巴巴集团,该类电商的主要特征在于：作为第三方平台为交易各方提供搜索、资讯、营销、金融、监管等服务，其配套服务越完善就越能吸引更多交易主体进入，促使更多的交易发生，平台利用效率自然也就越高；因进入门槛较低而吸引大量销售商进入，使得商品种类丰富，且基于较充分的竞争而更能吸引消费大众；各参与平台的商家自负盈亏，风险分散，使平台型电商的组织成本更低；其收益往往随着平台交易双方规模扩大而增加，渠道资源的约束较少，因而企业规模的有效边界在进退上的选择十分灵活。自营型电商的典型代表是京东商城，该类电商的主要特征在于：基于商品购销差价而盈利，大批量的采购使其在与供货商、物流商等交易时的议价能力与预期利润提升；多类商品的同时供给不仅能更好地满足用户"一站式"购物需求，还可有效提升平台内共用要素的使用效率，使自营型电商获得规模经济与范围经济；具有更强的品牌定位与个性，对产品品质、物流效率、服务质量的组织支撑往往更有保障；相较于平台型电商的"海量"产品及信息，其相对精简而清晰的商品推荐可有效节约用户搜寻与比价等成本，使用户体验与购物忠诚度提升；会依据市场需求而动态优化其所售商品的种类与库存，在交易费用与组织成本的权衡取舍中选择较优的产品种类与企业规模，并适时动态调整。因而上述两种组织形态各具优势，可依据企业各自禀赋优势更好地实现以效率导向的企业绩效增进，其企业的有效规模边界也会随着企业家要素配置才能的提升以及信息技术的运用等而不断拓展。

从广义的视角来看，一揽子要素配置优化则是指熊彼特意义上的企业家创新，即企业家对诸要素的新组合（熊彼特，1997）。这可体现为企业内的分工深化及企业间的分工协作、并购、战略联盟等。分工演进是否可持续主要取决于参与各方的协同度，即诸要素之间交易费用的大小。企业家正是促进各要素协同度提升的关键主体。在电子商务中，企业家的信息处理效率可获较快提升，其通常依据要素比价等信息动态优化要素配置，以寻求投入成本节约与产品附加值增加，从而使生产率上升。这一过程实际上可抽象为某种"管理"要素的有效运用。而"管理"要素具有企业内共享性，其利用效率的提升可获得"范围经济"，由此导致要素间协同度增强，交易费用降低，促使分工进一步深化。而信息、物流、金融等领域的协同发展，促使产业链各环节的整体运行效率提升，分销渠道被不断优化与压缩，使得原材料采购、产品流通等成本大幅下降。由一系列要素"低价"汇聚而成的"价格洼地"可进一步吸引人流、物流、资金流、信息流等汇入电子商务市场，其基于较为充分的竞争而形成适度的产品利润率，使商品性价比提升，市场规模扩大，从而使企业家才能提升与市场规模扩大之间获得良性互动。

第三节 "可持续性"的源泉:"市场规模"扩大与 "配置才能"提升的良性互动

从整体来看,电子商务作为新型市场业态,主要具备以下几方面特征: ①综合。它以新型电子商务平台构建为基础,同时整合了包括物流、金融、信息、技术、管理、营销等在内的"全产业链"要素资源。②动态。由电子商务发展而导致的产业链延伸及其各环节协同性增强,以及传统与新兴产业间的相互竞争与融合,将促使市场格局重构及分工的不断深化。③内生。电子商务的较快发展使企业家的"干中学"环境不断优化,其要素配置才能获得更快提升,从而使电子商务市场规模扩大与企业家要素配置才能提升之间良性互动,并由此形成中国电子商务发展的不歇源泉,主要体现在以下几个方面:

一、良性互动 I:企业家分工深化与资本市场发展

电子商务市场的分工深化推动着要素结构的升级及要素市场的发展,使企业家的"干中学"领域从产品市场向要素市场拓展。资本市场由于具有较高交易效率与制度保障正成为现代重要的要素市场,通过资本市场融资而产生的对企业家激励与约束的效果均比银行融资更为显著。从交易费用视角来看,资本市场发展对企业家分工深化的促进作用主要体现在:①股东与经理人之间的交易费用降低。资本市场发展促进了职业经理层及职业经理市场的形成,企业所有权与经营权可实现部分或完全分离,从而使企业家的管理才能基于企业家资源内部分工深化而显著提升。然而职业经理人的引入会提高"内部人控制"的风险,交易费用随之上升。企业通过上市规范运作则能更好地厘清股东与经理人的权责和行为边界,使违约成本大幅增加,有利于更具保障的长期合作博弈的开展,从而推动现代企业制度的形成。②资本拥有方与资本使用方之间的交易费用降低。资本市场交易制度的完善和线上线下等交易方式的创新,可使资本要素超越时空局限而更快流动,促进了市场融资规模的扩大和资本流转效率的提升。资本市场的信息披露等制度约束促使资本供需双方间信息更为对称,市值等指标可作为企业家经营绩效及其市场潜力的动态评估信息流,从而引导资金流向具有更高配置效率的资本使用方。③资本使用方与技能要素拥有方之间交易费用降低。通过实施股票期权激励,可使技术人才拥有一定的剩余索取权,而资本市场的发展则使该措施的长期激励效

　　果更为显著。这不仅使企业以更低的成本将人才"锁定"，还能有效激发其创新的内生动力，促进研发效率的不断提升。

　　从 Wind 数据库可知，中国目前已有 22 家电子商务概念企业正在通过国内沪深资本市场寻求融资支持与企业家才能的内生拓展，这些企业近 5 年来的经营状况如表 12.1 所示。可以看到，与国内全部 A 股及所有上市企业的平均经营绩效相比，近年来电子商务企业具有更高的流动比率与净资产收益率以及更短的存货周转天数，表明这类企业的资产流动性与快速偿还负债的能力较强，且其产品的畅销使得企业的资本使用效率更高，从而给投资方带来较高收益。与此同时，电子商务企业还具有较低的资产负债率，表明其可支配的流动资金更为充足，企业发展较为稳健。以上指标均可在一定程度上反映出电子商务企业家的经营管理才能较一般上市企业更为突出。

表 12.1　2009—2013 年中国电子商务概念上市企业与其他上市企业的相关指标对比

净资产收益率（%）	2009	2010	2011	2012	2013
电子商务企业	12.74	16.07	13.39	8.48	8.83
全部 A 股	11.11	15.78	10.32	6.71	6.09
全部上市企业	11.09	15.75	10.30	6.73	6.08
资产负债率（%）	2009	2010	2011	2012	2013
电子商务企业	41.34	40.18	35.28	34.85	38.56
全部 A 股	64.98	52.45	47.10	46.02	44.90
全部上市企业	64.99	52.55	47.24	46.13	45.03
流动比率	2009	2010	2011	2012	2013
电子商务企业	2.99	3.34	4.24	3.82	3.16
全部 A 股	2.07	3.17	3.49	3.13	2.72
全部上市企业	2.06	3.15	3.46	3.11	2.72
存货周转天数（天）	2009	2010	2011	2012	2013
电子商务企业	95.18	79.59	66.29	75.07	70.74
全部 A 股	302.31	546.08	635.57	284.23	281.61
全部上市企业	302.54	542.67	632.07	282.90	280.50

　　注：①数据来自于 Wind 数据库，截至 2013 年底在沪深两市上市的电子商务概念企业共有 22 家，全部 A 股企业共计 2525 家，全部上市企业共计 2546 家；②上述指标为各类数据经算术平均而得出；③流动比率＝流动资产/流动负债，存货周转天数＝360/存货周转率。

二、良性互动Ⅱ:网络集群发展与马歇尔外部经济增进

分工深化与交易增多可导致交易主体间的相互依赖程度上升,使市场的网络效应增强。由梅特卡夫法则(Metcalfe Law)可知,网络参与者越多,网络的价值越大,该价值可惠及网络内所有成员。在电子商务中,众多民营中小企业可突破空间局限而在电子商务平台聚集,并通过采用企业间分工网络而构成的"集群经济"来提高自身竞争力,获得马歇尔外部经济增进(张小蒂和曾可昕,2012)。在电子商务中,激烈的市场竞争促使资源加速优化整合,企业家的要素配置才能可获得更快提升,主要机理如下:各企业须克服一定的沉没成本进入电子商务市场,以更好地获得技术与知识溢出、信息处理效率提升、专业化分工等方面的"干中学"绩效提升;在市场检验下低效率的企业退出市场,而经市场不断甄选和激励而产生的高效率企业获得生产率和要素配置才能的动态提升,其市场份额扩大,要素报酬增加;市场中优秀企业家会以其卓有成效的"干中学"对诸企业家产生示范效应与创新外溢,使其要素配置才能获得更快提升。可以看到,在电子商务市场这一虚拟的产业集群中,其与传统集聚经济所不同的特征在于:市场交易与企业间分工协作可不受地理空间局限;异常激烈的市场竞争使得优胜劣汰加快,高效率企业所获激励更为显著;信息、物流、管理等共用要素的共享程度更高,共用要素提升所引致的社会收益率递增更为明显;高效的传导机制使集群内领头企业的示范效应更强、辐射范围更广,因而相较于传统产业集群,电子商务市场具有更为显著的马歇尔外部经济增进,而这在网络效应的放大下,又可加快电子商务市场规模的扩大与企业家要素配置才能更大幅度的提升。

三、良性互动Ⅲ:政府与企业间协同互补

中国作为转型经济背景下的发展中大国,其市场机制尚不完善,故政府是电子商务发展不可或缺的重要主体。除企业家要素外,政府所提供的公共品亦是电子商务市场中重要的共享要素。因而中国电子商务可持续发展的重要前提是"政""企"之间实现协同互补,其途径可体现在以下两个层次。

(1)政府所提供的公共品对电子商务发展的促进作用。电子商务作为新兴市场业态,在发展中尚有大量的制度与基础设施建设需要。政府可通过完善法规与道德体系,使市场交易整体上更加规范、公正、诚信、竞争充分,交易各方的预期明晰与稳定化,从而在有效激励企业家优化要素配置与提升生产率的同时,还可降低交易费用,提高交易效率。同时,政府对基础设施的投入

可带来很强的正外部性,促进电子商务的更快发展。

(2)电子商务发展对政府实现社会目标的促进作用。电子商务的较快发展有助于企业家创新与创业的协同,从而促进政府实现经济增长、充分就业、结构优化等社会目标。电子商务作为新兴的现代服务业,具有比传统制造产业更高的就业吸纳能力,因而能较好地兼顾微观生产效率与宏观动态效率(张小蒂和曾可昕,2014)。

较低的创业门槛及共享式的信息平台使得创业者较易成功嵌入社会分工体系、电子商务市场规模较快拓展的可能性提高,其企业家才能获得更好地激活、显化与拓展,进而使整个社会的劳动力资源利用效率及就业弹性显著提升[1]。据统计,截至 2013 年底,全国 7.67 亿的就业人口中,有 1.5 亿人在小微型企业中创业或就业,新增就业和再就业人口的 70% 以上集中于小微企业[2]。①小微企业已成为解决社会就业问题的主要承担者,而电子商务的发展促使更多小微企业成功创业。2013 年中国电子商务服务企业的直接从业人员超过 235 万人,同比增长 17.5%;由电子商务带动的就业人数已超过 1680 万人,同比增长 12%。其中,网络零售企业创造了 900 多万个就业岗位,到 2015 年预计将达到 3000 万个[3]。特别是跨境电子商务的发展,使得传统外贸企业的市场需求面不断拓宽,将吸纳更多劳动力资源[4]。与此同时,电子商务作为新兴服务行业,对较高层次人力资本的需求不断提升,这使其更加注重对人员的在职培训,使得人力资本的积累加快。与普通教育相比,职业培训具有更强的针对性与时效性,可使从业者的"干中学"绩效获得更快增进[5]。②电子商务的快速发展使得中国的空间生产力布局纳入到效率导向型的轨道中,诸要素在国家和次国家层次的配置获得动态优化。从电子商务

---

〔1〕 麦肯锡全球研究院发布的报告《中国数字化转型:互联网对生产力与增长的影响》(www.mckinsey.com/mgi)中指出,其通过对 4800 家中国中小企业的调研显示,随着互联网技术的普及,每失去 1 个岗位,就会创造出 2.6 个新的工作机会(包括很多高技能职位)。

〔2〕 数据来自于国家工商总局全国小型微型企业发展报告课题组于 2014 年初发布的《全国小型微型企业发展情况报告》。据其测算,同样的资金投入,小微企业可吸纳就业人员数平均是大中型企业的 5~6 倍。

〔3〕 数据来源于商务部发布的《中国电子商务报告(2013)》.北京:中国商务出版社,2014。

〔4〕 在 2014 中国电子商务大会中,商务部电子商务和信息化司副司长蔡裕东发言指出,目前中国有 80% 以上的外贸企业已经开始应用电子商务开拓海外市场。这主要体现为人口就业"广度"的拓宽。

〔5〕 这主要体现为人口就业"深度"的拓展。

企业所处地区来看,2013 年中国电子商务交易额排前 6 位的省市分别为广东、江苏、北京、上海、浙江、山东省,占全国电子商务交易总额的 63.3%。这与沿海地区民营经济发达,企业家资源丰富有着密切关联。随着线下业态竞争的日趋加剧,众多传统企业试图通过电子商务平台实现其转型升级与市场规模拓展。沿海地区相对更优的市场化环境更有利于企业家商务潜能的激活与拓展,其对物流、金融等诸领域的要素配置才能不断提升,从而使电子商务在沿海地区的覆盖率更高。与此同时,电子商务市场中可跨时空配置要素的特性会加速企业家的区际流动以及要素跨区域的协同整合。这将促使更多传统制造、仓储、销售等环节企业加速向内陆省市的梯度迁移以寻求成本节约与市场拓展,从而有利于中西部地区经济更快增长、就业机会增加、城镇化进程加速。③电子商务的发展不仅能更好地满足消费者的多样性偏好,也使其购物的效费比与便利度大幅提升,从而有利于刺激消费,拉动内需,促进区域经济平衡发展。值得注意的是,据统计[1],对于淘宝网购用户而言,2012 年其县域地区人均网购 54 次,超过一二线城市的人均网购 39 次,县域年人均网购金额也超过一二线城市。县域地区消费者通过网购以弥补线下市场在商品多样性和性价比等方面的不足。据麦肯锡全球研究所测算,对于中国的整体市场而言,消费者每通过网购市场消费 100 元,约 61 元是对线下市场的替代性消费,有 39 元则是电子商务刺激而产生的消费增量;而在三四线城市中,该消费增量则为 57 元,这进一步表明网络零售对县域地区刺激消费的促进作用更为突出。电子商务的发展使得商品的销售可不再遵循类似于"产品生命周期"的地区梯度推进,即逐级向经济水平相对更低的地区渗透的方式,而是可同时面向各地区消费者,这不仅可使产品的市场需求面拓宽,消费者的多样性偏好获得更好满足,而且有助于政府实现逐步缩小消费水平的地区差距,促进区域经济更平衡发展的社会目标。

第四节　结论与启示

上述分析实际上探讨了中国电子商务市场规模扩大与企业家要素配置才能内生提升之间良性互动的机理与实现途径。从中不难发现,"良性互动"的持续性可建立在其内生属性上,而内生性恰恰是上述机理与途径的共同特征。

---

〔1〕 数据来源于 2013 年淘宝网所编写发布的《全国县域地区网购发展报告》。

该内生特征的主要体现有以下方面：

（1）企业家"干中学"绩效内生提升。在市场经济中，生产者的成本函数、消费者的效用函数、社会的生产函数都随时在变动，由此导致的要素比价动态差异所形成的预期利润是企业家在内生利益驱动下捕捉商机后优化要素配置（包括试错）的动力源。企业家利用商机的才能则主要来自其配置要素过程中通过"干中学"积累起来的经验，即所谓的熟能生巧。这里的"熟"与"巧"的程度则主要受时间、空间及内涵三个维度状况的约束。在传统市场业态中，企业家的要素配置才能较多地受制于时间维度的约束，即其以默会知识为主的商务才能，往往需要经过岁月的积累。由于其过程较慢，"干中学"绩效就难以显著提升。与此不同，在现代市场业态条件下，电子商务的快速发展，推动着分工深化。市场规模则由于产品市场向要素市场、国内市场向国外市场、线下市场向线上市场的延伸与扩大，而使企业家"试错"的时空范围更大，频率更快，内涵更丰富，从而促进了其要素配置才能与"干中学"绩效的迅速提升，由此导致的市场规模扩大又进一步可使企业家的"熟"与"巧"达到新的更高水平，因而其"干中学"绩效可获得内生提升。

（2）马歇尔外部经济的内生增进。在研究产业集群的问题中，经常会涉及到马歇尔外部经济，其意指整个产业集群因参与企业数量增加而产量扩大时，该集群各个企业的长期平均成本均会下降。显然，中国电子商务企业在发展中也会收获马歇尔外部经济。相较于传统的产业集群，电子商务市场中的马歇尔外部经济更为显著。其原因在于：①较低的进入门槛吸引更多创业者进入，企业间分工协作可突破地域局限，从而使分工深化，参与企业更多；②不断加剧的市场竞争促使各企业优胜劣汰的进程加快，经市场不断甄选而产生的高效率企业所获激励更为显著；③快速的信息传导机制使共用要素的共享程度上升，社会收益率提高，其市场中优秀企业家的示范与辐射效应更强。尤其是，电子商务产业所特有的这类马歇尔外部经济，既存在于由多个法人构成的大型电商务集团的各参与企业与核心企业之间，又存在于这些大型电商集团之间，还存在于电子商务产业与整个中国社会经济之间，而这三个层次的"外部经济"又会相互推动、相互外溢，其叠加后的综合效应可使电商企业家因要素配置才能的不断提升而形成一轮又一轮的创新（包括相关的技术创新）经网络正反馈放大后，而获得马歇尔外部经济的内生增进。

（3）激励相容促进"政"与"企"的内生协同。激励相容是指一方预期利益的实现建立在另一方利益实现的基础之上，即双方的利益具有共生性。这一机制的实施，是市场经济中相关方获得内生协同的关键。中国电子商务企业在利益驱动下追求的微观层次效率,通过"看不见之手"的转换后,会产生宏观层次增进社会福利的结果。而这往往是政府努力实现的目标。这表明,在市场经济中,"政"与"企"之间可具备本质上一致的目标函数与共生利益,从而实现激励相容,但这仅限于理论分析层次。在真实世界中,上述"转换"得以实现的重要条件是完善的法治、道德、信用等体系的存在与发挥作用。在中国电子商务快速发展的过程中,随着分工深化,交易费用也迅速增加。尤其在该产业发展的初期,网络违法、欺骗等劣行往往层出不穷,迫切需要政府更好地运用"看得见之手"来促进"政""企"间的激励相容。实现途径主要包括:①政府通过公共品的提供促进电子商务的更快发展。政府可通过完善法规与道德体系对市场主体的行为加以规范与约束,切实加强监管,降低交易费用,提高企业违规违法的成本;②通过构建信用体系以优化网上信用环境,促进交易各方重复合作博弈的开展;③对从业人员进行更具针对性与时效性的职业教育与培训,使其劳动生产率提高;④加大对基础设施的投入,有效降低物流成本;⑤深化以市场化为取向的体制改革,更好地激发与增强企业家的内生动力与活力,为其要素配置才能提升提供良好的制度环境。这样,电子商务的健康发展可有力推动经济增长、充分就业、结构优化等政府目标的实现,从而获得"政""企"之间基于激励相容的内生协同。

上述内生属性的存在,可为中国电子商务实现可持续发展提供坚实的基础,且具有以下优点:①微观经济主体的动力强、能力提升快,市场敏感度高、活力足;②外部监督成本较低,可持续发展的实现过程较流畅;③"看得见之手"与"看不见之手"协同互补,宏观与微观层次在利益上激励相容。这一内生属性可使得效率导向下以默会知识为主的企业家才能提升成为中国电子商务市场规模持续扩大的源头活水,而现代社会的网络效应又会强化这一趋势,激励相容的"政""企"协同则可使二者之间的良性互动呈现螺旋上升的态势。这表明,将企业家创新与技术创新融为一体,创新与创业相得益彰,使得电子商务有望成为中国经济转型升级与增长的新引擎,其快速、健康、持续的发展是可以期待的。

参考文献

Dixit, A. K. and Stiglitz, J. E. Monopolistic competition and optimum product diversity:The american economic review[J]. 1977, 67(3):297-308.

Young, A. Increasing returns and economic progress[J]. The Economic Journal, 1928, 38 (152):527-542.

[英]迈尔·舍恩伯格,库克耶. 大数据时代[M]. 盛杨燕,周涛,译. 杭州:浙江人民出版社,2013.

赛迪经略. 2013 中国中小企业管理健康度蓝皮书[M]. 北京:北京赛迪经略企业管理顾问有限公司,2013.

[英]亚当·斯密. 国民财富性质与原因的研究[M]. 唐日松,等,译. 北京:商务印书馆,2003.

[美]约瑟夫·熊彼特. 经济发展理论——对于利润、资本、信贷和经济周期的考察[M]. 何畏,等,译. 北京:商务印书馆,1997.

杨小凯. 发展经济学:超边际与边际分析[M]. 北京:社会科学文献出版社,2003.

张小蒂,贾钰哲. 中国动态比较优势增进的机理与途径——基于企业家资源拓展的视角[J]. 学术月刊,2012(5):77-85.

张小蒂,王焕祥.国际投资与跨国公司[M].杭州:浙江大学出版社,2004.

张小蒂,曾可昕. 基于产业链治理的集群外部经济增进研究——以浙江绍兴集群为例[J]. 中国工业经济,2012(10):148-160.

张小蒂,曾可昕. 企业家资源拓展与中国比较优势内生增进[J]. 学术月刊,2013(11):75-85.

张小蒂,曾可昕. 中国动态比较优势增进的可持续性研究——基于企业家资源拓展的视角[J]. 浙江大学学报(人文社会科学版),2014(4):159-173.

中国电子商务研究中心. 2013 年度中国电子商务市场数据监测报告[EB/OL],2014-03-21. http://www.100ec.cn/detail——6161363.html,2014-06-15.

索　引

图书在版编目(CIP)数据

中国企业家资源拓展与比较优势增进的互动研究 /
张小蒂等著. —杭州:浙江大学出版社,2014.12
ISBN 978-7-308-14198-7

Ⅰ.①中… Ⅱ.①张… Ⅲ.①企业管理－研究－中国
Ⅳ.①F279.23

中国版本图书馆 CIP 数据核字(2014)第 297740 号

中国企业家资源拓展与比较优势增进的互动研究

张小蒂　曾可昕　等 著

责任编辑	伍秀芳(wxfwt@zju.edu.cn)	
封面设计	春天书装	
出版发行	浙江大学出版社	
	(杭州市天目山路 148 号　邮政编码 310007)	
	(网址:http://www.zjupress.com)	
排　　版	浙江时代出版服务有限公司	
印　　刷	浙江良渚印刷厂	
开　　本	710mm×1000mm　1/16	
印　　张	16	
字　　数	279 千	
版 印 次	2015 年 1 月第 1 版　2015 年 1 月第 1 次印刷	
书　　号	ISBN 978-7-308-14198-7	
定　　价	58.00 元	

版权所有　翻印必究　　印装差错　负责调换

浙江大学出版社发行部联系方式　(0571)88925591;http://zjdxcbs.tmall.com